JN232645

判例に学ぶ
租税法

TAX CASES

渡辺 充 [著]

税務経理協会

はしがき

　私が大学院生の頃，恩師の成蹊大学名誉教授武田昌輔先生は，全国各地の税理士会統一研修会の講師をお引き受けなされていたが，当時は"最近の判例と実務対策"といった内容のご講演が多かったものと記憶する。その後，武田先生は，『判例に学ぶ法人税の実務対策』（中央経済社，昭58）という名著を出版された。私は判例の整理などをお手伝いしたが，先生がご講演にお出かけの際，分厚い判例原本を風呂敷にくるまれるのを見て，"先生，原本のコピーは重いので置いていかれてはいかがですか"とお聞きすると，"税理士の先生は勉強しているから，ときには質問の答えに原本をあたる必要があるのだよ"とおっしゃり，そのままカバンに入れられた。今でも私には先生のカバンはこころなしかいつもふくらんで見える。

　あれから20数年が経ち，今度は私が東北在住の学者ということで，東北税理士会全国統一研修会のお手伝いをすることになり，判例をじっくり勉強したいとのご要望から，一も二もなく『判例に学ぶ租税法』というタイトルを思い浮かべ，お引き受けした。もちろん恩師の教えに従い，分厚い判例原本ファイルを1冊抱え，昨年は青森，盛岡へと向かった。本書はそのときの講演をベースに，さらにいくつかの判例を追加したものである。幸いにも今年は，山形と福島である。

　いうまでもなく判例は，我々研究者にとっては"生きた教材"であり，それをどのように法解釈の点から整理し，また立法論の問題まで踏み込んで検討するかは，この上もない楽しみである。また，税務の現場においても，最近は判例武装した税理士に対し，税務当局も判例で対抗するなど，きわめて高度な知識により各取引を分析する能力が必要とされている。判例は法源としても位置づけられ，その十分な検討は実務においても必要不可欠なことである。

　本書は，基本的に平成13年，14年に判決が下された事件を集めた。判決の数は多く，事件の種類も多岐にわたるが，本書はいわゆる過去の重要基本判例を

集めたものではなく、できるだけ実務家にとって興味を引くであろう最新の事件を集めたつもりである。ただし、個人的な興味から、租税事件以外の民事事件も取り上げ、税法からの接近も試みた。

各事件ともその構成は、Ⅰ事実関係、Ⅱ当事者の主張、Ⅲ判決の要旨、Ⅳ解説からなる。本書は税務経理協会のご理解から、大変贅沢な作り方をさせていただいた。その特徴は、"じっくり判例"、"しっかり戦略"である。

"じっくり判例"とは、実務家諸氏に事件の争点を深く読み込んでいただくため、他の判例解説本よりは詳しく事実関係、当事者の主張、判決の要旨を紹介したことである。

"しっかり戦略"とは、最近、いわゆる「東京地裁民事3部藤山判決」として実務では注目されているが、納税者が勝訴する事件が多く見受けられるようになってきた。本書でも藤山判決は【TAX CASE 2】、【TAX CASE 6】、【TAX CASE 7】、【TAX CASE 9】で取り上げているが、納税者勝訴の事件であろうと敗訴の事件であろうと、そこから実務上学び取ることは多く、実務家諸氏はタックスプランニングとしてしっかり判例を戦略に仕立てることが必要である。

本書が実務や研究の参考になるのであれば、私としては無上の喜びである。ただし、本書がその期待に十分応え得る内容となっているかどうかは危惧するところであり、読者諸氏のご叱正を賜れば幸いである。

最後に本書の出版にあたり、私の企画を快くお引き受けいただいた税務経理協会社長大坪嘉春氏、書籍企画部部長峯村英治氏に感謝申し上げる。

また、私事で大変恐縮であるが、74歳でいまだ現役で税務の第一線において活躍している父に、本書を捧げたい。

平成15年初夏

渡　辺　充

目　　次

はしがき
凡　例

TAX CASE 1　公示逃れと過少申告加算税〔国税通則法〕……3

❦ 玉木事件（納税者勝訴）
　第1審：鳥取地裁平成11年（行ウ）第1号，平成13年3月27日判決，
　　　　 TAINS判例検索→Z888-0535
　第2審：広島高裁松江支部平成13年（行コ）第1号，平成14年9月27日判決，
　　　　 TAINS判例検索→Z888-0688

TAX CASE 2　交換か売買か〔所得税〕…………………………23

❦ 岸事件（納税者勝訴）
　第1審：東京地裁平成8年（行ウ）第89号，平成13年3月28日判決，
　　　　 TAINS判例検索→Z888-0502
　第2審：東京高裁平成13年（行コ）第118号，平成14年3月20日判決，
　　　　 TAINS判例検索→Z888-0702

TAX CASE 3　不動産損失の損益通算〔所得税〕……………45

❦ 松井事件（納税者逆転敗訴）
　第1審：盛岡地裁平成9年（行ウ）第8号，平成11年12月10日判決，
　　　　 TAINS判例検索→Z888-0393
　第2審：仙台高裁平成12年（行コ）第1号，平成13年4月24日判決，

1

TAINS判例検索→Z888-0511

TAX CASE 4　住宅ローン控除〔所得税〕……………67

❦西村事件（納税者勝訴）
　札幌地裁平成12年（行ウ）第21号，平成14年6月28日判決，
　TAINS判例検索→Z888-0627

TAX CASE 5　改築ローン控除〔所得税〕……………89

❦亀山事件（納税者逆転勝訴）
　第1審：静岡地裁平成12年（行ウ）第3号，平成13年4月27日判決，
　　　　TAINS判例検索→Z888-0582
　第2審：東京高裁平成13年（行コ）第136号，平成14年2月28日判決，
　　　　TAINS判例検索→Z888-0625

TAX CASE 6　ストックオプションの所得区分〔所得税〕… 103

❦大久保事件（納税者勝訴）
　東京地裁平成13年（行ウ）第197号，平成14年11月26日判決，
　TAINS判例検索→Z888-0680

TAX CASE 7　デッド・エクイティ・スワップ〔法人税〕… 129

❦日本スリーエス事件（納税者敗訴）
　東京地裁平成10年（行ウ）第191号，平成12年11月30日判決，
　TAINS判例検索→Z888-0453

目 次

TAX CASE 8 役員退職給与（保険金）〔法人税〕……………151

❦ コーエーカメラ事件（納税者敗訴）
　神戸地裁平成11年（行ウ）第25号，平成13年2月28日判決，
　TAINS判例検索→Z888－0584

TAX CASE 9 海外の子への生前贈与〔相続税〕…………167

❦ 皆川事件（納税者逆転敗訴）
　第1審：東京地裁平成13年（行ウ）第231号，平成14年4月18日判決，
　　　　TAINS判例検索→Z888－0619
　第2審：東京高裁平成14年（行コ）第142号，平成14年9月18日判決，
　　　　TAINS判例検索→Z888－0645

TAX CASE 10 土地評価〔相続税〕………………………185

❦ 西片事件（納税者逆転勝訴）
　第1審：東京地裁平成10年（行ウ）第26号，平成12年2月16日判決，
　　　　TAINS判例検索→Z888－0435
　第2審：東京高裁平成12年（行コ）第108号，平成13年12月6日判決，
　　　　TAINS判例検索→Z888－0581

TAX CASE 11 簡易課税制度〔消費税〕………………213

❦ 八千代冷熱工業事件（納税者敗訴）
　千葉地裁平成12年（行ウ）第82号，平成13年11月30日判決，
　　TAINS判例検索→Z888－0604

TAX CASE 12 役員退職慰労金〔商　法〕……………………225

❦イースター事件

　　東京地裁平成8年（ワ）第13364号，平成9年8月26日判決，
　　判例検索→判例タイムズNo.968（1998．6．1）

TAX CASE 13 消費税の負担者〔民　法〕……………………235

❦ホカマ事件

　　那覇地裁平成11年（ワ）第446号，平成12年4月25日判決，
　　判例検索→金融・商事判例1095号（2000．7．15）

TAX CASE 14 財産分与〔民　法〕……………………………245

❦熟年離婚事件

　　横浜地裁相模原支部平成9年（タ）第36号，平成11年7月30日判決，
　　ＴＡＩＮＳ判例検索→Ｚ999－5006

TAX CASE 15 医療法人出資持分払戻請求事件〔医療法〕…267

❦八王子事件

　　第1審：東京地裁平成9年（ワ）第1338号，平成12年10月5日判決，
　　　　　ＴＡＩＮＳ判例検索→Ｚ999－5013
　　第2審：東京高裁平成12年（ネ），平成13年2月28日判決，
　　　　　判例検索→未掲載

　索　　引 ………………………………………………………279

凡　例

＜引用例＞所法９①一六：所得税法第９条第１項第16号

　　国通法…………国税通則法
　　所法……………所得税法
　　所令……………所得税法施行令
　　所規……………所得税法施行規則
　　所基通…………所得税基本通達
　　法法……………法人税法
　　法令……………法人税法施行令
　　法規……………法人税法施行規則
　　法基通…………法人税基本通達
　　相法……………相続税法
　　相令……………相続税法施行令
　　相規……………相続税法施行規則
　　相基通…………相続税法基本通達
　　財基通…………財産評価基本通達
　　消法……………消費税法
　　消令……………消費税法施行令
　　消規……………消費税法施行規則
　　措法……………租税特別措置法
　　措令……………租税特別措置法施行令
　　措規……………租税特別措置法施行規則
　　商………………商法
　　民………………民法
　　ＴＡＩＮＳ………税理士情報ネットワーク（HP/http://www.zei.or.jp）

　　　　※　本書は判例検索をＴＡＩＮＳの税法データベースに基づき行った。ＴＡＩＮＳコードは，税務訴訟資料（国税庁）が発刊されると，その税資番号に差し替えられるが，判決日によって検索ができる。

判例に学ぶ租税法

渡辺　充　著

TAX CASE 1

公示逃れと過少申告加算税
〔国税通則法〕

❀ 玉木事件（納税者勝訴）
第1審：鳥取地裁平成11年（行ウ）第1号，平成13年3月27日判決，
　　　 TAINS判例検索→Z888－0535
第2審：広島高裁松江支部平成13年（行コ）第1号，平成14年9月27日判決，TAINS判例検索→Z888－0688

【内　容】
長者番付の公示を回避するため過少申告をした場合であっても，当初から"調査"がなくても修正申告がなされたであろうと推認できるときは，過少申告加算税の賦課はできないとした事件

事実関係

納税者THとTIは夫婦であるが，THはT自動車学校の理事長である。ところで，THはT自動車学校の学校用地となっている15,347.42㎡の土地（以下，「本件土地」という。）を平成8年10月25日，T自動車学校に対し総額12億円で譲渡した。本件土地はもともとはTH，TI，THの姉S及びその夫でありT自動車学校の元理事長でもあるKら4名の等分の共有地であった。

そこで，THは，土地譲渡による所得である本件長期譲渡所得が高額となるため，いずれは高額納税者の公示によりTHらの名前が公表されることになるが，そうなれば土地譲渡の事実がT自動車学校の労働組合に知れるところとなり，今後の労使交渉においてそのことが話題に取り上げられて経営者側が窮地

に立たされかねないと考え、高額納税者の公示に名前が載らないようにしたいと思い、そのことをKに相談したところ、Kの関与税理士Hから本件長期譲渡所得を記載しないで確定申告をし、後日修正申告をすればよい旨の教示を受けた。これに従いTHらは、自らの顧問税理士Nとも相談し、Nも過去に同様の方法をとったことがある旨の説明をし、結局平成9年3月13日、THらの平成8年分の各所得について本件長期譲渡所得の金額を記載しないまま、それぞれ確定申告をし、その後、THらは平成9年4月24日、本件長期譲渡所得の金額をそれぞれ2億5,265万円と記載して、それぞれ修正申告を行った。

これに対しY税務署長は、同年5月16日、THらに対しTHについては過少申告加算税の額を1,009万9,000円とし、TIについてはその額を1,043万7,500円とする過少申告加算税賦課決定処分をなした。

THらはこれを不服とし、所定の手続を経て本訴に及んだ。

当事者の主張

■ 税務当局の主張 ■

THらは、本件修正申告書提出時において、税務当局によってTHらの平成8年分所得税についての調査がなされていることを知っており、いずれ更正があるべきことを予知していたといえるから、THらの主張する国通法65条5項の適用の余地はなく、同条1項に基づいてなされた本件各賦課決定はいずれも適法である。

■ 納税者の主張 ■

THらの本件修正申告は、T自動車学校における経営上の事情があって所得税法上の高額納税者公示を避けるため、当初より確定申告日から時期を遅らせて修正申告する計画の下に、確定申告日から39日後に自発的になされたものであり、本件修正申告書を提出するまでの間、税務当局から1、2度、本件長期譲渡所得につきTHらの関与税理士へ問い合わせ等があったが、それらとは無

TAX CASE ① 公示逃れと過少申告加算税

関係に当初の計画に基づいて自発的に本件修正申告書の提出がなされたのであるから，本件修正申告書の提出は国通法65条5項の「その申告に係る国税についての調査があったことにより当該国税について更正があるべきことを予知してされたもの」でないことは明白であって，過少申告加算税を賦課することはできず，本件賦課決定は，同条項の解釈適用を誤った違法な処分であり，いずれも取り消されるべきものである。

判決の要旨

1 本件の争点は，本件修正申告書の提出と国通法65条5項の適用の有無にあるので，裁判所ははじめにその前提となる本件修正申告に係る経緯を詳しく明らかにした。それによると，次の事実が明らかとなった。

(1) ＴＨ，ＴＩの顧問税理士は，本件確定申告書を作成し，平成9年3月13日これらを税務当局に提出した。税理士Ｎは，同日，本件確定申告書に押印するためにＮ税理士事務所に来所したＴＨの面前で鳥取税務署の資産課税部門へ架電し，ＴＨらの確定申告については事情があって後日修正申告する旨を担当の統括国税調査官に伝言してくれるよう申し入れた。なお，税理士Ｎは，税務当局においては毎年4月20日頃に高額納税者の公示のための資料収集手続を終了するものと思っていたので，同年4月20日頃にその終了を確認した上で，本件長期譲渡所得についての修正申告をする予定としていた。

(2) ところで，この修正申告の方法の発案者であるＫ夫妻の関与税理士Ｈは，平成9年3月15日の確定申告期限を経過すればそれ以降になされた申告については高額納税者の公示の対象とならないものと誤信し，3月25日，税理士Ｎと連絡をとることなくＫ夫妻の修正申告書を添付書類とともに税務当局に提出した。しかし，公示の対象となるのは，所規106条[1]により3月31日までになされた申告とされていたため，Ｋ夫妻の修正申告後の納税額等は鳥取県における第1位及び第2位の納税額として後日公示された。

(3) K夫妻の修正申告書の添付書類である売買契約書等により，本件土地の共有者であったTHらの平成8年分所得に本件長期譲渡所得があったことを知った鳥取税務署の統括国税調査官であるZは，直ちに内部での資料等の検討の調査を始めるとともに，平成9年3月28日，N税理士事務所に電話をかけ，THらの本件長期譲渡所得について問い合わせをしたが，同事務所の事務員はその時Nが出張で不在だったためNが出張から帰り次第連絡させる旨答えた。

　同年4月2日，出張から帰ったNは問い合わせに対する回答として，鳥取税務署の資産課税部門に電話をかけ，THらが高額納税者として公示されるとT自動車学校の労働組合との問題が生じて困るので，後日，本件長期譲渡所得について修正申告書を提出する旨をZに伝言してほしいと連絡した。そして，同年4月20日頃，Nは鳥取税務署において高額納税者公示のための資料収集手続が終了したことを知ったが，その際K夫妻が高額納税者の公示の対象となっていることや同年3月31日までの申告分が公示対象となることも知った。

(4) 4月21日，ZからNに対しTHらの修正申告書の提出を催促する電話があったので，Nは近日中に修正申告書を提出する旨回答し，同月23日，NはZに電話をかけ同月24日にTHらの修正申告書を提出すると説明し，24日，NはTHらの本件修正申告書を税務当局に提出した。

---

1) 所規第106条（申告書の公示の方法）
　　法第233条（申告書の公示）の規定に該当する者の納税地の所轄税務署長は，その者の氏名及び住所（国内に住所がない場合には，居所），同条に規定するその年分の確定申告書（同条に規定する当該申告書に係る修正申告書の提出があった場合には当該修正申告書とし，その年の翌年3月31日までに提出されたものに限る。）に記載された同条に規定する所得税の額（略）をその年の翌年5月16日から同月31日までの間，当該税務署の掲示場その他税務署内の公衆の見やすい場所に掲示する方法により公示しなければならない。

2 以上の事実関係に基づいて，第1審の鳥取地裁は次のとおり判示した。
(1) まず，国通法65条5項に規定する「その提出が，その申告に係る国税についての調査があったことにより当該国税について更正があるべきことを予知してされたもの」という点につき，次の2つの要件を明らかにした。

> ……同条項が「その提出が，……調査があったことにより……更正があるべきことを予知してされたもの」と規定されていることからすると，①客観的要件としては，「調査なければ修正申告なし」という関係（相当因果関係）の存在が必要であり，②主観的要件としては，修正申告者において，調査があったことを認識し，その認識に基づいて，将来において更正がなされる可能性があると予測したことが必要であると解するのが相当である。

(2) また，この2要件の関係については，次のとおり判示した。

> ……①と②の要件の関係については，②の主観的要件が充たされる場合には，通常，①の要件があることが推認されるが，特段の事情がある場合，例えば，調査とは無関係に修正申告を提出する意思を確定的に有していてそれに基づいて申告書を提出した場合や調査とは無関係に修正申告をせざるを得ない客観的状況下において修正申告を提出した場合等，調査がなくても修正申告がなされたであろうということが推認できる場合には，「調査なければ修正申告なし」という関係が認められないから，①の要件が充たされたことにはならないというべきである。

3 以上のことを前提に本件については，次のとおり述べ，過少申告加算税を賦課することはできないとした。

原告らは，高額納税者の公示を回避するために，当初から，修正申告をする意図(動機)を持った上で，本件長期譲渡所得を記載しないまま本件各確定申告をした後に，本件長期譲渡所得について本件修正申告をしたものであること，本件土地の共有者であるK夫妻が現実に自発的な修正申告をしたこと，そのため，本件確定申告当時の時点において，既にその後のK夫妻による修正申告によって原告らの本件長期譲渡所得の申告漏れが被告に対して明らかになるのはほぼ確実な状況であったといえること，したがって，原告らが，本件修正申告をしなければ本件長期譲渡所得に係る所得税を免れることができるという状況にあったとはいえないことなどの事情が認められ，これらの事情からすると，被告による調査がなされなくても，原告らがいずれは修正申告をしたであろうことが推認できるから，本件における被告の調査の程度がいかなるものとしても，調査なければ修正申告なしという関係は認め難いといわざるを得ない。そして，本件修正申告が，被告の調査がなされたことによって，当初の計画より早くあるいは逆に遅く提出されたというような事情もうかがわれないところ，たとえ原告らが，本件修正申告書の提出時においては，自らが過少申告の状態にあることを知っていたため，本件についての被告の調査を認識したことにより，将来の更正の可能性を予測したとしても，それは，原告らが当初から修正申告書提出の意図(動機)を有していたことからするとむしろ当然のことであって，被告の調査を認識したことが本件各修正申告書提出の決定的な意図(動機)になったものとは認め難いのである。そうすると，結局のところ，本件においては，右1の②の要件は認められるが，右1の①の要件は認められないから，本件修正申告の提出は，調査があったことにより更正を予知してなされたものとはいえず，本件については，国税通則法65条5項の適用により，同条1項に基づく過少申告加算税を賦課することはできないというべきである。

4 なお,本件は第2審の広島高裁松江支部においても納税者の勝訴となったが,本件調査と納税者の修正申告の決意の関係については,次のとおり判示している。

> 亡TH[2]及び被控訴人TIは,本件に関するO調査官の調査開始以前から修正申告をする決意をしていたものと認められ,また,本件各修正申告がO調査官による問い合わせから約1か月後になされている点は,N税理士のいささか怠慢を思わせる点はあるものの当初の予定からするとそれほど遅延しているものではなく,本件に関するO調査官の調査開始以前からの修正申告の決意に基づいて本件各修正申告がなされたものと解することの妨げにはならない。なお,亡TH及び被控訴人TIは,本件各確定申告の時点において,これらが過少申告となることは当然認識していたものであるから,本件に関してO調査官から問い合わせがあった平成9年3月28日の時点で,将来の更正の可能性を予知したものということができるが,前記のとおり,本件各修正申告の決意はそれ以前になされていたものと認められる本件においては,同事実は前記判断に差違をもたらさない。

解 説

1 文理解釈

1-1 国通法65条5項

国通法65条5項は,次のとおり規定している。

> 第65条（過少申告加算税）
> 5 第1項の規定は,修正申告書の提出があった場合において,その提出が,

---

[2] 納税者THは平成13年5月20日に死亡したが,その子TYが訴訟承継人となっている。

> その申告に係る国税についての調査があったことにより当該国税について更正があるべきことを予知してされたものでないときは，適用しない。

　すなわち，この免除規定は自発的に修正申告を決意し，修正申告書を提出した者に対しては，例外的に過少申告加算税を賦課しないこととすることにより，納税者の自発的な修正申告を奨励することを目的とするものである。したがって，この規定の文理解釈上は，①はじめに調査ありきという点と，②更正の予知という点が問題となるのであり，調査着手前に修正申告書が提出された場合は本条の問題とならず，調査着手後の修正申告書の提出はすべて予知してなされたものであると解することも誤りである。そこで，本件について①と②の点を検討する。

1－2　「調査」の意義

(1)　国通法65条5項にいう「調査」とは，広く税務調査一般をいうと解釈されており，本件でも判決では，次のとおり述べている。

> 　国税通則法65条5項に規定されている「調査」について検討するに，同条項の趣旨が，前記説示のとおり，納税者による正確な納税額の自発的申告を奨励することにあると解されることからすれば，同条項に規定する「調査」とは，調査が自発的でない修正申告を決意させる事情となったものであれば，その内容や程度を問わないとするのが右趣旨に合致するから，右調査とは，当該申告者の申告義務の要否等について課税庁がなす一連の思考ないし判断過程の一切をいうものと解すべきである。

　すなわち，「調査」の内容や程度はケース・バイ・ケースであり，それは具体的に明言することはできないが，納税者の申告義務の要否等について税務当局がなす一連の思考ないし判断過程の一切をいうものと解釈される。しかし，最低限の程度として，外部から認識できる調査であることが

必要であり，いわゆる税務当局内部における机上調査や準備調査はこの「調査」に含まれない。なお，反面調査は納税者本人に対する調査ではないが，本人の所得に対する調査である以上，本人が反面調査を知った場合には，「調査」があったこととして認識される[3]。

(2) なお，最近の事件に興進海運事件がある[4]。この事件は国税局査察部における内偵調査が「調査」にあたるかどうかが争われた事件である。この興進海運事件では，納税者が第三者名義で開設していた定期預金を自己の名義に書き換えようとした際にたまたま銀行員から現在国税局が来ている旨を告げられ，また，匿名の手紙により国税局査察部が動いていることを知り，3事業年度で原告2社で約5億円の売上除外等をしていたことにつき修正申告をしたところ，被告今治税務署長により2社合計で重加算税を約1億5,000万円賦課されたことに対し，原告らは自主的に修正申告をしたのであるから国通法68条1項，65条5項により重加算税の賦課決定処分は不当であると訴えたものである。

判決では，

> 内偵調査は，通常，密行性を保って行われるので，外部から知り得ず，内偵調査の段階では，「更正があるべきことを予知」する事案というのもほとんど考えられないことではあるが，しかし，そうであるからといって，内偵調査が行われている事実が外部に知れることが絶無とはいえず，したがって，内偵調査はそもそも「調査」にあたらないという理由もない。本件においては，前記認定のとおり，平成6年2月ころから査察部において，原告らに関する法人税法違反の事実について資料の収集を行って嫌疑の概要を明らかにしており，同年3月22日には内偵立件決議がなされ，現に広島国税局調査査察部長らに対

---

3) 石倉文雄稿「過少申告加算税・無申告加算税・不納付加算税」『日税研論集』vol.13，（財）日本税務研究センター，平2），55ページ参照
4) 松山地裁・平成13年4月18日判決

> して調査の嘱託を行っていたというのであるから，本条項における「調査」があったと認められる。

とし，このような内偵調査も本条項の「調査」にあたるものとしている5)。ただし，納税者が知り得ないものは本条項における「調査」とすべきではなく，この興進海運事件では納税者の了知するところとなったことがポイントである。

(3) ところで，本件の場合，所轄税務署と納税者の顧問税理士Nとの間に2，3度電話連絡があった。この電話連絡が本条における「調査」の認識にあたるかというと，すでにK夫妻の修正申告によりTHらにおける過少申告が税務当局内で問題となり，資料の確認が行われ，しかもその実態が納税者に分かるように電話で連絡をしている。したがって，「調査」があったことは納税者において認識できたことになる。

電話連絡という行為が「調査」の存在を認識させるかどうかという点については直接争点となった事件はないが，最高裁の判決で次のとおり判示しているものがある6)。

> 被控訴人担当職員が，各確定申告を検討して控訴人の過少申告を確認し，昭和61年8月から9月始めにかけて2度にわたりトシ子に電話し，控訴人の昭和60年分の所得税の申告には資産所得合算制度の適用があることを説明し，これによって初めて本件過少申告を知った控訴人とトシ子に修正申告を促したところ，これに応じた右両名が，それぞれ昭和61年9月12日昭和60年分の所得税の修正申告をしたものであり，仮に，右両名が右修正申告をしなければ，被控訴人は更正を行っ

---

5) 過去の国税不服審判所裁決例においても，国税査察官による調査がここにいう「調査」に含まれるとしたものがある（昭和46年8月9日裁決，『裁決事例集』46年度第2，1ページ）。
6) 大阪地裁・昭和63年11月29日判決，大阪高裁・平成2年2月28日判決，最高裁一小・平成2年10月25日判決

たであろうことが明らかであるから，本件修正申告書の提出は，その申告に係る国税についての調査があったことにより当該国税について更正があるべきことを予知してなされたものといえる。控訴人は，本件における被控訴人担当職員の行為が国税通則法65条5項の「調査」にあたらない旨主張するが，右のとおり確定申告書を精査検討して控訴人の過少申告を発見することは，右「調査」に該当するといえる。

ただし，電話連絡の内容によっては，更正が予知される「調査」の存在を認識できないものがあり，次のように判断した裁決例がある[7]。

> 国税通則法第65条第3項（筆者注：現行5項）に規定する「更正があるべきことを予知して」とは，課税庁が当該納税申告書に疑惑を抱き，調査の必要を認めて，現実に納税者に対する質問，帳簿調査等の実地調査又は呼出調査等により当該申告が適正でないことを把握するに至ったことを前提として，納税者が修正申告書を提出する時点で更正のあることを察知していたことを指すものと解すべきであるところ，本件においては，原処分庁の調査担当者が電話で調査日時の取決めをした日後2日を経過して修正申告書の提出があり，更に2日を経過した後に調査があった事実などからみて，請求人は，本件修正申告書を提出する時点で，原処分庁がその調査によって請求人の当初の申告が適正でないことを既に把握していたことを察知していたと認めることはできないから，国税通則法第65条第3項に規定する「更正があるべきことを予知して」なされた申告ではない。

1-3　更正の予知

(1)　更正の予知の有無については，納税者の主観に関する問題であるから，

---

7)　昭和57年3月26日裁決（『裁決事例集』56年度第2, 15ページ）

その判断は難しい問題である。更正の予知の時期については諸説あるが，**平成12年7月3日付「申告所得税の過少申告加算税及び無申告加算税の取扱いについて（事務運用指針）」**では，次のとおり述べている。

> （修正申告書の提出が更正があるべきことを予知してされたと認められる場合）
> 2　通則法第65条第5項の規定を適用する場合において，その納税者に対する臨場調査，その納税者の取引先に対する反面調査又はその納税者の申告書の内容を検討した上での非違事項の指摘等により，当該納税者が調査のあったことを了知したと認められた後に修正申告書が提出された場合の当該修正申告書の提出は，原則として，同項に規定する「更正があるべきことを予知してされたもの」に該当する。
> （注）　臨場のための日時の連絡を行った段階で修正申告書が提出された場合には，原則として，「更正があるべきことを予知してされたもの」に該当しない[8]。

すなわち，更正の予知は調査に基づく非違事項の指摘によって納税者において認識されるものとする。ただし，上記の事務運用指針は比較的早い段階で納税者の更正の予知を認識するものであるが，判例においては，調査に基づき更正に至る客観的事実が判明した時点まで待って納税者の更正の予知を認識するものとするのが従来の多数説であった[9]。たとえば，上記昭和57年3月26日裁決例がそうであり，また東京高裁・昭和61年6月23日判決では，次のとおり判示している。

> 「更正があるべきことを予知してなされたものでないとき」に当たるというためには，税務職員が調査に着手して申告が不適正であることを発見するに足るか，あるいはその端緒となる資料を発見し，これによりその後調査が進行し先の申告が不適正で申告漏れの存することが

---

8)　この注書きは昭和57年3月26日裁決例をもとに定められたものと思われる。
9)　東京地裁・昭和56年7月16日判決，東京高裁・昭和61年6月23日判決，東京地裁・平成7年3月28日判決，東京高裁・平成7年11月27日判決，大阪地裁・平成9年11月25日判決

TAX CASE ① 公示逃れと過少申告加算税

　発覚し更正に至るであろうことが客観的に相当程度の確実性をもって認められる段階に達した後に，納税者がやがて更正に至るべきことを認識した上で修正申告を決意し修正申告書を提出したものでないこと，すなわち，右事実を認識する以前に自ら進んで修正申告を確定的に決意して修正申告書を提出することが必要である。

　ただし，本件ではこの従来の多数説に対し以下のように判示し，上記事務運用指針の立場を支持する判決となっている。

　　原告は，調査が更正に至ることを認識する端緒となるものである以上，その調査自体が，客観的な段階としてやがて更正に至ることが確実であるという状態にまで至っている必要があり，かつ，そのような状態にあることが外部的にも認識し得る状態になっている必要があると主張するが，そのように解さなければならない論理的必然性があるわけではなく，また，仮に原告のような見解に立てば，納税者が何らかの事情でそのような程度ないし状態に至っていない調査がなされたことを知ったことにより，更正を免れようとして自発的ではない修正申告をした場合にも過少申告加算税が賦課できないという不都合も生じかねないから，原告の右主張は採用することができない。

　なお，第2審では，従来の多数説をとった。
　以上のとおり，納税者の更正の予知の認識をいつの時点で捉えるかについては早まってきた傾向がみられるが，私見としてはこの傾向は納税者の予測可能性を制限するものであり適当ではないと考える。したがって，本件第1審判示事項にも問題点を含むところがあるが，本件自体については，納税者において更正があるべきことは予知していたことは明らかである。
(2)　なお，上記の興進海運事件でも更正の予知については当然問題となっている。実は興進海運事件では，国税局の査察部が動いていると了知した原告らが"自首"をするため，はじめに今治税務署に相談に行ったが，今治

税務署は翌日調査官を派遣し税務調査を行っている。この点につき納税者は裁判で次のとおり主張した。

> 原告らは，関与税理士Nに修正申告を依頼し，N税理士は今治税務署が調査着手前の平成6年4月11日にS副署長に対して従来の経緯を説明し，原告らの法人名を明らかにして，約5億円の売上金額の除外をしていること，原告らが修正申告を決意して，その手続にも着手していることを告げた。なお，原告らが，現実に修正申告書を提出したのは，平成6年7月6日に至ってからであるが，これは平成6年4月12日に，修正申告に必要な帳簿類を今治税務署のO調査官らに持ち帰られ，同年6月21日に査察部から帳簿類の返還を受けるまで，修正申告書の作成ができなかったためであった。

これに対し判決では，次のとおり判示した。

> N税理士がS副署長を訪問し，修正申告の可否を相談していることに照らすと，原告らがその時点で修正申告の意向を有していたものと認めることはできるが，将来，修正されるべき内容については詳細は明らかになっておらず，今治税務署が原告らに対する調査を行う必要も，根拠も失われていないということができ，右調査を本条項にいう「調査」から除外することは理由がない。
>
> なお，このように解するときは，納税者又はその依頼を受けた税理士が収税官吏に修正申告について相談し，その相談を受けたことを契機として，所得脱漏があることを知った課税庁が改めて「調査」し，修正申告書提出前に「調査」があったと主張して，加算税の賦課決定処分をするという事態が生ずることを怖れるむきもあるようである。
>
> しかし，本条項は，修正申告書の提出が，「調査があったことにより（中略）更正があるべきことを予知してされたものでない」場合に加算税を賦課しない旨規定しているから，修正申告書を提出する時点

では「更正があるべきことを予知」するに至っていたとしても,「調査」の存在と「更正があるべきことの予知」との間に因果関係がなければ,加算税を賦課しないものと解されるのであって懸念される問題はない。

以上のとおりであるから,今治税務署のO調査官らが,平成6年4月12日に原告ら事務所を訪問し,関係書類の提示を求めるなどした行為も,また,本条項の「調査」に該当すると認められる。

1－4　本件における問題点

以上のとおり,本件では「「調査」が行われたこと」,「更正の予知をしていること」の2要件が満たされているので,本来は過少申告加算税の賦課決定は適法となるはずである。しかし,判決は納税者の勝訴とした。この判断については,東京高裁・昭和61年6月23日判決が強く影響されているものと思われる。すなわち,同判決では,次のとおり,申告の決意と具体的な内容が税務職員に進んで開示されている場合には,例外的に認められるものとしている。

> 例外的には,調査の右の段階（筆者注：更正に至る客観的事実が判明した段階）後に修正申告書が提出された場合でも,申告の決意は右の段階以前になされていたということはあり得る訳であるが,立証の問題としては,経験則上,申告書の提出が調査の右の段階後になされたときは,申告の決意は右の段階後になされたものと事実上推認すべきであり,この推認を破るためには,例えば,調査の着手後でかつ調査が右の段階に至る前に,申告の決意とその内容を税務職員に進んで開示する等のことが必要である。

つまり,本件ははじめから公示逃れの過少申告であり,適当な時期に修正申告をすることが納税者の意思として明らかであり,またその内容も本件長期譲渡所得金額として明らかであり,実際に顧問税理士Nは平成9年3月13日に確

定申告書を提出する際にその旨を担当部門に連絡している。

　実は，税務当局は事実関係をめぐり，平成9年3月13日に税理士Nが資産課税部門に架電したこと，同年4月21日に税理士Nが統括国税調査官Zに架電した事実はない旨を争っている。つまり上記の判決例に従うと，修正申告書提出前の納税者の決意が税務当局に明らかな場合は例外と解されるからこれを否定してきたのである。判決ではZの証言の信用性につき疑問が残るとして採用されなかった。ただし，「申告者が，事前に課税庁に対し，後日修正申告を提出する予定であることを通知しただけで直ちに同条項の要件が充たされるわけではないことを付言しておく。」とし，すべての場合に事前の電話連絡さえすればよいのではないことを確認している。

　以上の点から，本件は国通法65条5項の文理解釈上，「調査なければ修正申告なし」という命題のもとに，調査がなくても修正申告が期待できる場合は同条項が適用されるという，ある意味で画期的な判決であるといえる。

　しかし，一方で公示逃れのための過少申告は公示制度の趣旨に反するという点は否めず，次に法の趣旨解釈上本件をどのように捉えるかという問題がある。

2　趣旨解釈

(1)　筑波大学品川芳宣教授は本判決を次のとおり批判する。

　　本判決は，公示制度の趣旨・機能を無視し，独自の見解の下に国税通則法65条5項の規定を曲解するものと認められる。けだし，本判決の論理は，究極的には，過少な確定申告の段階において修正申告を決意さえしていれば過少申告加算税を賦課する必要はないことになるが，このような論理は，申告納税制度の秩序維持を目的とする過少申告加算税制度の趣旨からも容認し難いし，かつ，国税通則法65条5項の文理解釈からも容認し難いと言えるからである[10]。

---

10)　品川芳宣稿「公示逃れの過少申告と加算税免除に係る更正の予知」(『税研』(財)日本税務研究センター，2002.1)，103ページ

TAX CASE ① 公示逃れと過少申告加算税

　すなわち，本条項の趣旨解釈から，本件のような公示逃れの過少申告には，過少申告加算税が賦課されてしかるべきであるとするのである。
　確かに，過少申告加算税は，申告納税方式による国税において，納税者の申告が納税義務を確定させるために重要な意義を有するものであることにかんがみ，申告に係る納付すべき税額が過少であった場合に，当初から適法に申告，納税した者とこれらを怠った者との間に生ずる不公平を是正することにより申告納税制度の信用を維持し，もって適正な期限内申告の実現を図ろうとするものである[11]。
　また，現在の公示制度自体も昭和22年の申告納税制度の導入に伴う第三者通報制度とその前提となる申告書等の閲覧制度が前身となっている。つまり，過少申告加算税も公示制度もその目的が品川教授が指摘されるように申告納税制度の秩序維持にあり，この秩序維持をみだす公示逃れの過少申告については何らかの処罰が加えられることは，その立法趣旨から当然のことであるとするのである。
(2)　しかし，国通法65条5項は，過少申告が過誤によるものか意図的になされたものなのかを問わない文言となっており，むしろたとえ意図的になされたものであっても，納税者が改心することにより正確な納税額を自発的に申告することに対する加算税の免除規定で，意図的な過少申告は本来敢然と懲らしめられるべきであるが，本条項の立法趣旨は懲らしめることに対する免除規定であることに注目したい。
　先の興進海運事件では，査察部の内偵調査が先行していたので，その限りにおいて重加算税の賦課決定処分は妥当なものと思われるが，一般に納税者が自らの行為を反省し税務当局へ"自首"をした結果，翌日その納税者に対し「調査」を行いその事実をもって加算税の賦課決定が正当化されるならば，納税者と税務当局の信頼関係は失われ，ますます敵対関係のみが起こってしまう。これを「懸念される問題はない。」とした裁判所の判

---

11)　東京地裁・平成7年3月28日判決

断もきわめて問題であり、現状の法の解釈ではおおいに懸念される問題なのである。

したがって、たとえば、①事前に所轄税務署に対し過誤であれ意図的であれ修正申告の相談をし納税者の意思表明をすること、②その内容を具体的に明らかにすること、③早い時期に実際に修正申告書の提出があることの3要件を満たせば、それは自主的な修正申告とし、その前後にたとえ「調査」があり、更正に至る客観的事実が顕在化したとしても、以上の3要件を備えるものは「更正があるべきことを予知したものではない」というような条件整備が必要であると私考する。

なお、本件第2審は、上記の要件につき東京高裁・昭和61年6月23日の判示は傾聴すべきであるとしながらも、「必ず税務職員に対する関係で修正申告の決意と内容を開示することが必要であると解するものであるとすれば、裁判所の自由なる心証形成を、特段の法的根拠もなく制限するものであってこれは取り得ないというべきである。」と賛成しない。しかし、私見としては、税務当局に対する客観的行為が必要であるとして、要件には欠かせないものと考える。

以上、結論としては、条文の解釈上、趣旨解釈は当然認められても、いたずらにその趣旨解釈は広げられるものではなく、特に本条は免除規定であり、文理解釈から本条項の適用条件として上記3要件が是認されるべきであり、上記3要件を満たす本件には過少申告加算税は課せられるべきではないと考える。

(3) なお、政府税制調査会は、本件のそもそもの発端となったいわゆる「長者番付」の廃止を検討している[12]。申告書の公示制度自体はわが国に申告納税制度が導入されたことに関し、第三者チェックの必要から第三者通報制度がその前身となっていたことは上記のとおりであるが、申告納税制度

---

[12] 「あるべき税制の構築に向けた基本方針」（税制調査会、平成14年6月）、21ページ

TAX CASE ① 公示逃れと過少申告加算税

の定着を図る目的で当初創設された意義はあったであろうが，現代的には単に興味本位にマスコミで報道されるにとどまり，むしろ個人のプライバシーが問題となる昨今においては，時代にそぐわない制度であるように思われる。また，本件のように無意味な過少申告を誘発することは，制度的にも欠陥を有しているともいえる。私見としては，公示制度の積極的な存在意義は見いだし難く，廃止することに賛成する。

　参考までに公示制度の各国比較表を掲げると，次のとおりである。わが国の第三者通報制度（いわゆる密告制度）は，その通報により追徴課税があった場合に，その追徴税額のうち10％（上限は当時の金額で10万円）を報奨金としたものであるが，申告書の閲覧制度を利用しもっぱら密告を商売とする者がでてきたこともあり昭和29年に廃止された。アメリカと所得税の母国イギリスに現在もこの制度が残っていることは興味深い。

【所得税の公示制度等の各国比較】

		日本	アメリカ	イギリス	ドイツ	フランス
公示制度		あり	なし	なし	なし	あり
	主体	各税務署				各国税局（県単位）
	公示対象	管内の高額納税者				管内の全ての納税者
	公示内容（氏名・住所除く）	税額				所得金額及び税額
	公示方法	リストの掲示（5月16日〜5月31日の期間のみ）				リストの閲覧（リストを閲覧できるのは管内の納税者に限定。閲覧者は閲覧内容を公表してはならない）
第三者通報制度		なし（昭和29年に廃止）	あり（情報提供により課された額の15％以内の報奨）	あり（当局幹部の裁量による報奨。ただし50ポンド超の場合は大蔵省の承諾必要）	なし	なし
申告書閲覧制度		なし（昭和25年に廃止）	なし	なし	なし	なし（リストの閲覧）

出典：税制調査会資料〔平14.5.24 総27-10〕

TAX CASE 2

交換か売買か
〔所 得 税〕

岸事件（納税者勝訴）

第1審：東京地裁平成8年（行ウ）第89号，平成13年3月28日判決，
　　　　TAINS判例検索→Z888−0502
第2審：東京高裁平成13年（行コ）第118号，平成14年3月20日判決，
　　　　TAINS判例検索→Z888−0702

【内　容】

　納税者が土地再開発のためその所有する土地を5億8,000万円で不動産会社等に譲渡し，その代替地として譲渡土地に隣接する土地を当該不動産会社から4億円で購入し，譲渡代金と購入代金は相殺し，差金1億8,000万円を取得した一連の行為は，譲渡土地と購入土地との補足金付交換契約ではなく，当事者が選択した別個の2つの売買取引であるとして税務当局の主張が否認された事件　1審，2審とも納税者の勝訴

事実関係

(1)　納税者Kとその妻（以下，「Kら」という。）は，東京都目黒区所在の130.34 ㎡の土地（以下，「本件譲渡土地」という。）につき共有持分を2分の1ずつ有していたところ，平成元年4月26日，その土地をM不動産販売株式会社（以下，「M不動産」という。）及び個人A（以下，「A」という。）に対し，代金5億8,000万円で売却する旨の契約（以下，「本件譲渡契約」という。）を締結した。

　他方，Kらは同日，東京都目黒区所在の210.00㎡の土地（以下，「本件購入

土地」という。）をＭ不動産から代金４億円で購入する旨の契約（以下，「本件購入契約」といい，本件譲渡契約と合わせて「本件各契約」という。）を締結した。

　この本件各契約の締結に至る経緯等の概要は，次のとおりである。

① 　Ａは，本件譲渡土地に隣接する土地（以下，「本件開発土地」という。）を所有し，その土地を数名に賃貸していたが，昭和62年12月23日，Ｍ不動産との間で，本件開発土地上の借地権を買収し，本件開発土地を敷地とした共同ビルの建設を目的とする事業（以下，「本件事業」という。）を共同で行うことに合意した。本件譲渡土地，本件開発土地及び本件購入土地の位置関係は，次のとおりである。

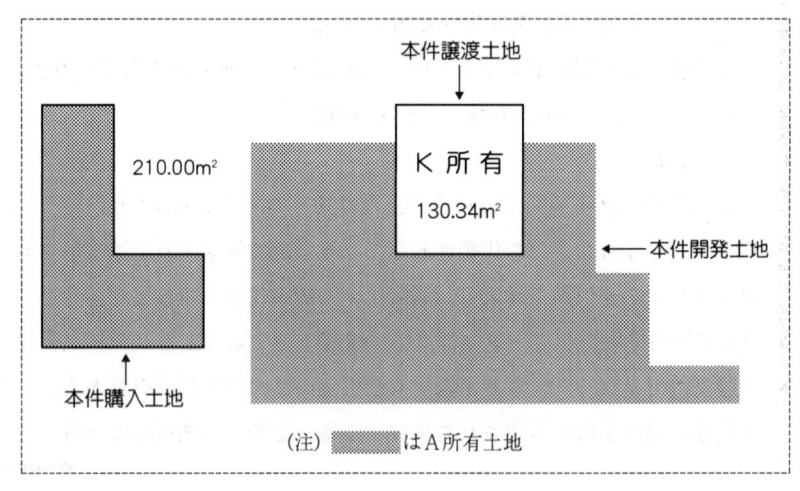

```
                      本件譲渡土地
                         ↓
    ┌──────────────────────────────────┐
    │ ▓▓▓▓▓                             │
    │ ▓▓▓▓▓         ┌─────────┐         │
    │ ▓▓▓▓▓ 210.00㎡ │ Ｋ 所 有 │ ▓▓▓▓▓ │
    │ ▓▓▓▓▓         │         │ ▓▓▓▓▓ │
    │ ▓▓▓▓▓         │ 130.34㎡│ ▓▓▓▓▓ │
    │ ▓▓▓▓▓▓▓▓▓▓▓▓▓ └─────────┘ ▓▓▓▓▓ ← 本件開発土地
    │ ▓▓▓▓▓▓▓▓▓▓▓▓▓▓▓▓▓▓▓▓▓▓▓▓▓▓▓▓▓▓▓ │
    │       ↑                           │
    │    本件購入土地                    │
    └──────────────────────────────────┘
             （注）▓▓▓はＡ所有土地
```

② 　Ｍ不動産は平成元年３月14日付けで，本件開発土地の一部である本件購入土地の上に存在していた借地権付き建物を借地権者であるＦ及びＧからそれぞれ代金２億5,000万円及び３億8,000万円で購入した。さらに，Ｍ不動産は平成元年４月26日付けで，Ａから本件購入土地の底地部分を代金１億6,000万円で購入した（合計７億9,000万円）。

③ 　本件譲渡土地は本件開発土地に囲まれる位置にあったことから，Ｋらは本件事業に協力することとし，本件譲渡契約及び本件購入契約を締結した。その後，本件購入土地の一部が他人により占有されていたこと（以下，「越

TAX CASE ② 交換か売買か

境問題」という。）が判明したことから，KらとM不動産は，平成2年8月20日付けの「売買価格変更等の覚書」（以下，「本件覚書」という。）により，本件購入土地契約における売買価格を当初4億円のところ3億9,614万3,120円とすることに合意した。

④ KらとM不動産は，本件譲渡契約及び本件購入契約に係る各代金の決済につき，本件購入土地の代金相当額については相殺することとし，本件譲渡土地の代金の残額1億8,385万6,880円（以下，「本件差金」という。）については，小切手により支払われた。

(2) Kらは，本件譲渡契約によって発生する譲渡所得を計算するにあたり，その基礎となる収入金額は譲渡代金である5億8,000万円であると考え，平成2年分の所得税の確定申告において，本件譲渡土地のうちK所有に係るものの譲渡収入金額を2億9,000万円，分離長期譲渡所得金額を2億7,440万円として申告した。

しかし，被告Y目黒税務署長は，本件譲渡契約と本件購入契約とは一体として「補足金付交換契約」とみるべきものであって，これによるKらの収入金額は，代金の差額1億8,000万円と本件購入土地の時価の合計額であるところ，本件購入土地の時価はM不動産の仕入額である7億9,000万円とみるのが相当であるから，Kらの収入金額は合計9億7,000万円，そのうちKの持分は4億8,500万円になるものとして，Kに対して納付すべき税額を1,134万4,800円とする更正処分（以下，「本件更正処分」という。），過少申告加算税2万8,000円及び重加算税1,620万8,000円の各賦課決定処分（以下，「本件各賦課決定処分」といい，本件更正処分と合わせて「本件更正処分等」という。）をなした。

これを不服としたKは所定の手続を経て，本訴に及んだ（なお，国税不服審判所により重加算税の賦課決定処分は取り消され，過少申告加算税を461万3,000円とする裁決がなされている。）。

当事者の主張

■ 税務当局の主張 ■

(1) 本件譲渡土地の譲渡等の経緯，Kらの取引動機・目的，履行の形態などからすれば，Kらは密接不可分である一連一体の取引を形式的に分断して本件譲渡契約と本件購入契約の2本立ての契約を行ったにすぎず，本件各契約による取引（以下，「本件取引」という。）は，Kらが本件譲渡土地の譲渡の対価として，本件購入土地及び本件差金1億8,385万6,880円を受領したもの，すなわち補足金（本件差金）付交換契約である。

本件取引が補足金付交換契約に基づく実質的交換である理由は，次のとおりである。

① KらとAは，昭和63年1月25日，本件事業の目的達成のために，Aが本件購入土地上の各借地権者に働きかけて可及的速やかに立ち退くことを確約させるように努力すること，立退きの確約が得られた後に，AとKらとの間で本件譲渡土地と本件購入土地との交換をすること等を内容とする協定を結んでおり，Kらは当初から交換の意思をもって本件取引に臨んでいた。

② 本件取引において作成された本件譲渡契約書及び本件購入契約書には，それぞれ「代金」の支払が約定されており，契約書自体をみればあたかも金銭を対価とした売買であるかのようにみえるが，交換差金の1億8,385万6,880円以外は契約書の約定とは相違してすべて相殺処理され，実体としては補足金付交換契約と何ら変わらない取引である。

③ 本件購入土地の売買契約が締結された後に生じた本件購入土地の越境問題等の解決までの経緯は，M不動産が越境問題等の和解金を本件購入土地の契約書に記載されている売買価額4億円から求められる1㎡当たり190万余円の単価により算定したのに対し，Kらは1㎡当たりの単価を756万余円として算定しており，その額はM不動産における本件購入土地の取得価額の合計額7億9,000万円に本件差金1億8,000万円を合算した9億

7,000万円をその面積130.34㎡で除して計算された金額744万余円ときわめて近似した金額である。このように，Ｋらが本件譲渡土地の真実の価額ともいえる金額を認識していたからこそ，この価額を基礎に和解金を算定したのであり，この事実は本件譲渡契約と本件購入契約が相互に密接不可分の相関関係にあったことをうかがわせるものであり，取引の経緯を合わせ考慮するならば，本件取引が各別の売買契約であると解することは到底できない。
(2)　課税は私法上の行為によって現実に発生している経済効果に則してなされるものであるから，第一義的には私法の適用を受ける経済取引の存在を前提として行われるが，課税の前提となる私法上の当事者の意思を当事者の選択した表面的・形式的な意味によってではなく，当事者の合理的意思，契約に至った経過，前提事実等を総合的に解釈して認定し，課税要件へのあてはめを行うべきである。

　当事者の採用した法形式を偏重する契約解釈をし，かつ，これによって確定された私法上の反対給付によって譲渡所得金額を算定すべきものとした場合，納税者はその所有する不動産を他の不動産と交換するにあたり，全く任意の売買代金を定めて各別の売買契約書を作成するという法形式を採用しさえすれば，容易に譲渡所得金額を圧縮し得ることとなり，このような結果は譲渡所得課税の趣旨を没却し，課税の公平を害するものというべきである。
(3)　譲渡資産の譲渡対価が金銭以外の物又は権利であるときは，譲渡人が対価として得た金銭以外の物又は権利は，同人においてその客観的交換価値をさらに金銭に換えられる可能性を常に有しているから，当該譲渡資産は譲渡により得られた金銭以外の物又は権利の客観的交換価値相当の価値に変換したとみるべきであって，譲渡人は金銭以外の物又は権利の客観的交換価値を享受したというべきである。したがって，譲渡所得課税の目的からすれば，当該譲渡資産の対価が金銭以外の物又は権利である場合には，その対価である物又は権利の客観的交換価値すなわち時価により収入すべき金額を認識すべきであるということになり，所法36条2項の規定はその趣旨を規定したもの

と解される。

　しかるところ，本件取引は補足金付交換契約というべきであるから，本件購入土地及び本件差金が「対価」になる。したがって，本件差金部分については所法36条1項本文，本件購入土地については同項カッコ書き2項を適用し，本件購入土地及び本件差金の合計額により本件譲渡土地の譲渡収入金額を算定することになる。また，所法36条2項は，「金銭以外の物又は権利その他経済的な利益の価額は，当該物若しくは権利を取得し，又は当該利益を享受する時における価額」と規定しており，この場合の価額とは通常成立すると認められる取引価額，言い換えれば客観的交換価値をいうものと解されるところ，①M不動産は本件事業の一環として本件購入土地を総額7億9,000万円で取得しているが，取得のための3つの取引の契約金額は，いずれも国土利用計画法24条3項に基づく不勧告通知を受けた金額であること，②M不動産が本件購入土地を購入した時期は本件購入契約と同日又は1か月程度経過した後であることからすると，その3つの取引に係る契約金額は適正な時価を反映する金額であると認められることに照らせば，本件購入土地の価額（客観的交換価値）は，M不動産が購入した金額の総額7億9,000万円から本件覚書により減額された金額385万6,880円を控除した金額である7億8,614万3,120円であったと認められる。

　以上によれば，Kの本件譲渡土地の譲渡収入金額は，本件購入土地の価額7億8,614万3,120円及び本件差金1億8,385万6,880円の合計額である9億7,000万円にKの本件譲渡土地に係る持分2分の1を乗じた金額である4億8,500万円となる。

■ 納税者の主張 ■

(1) 本件譲渡契約は，本件購入契約とは別個独立のものである。Kがした取引はいわゆる「土地の買い換え」であり，何ら特殊な取引ではない。

　同時に行われた別個の売買契約については，別個の課税の対象となると解すべきである。それぞれの対価が不当に安ければ，別の課税問題が生じるだ

TAX CASE ② 交換か売買か

けであり，譲渡土地の譲渡所得とは何ら関係がない。

(2) 仮に，本件購入土地の価額を基礎として譲渡収入金額を算定することが不当でないとしても，M不動産が本件購入土地を取得した価格の合計たる7億9,000万円をそのまま本件購入土地の価額と認定するのは，地上げした価格を正常な取引価格であるかのように取り扱っている点で全く不当である。

すなわち，本件購入土地はもともと2人の借地人が借地権を有しており，かつ各々の借地上には借地人が各々2棟の建物を所有しており，同建物内には借家人合計4人が居住していた。これら借地人や借家人を退去の上明け渡させるには，借地権の価格のほかに高額の立退料が必要であるし，建物の買取ないし収去費用も必要となる。借地人や借家人の立退きを要する不動産の売買は，更地の売買価格とは全く違った値段設定になるのは当然であり，税務当局がこれらの事情を一切無視して，M不動産の取得価額の合計を本件購入土地そのものの対価の基礎とするのはあまりにも乱暴で常識に反する判断と言わざるを得ない。

ちなみに，M不動産が本件購入土地の所有者（底地権者）Aから購入するにあたっての国土法上の届出額は1億2,000万円であり，これに対し不勧告の通知が出されている。ところが，実際のM不動産の購入価額は1億6,000万円であり，この差額の4,000万円は立退料等の事情を反映したものである。さらに，1億2,000万円を適正な底地価額とすれば，本件購入土地の借地権割合は7割であるから，同額を0.3で除すると，まさに4億円となる。これは，本件購入価額たる4億円が本件購入土地の適正価額であることを示すものといえる。また，本件購入土地はL字型できわめて「地形」が悪く，近隣の一時的取引価格よりはかなり割安にならざるを得ない土地でもある。したがって，本件購入土地の対価は4億円が相当と考えるに何の疑義もない。

(3) 本件譲渡価額たる5億8,000万円は，本件譲渡土地の取引相場に対応した適正額である。したがって，税務当局が本件譲渡契約における譲渡収入金額の算定にあたって本件購入土地の価額を基礎とすることは全く不当である。

すなわち，本件譲渡土地の前面道路である山手通りの東方500mの位置に

東急東横線中目黒駅があり，その駅前の目黒区上目黒3－4－3に基準地がある。その基準地の価格は1㎡当たり898万円であり，同地点の路線価は平成元年度で1㎡当たり503万円である。他方，本件譲渡土地の路線価は平成元年度で1㎡当たり225万円である。そこで，上目黒3丁目の基準値価格をもとにして路線価の比率で本件譲渡土地の価格を算出すると，1㎡401万6,898円となる。これに本件譲渡土地の面積を乗じてその価格を求めると，5億2,340万1,809円となる。したがって，本件譲渡契約における価額が低廉であるということはできない。

判決の要旨

（※1審，2審とも納税者の勝訴であり，以下，第1審の内容を掲げる。）

1　本件各契約は一体のものとして交換契約と解すべきか否か

(1)　判決でははじめに売買と交換の関係につき，次のように判示した。

> 　資産を有償で譲渡する法形式としては，民法上の典型契約として売買と交換が定められているが，両者の間には法律上一方が原則で他方が例外といった関係は規定されておらず，その性質上，交換で実現し得ることは売買でも実現できるのに対し，その逆は必ずしも可能ではなく，歴史的には貨幣経済が未発達の段階では交換が主流であったのに対し貨幣経済の発展に伴ってむしろ売買が主流となった経緯があり，民法が売買について多くの規定を置きながら交換についてはほとんど独自の規定を置いていないのも以上のような諸事情に基づくものと思われる。このような売買と交換との制度としての関係に照らすと，資産を有償で譲渡しようとする者は，それが交換によって実現可能なものであっても売買の形式を選択することが可能であり，そのことは法的にみて特異な選択と評価されるものではないというべきである。そ

して，所得税法の前記の定めは，当然にこのような売買と交換との関係を前提とするものと解すべきものであって，このように自由に選択可能な法形式間において課税上の取扱いにのみ差異を設けている以上，納税者が選択した法形式に従った課税をするのが同法の趣旨であるとみるのが相当であり，納税者が選択した法形式を否認して他の法形式を前提とした課税をすることは明文の根拠がない限り許されないものというべきである。

(2) 次に所得税法における売買と交換に関する課税の取扱いの差異について，次のとおり判示した。

売買契約は，売主が財産権を相手方に移転することを約し，買主がこれにその代金を支払うことを約することで成立する契約であるところ，具体的な契約は，経済活動の一環として行われているものであるから，両当事者は，その代金額を決定するに当たっては，当該財産権の客観的価値のみに依拠するものではなく，当該財産権に対する主観的な価値や，当該財産権の移転に伴う税負担の多寡など，様々な要因に依拠して決するのが通常である。したがって，具体的な売買契約における売買代金は，必ずしも常に移転される財産権の客観的価値を反映したものとはなっていないものと解される。

所得税法は，このような売買契約の実情にかんがみ，当事者間において合意された金銭による対価の額と移転される財産権の客観的交換価値との間に不均衡があり当該資産に係る増加益がみかけ上は過少であったとしても，原則としてこれに介入せず，結果として当該資産の増加益に対する課税が繰り延べられることになってもやむを得ないものとし，当事者が決定した代金額をもって譲渡収入金額を計算しようとする態度をとっているものと解される。

これに対して，交換契約は，当事者が互いに金銭の所有権に非ざる財産権を移転することを約するものであり，交換される各財産権の客観的価値が，当事者が契約を締結するに当たっての動機形成要因の1つにすぎないことは売買契約と同様であるところ，交換契約を締結しようとする当事者においては，各財産権についてそれぞれ代金額を決定して各別の売買契約を締結することも可能であるにもかかわらず，そのような法形式を選択せず，交換契約を選択した結果，各財産権の対価について契約上表示されないこととなったことを考慮して，法は，このような場合には，「金銭以外の物又は権利その他経済的な利益をもって収入する場合」として，「金銭以外の物又は権利その他経済的な利益の価額」(所得税法36条1項)をもって収入すべき金額としたものと解される。以上のとおり，所得税法は，売買契約における譲渡所得と交換契約の譲渡所得について，その課税標準を異にすることを容認し，前者については，当事者間で合意された代金額を原則として尊重するという態度に出ているものである。したがって，当事者間においてなされた2つの売買契約において，結果として双方の有する財産権の交換的な移転の要素があったとしても，そのことから直ちに当事者間の意思の合理的な解釈として，2つの売買契約を交換契約であると認定することは，特段の事情がない限り許されないというべきである。

(3)　以上の観点の下に本件については，次のとおり判断した。

　　本件譲渡契約及び本件購入契約がいずれも売買契約として締結されたことは明らかであり，この点について当事者の意思解釈をする余地はないと考えられる上，本件購入土地の売主はM不動産販売のみであったのに対して，本件譲渡土地の買主はM不動産販売及びAであり，Aは原告らに対して金銭を支払って本件譲渡土地の持分の3割を取得するという経済的目的を実現させる必要があったことからすると，原

告ら，M不動産販売及びAを当事者とする本件譲渡契約及び本件購入契約の内容を，1つの単純な交換契約として法的に構成して実現することは困難であったものであり，また，Aと原告らとの間においては，金銭の支払と本件譲渡土地の一部の取得とが対価関係にあったものであるから，この観点からすると，本件譲渡土地に関して売買契約を締結したことはむしろ自然なことというべきである。この点，Aが本件譲渡土地の一部を取得するという経済的目的を実現する法形式としては，原告らとM不動産販売との間における本件譲渡土地と本件購入土地との補足金付交換契約を締結した上で，M不動産販売からAに対して本件譲渡土地の持分（3割）を譲渡する売買契約を締結するという構成をとることも考えられるが，このような構成は，Aが本件譲渡土地の一部を原告らから取得するに当たり一旦M不動産販売を経由するという擬制を含むものであり，当事者の一人であるAの真の経済的目的を直截的に表現していない点では，本件譲渡契約を締結する方法に劣る部分があるものといわざるを得ないのである。

以上によれば，本件取引について，当事者が選択した2つの売買契約という法形式を交換契約であると認定するに足りる特段の事情があるとはいえない。したがって，本件取引は，原告らがM不動産販売に対して本件譲渡土地を代金5億8,000万円で売却するとともに，M不動産販売から原告らが本件購入土地を代金3億9,614万3,120円で購入したものと解すべきである。

(4) なお，第2審において，税務当局は「本件各契約を2個の売買契約であると解すると，M不動産販売としては，まず，本件購入土地については，譲受代金と譲渡代金との差額を売却損として処理するか又は被控訴人（筆者注：納税者）らに対して贈与若しくは無償の利益供与をしたものとして寄付金処理をしなければならず（法法37⑦），次に，本件譲渡土地については，時価と売買価額との差額を受贈益として益金に算入しなければならないが

（法法22②），M不動産販売はそのような会計処理をしていない。したがって，本件各契約を2個の契約と解することは，明らかに当事者の意思に反することになる。」と新たに主張した。

この点について東京高裁は，次のとおり判示し，その主張を採用しなかった。

> 控訴人は，M不動産販売が本件購入土地の売買により発生した売却損につき寄付金処理をしておらず，本件譲渡土地の低額譲受けにより発生した受贈益を益金の額に算入する会計処理をしていないことをもって，本件各契約を2個の売買契約であると解することは被控訴人らの意思に反している旨主張するが，M不動産販売において，控訴人の主張するような会計処理をする必要があるかどうかはともかく，仮にその必要があるとしても，本件各契約の一方当事者であるM不動産販売が内部的に上記会計処理を行っていないことをもって，他方当事者である被控訴人らの意思もそのような会計処理を必要としない法形式を採用するものであると解することは直ちにはできない。

2 本件譲渡契約において合意された売買代金をもって譲渡収入金額とすべきか否か

次に本件が仮に低廉譲渡に該当するとなると所法59条のみなし譲渡の問題に抵触するので，この点につき次のように判示した。

> 譲渡所得に対する課税は，資産が譲渡によって所有者の手を離れるのを機会に，その所有期間中の増加益を清算してこれに課税する趣旨のものであり，売買によって資産の移転が対価の受入れを伴うときは，右増加益は対価のうちに具体化されるので，これを課税対象としてとらえたものであると解されるところ，資産が著しく低い対価によって法人に譲渡された場合，資産の増加益に対する課税が繰り延べられる

のを防止するために、時価による譲渡があったものとみなして課税が行われることとなっている（所得税法59条1項2号参照）が、右に該当しない場合については、当事者間において合意された金銭による対価の額と客観的交換価値との間に不均衡があり当該資産に係る増加益がみかけ上は過少であったとしても、法はこれに介入せず、結果として当該資産の増加益に対する課税が繰り延べられることになってもやむを得ないものとする法制が取られているところである。このような法制からすると、本件取引においても、仮に本件譲渡土地が客観的交換価値に比較すると低い価額で他に譲渡されたこととなり、これによって原告らの譲渡所得に対する税負担が軽減されることとなったとしても、その譲渡が右の著しく低い対価による譲渡に当たらない以上、その軽減された部分に対応する課税負担は後に繰り延べられることを法律自体が予定しているものというべきである。また、本件譲渡契約が所得税法59条1項2号に該当するとの主張もない。よって被告の右主張は採用できない。

以上により、本件取引が本件譲渡土地と本件購入土地との補足金付交換契約であることを前提としてされた本件更正処分は、所得金額及び納付すべき税額を過大に認定した違法なものであり、かえって、納税者のした確定申告には違法事由が見当たらず適正なものであったとして、納税者の勝訴となった。

解　説

1　交換の意義

(1)　**民法586条**は、交換について次のとおり規定している。

第586条【交換】
①　交換ハ当事者カ互ニ金銭ノ所有権ニ非サル財産権ヲ移転スルコトヲ約スル

> 　ニ因リテ其効力ヲ生ス
> ②　当事者ノ一方カ他ノ権利ト共ニ金銭ノ所有権ヲ移転スルコトヲ約シタルトキハ其金銭ニ付テハ売買ノ代金ニ関スル規定ヲ準用ス

　　すなわち，交換とは金銭所有権以外の財産権の相互交換を目的とする契約であり，売買との相違点は対価が金銭でないことの1点である。したがって，法律的にはモノに対して金銭を提供する「売買」とモノに対して金銭所有権以外の財産権が提供される「交換」とは峻別されるが，今日のように貨幣経済が浸透した社会では交換の社会的意義はあまり大きくないといえる。

　　なお，歴史的にはいわゆる"物々交換"がはじめにあり，その後貨幣経済が発達したのであるから，本来「売買」が「交換」の一変態であり，「交換」が「売買」の一変態ではない。ただし，両者の地位が逆転した結果，わが国では民法に「交換」の条文はわずか1条を設けるのみである。

(2)　民法586条2項は，「補足金付交換」について定めている。交換は本来，当事者間における目的物の等価交換が前提である。しかし，必ずしも等価関係が常に成立するとは限らず，その等価関係を補足する意味から金銭の支払が行われることがある。これを民法では「補足金付交換」という。

　　なお，補足金付交換の逆をなすものに，「補足物付売買」がある。すなわち，売買において低額の代金を補うために金銭以外のものを合わせて給付することをいう。さらに，補足金付交換と補足物付売買の中間に位置するものに，「売買と交換の混合」がある。

　　これら3者を区分することは法的には難しい問題を含むが，結局は契約自由の原則を尊重した当事者における意思解釈によることになる。ただし，学説的には，「2個の売買であるか1個の交換であるかは意思解釈の問題であるが，当事者の意思がその目的物の一方の約束がなされなければ他の目的物の約束もしなかったであろうと認められるべきときは，1個の交換が存するものと解すべきである。」[1]という説が有力である。

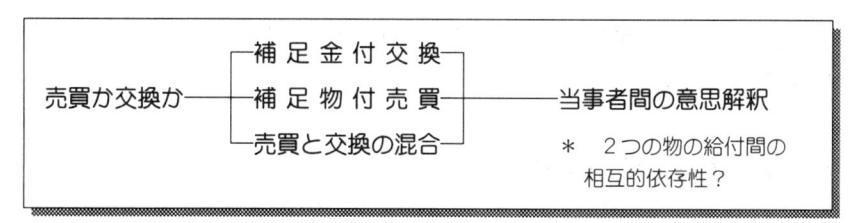

```
売買か交換か ─┬─ 補足金付交換 ─┐
              ├─ 補足物付売買 ─┼─ 当事者間の意思解釈
              └─ 売買と交換の混合 ┘
                                  ＊ 2つの物の給付間の
                                    相互的依存性？
```

2 本件取引の性質

　本件取引はすでに述べたとおり，納税者Kらが本件譲渡土地をM不動産及びAに対し5億8,000万円で売却し，同時にM不動産から本件土地を4億円で購入し，譲渡代金と購入代金は相殺し，残額の1億8,000万円（越境問題により，正確には1億8,385万6,880円）を小切手により受領したものである。

　税務当局主張のポイントは上記の民法の有力説に従ったものである。確かに本件取引の実態からすると，本件取引は補足金付交換とみることが法的には正しいように思われる。しかし，当該解釈により本件取引が課税上著しく影響を受ける場合には，その解釈によって本件取引がいわゆる租税回避を目的としてなされた行為であることが積極的にまた租税法律主義的に立証されるものでなければならず，私見としてはむしろ本件取引の法的性質のみに拘泥しそれによって直ちに課税関係が律せられるのではなく，その先にある本件取引の租税回避行為否認の法理が問題であると考える。すなわち，所得税が法律行為や法律効果を課税の対象とする税ではなく，結果的な担税力の増大に対し着目するもので，そこには課税の確たる根拠が必要と考える。

　なお，判決では，「売買と交換との制度としての関係に照らすと，資産を有償で譲渡しようとする者は，それが交換によって実現可能なものであっても売買の形式を選択することが可能であり，そのことは法的にみて特異な選択と評価されるものではないというべきである。」とし，納税者Kらの行った本件取引について当事者の意思解釈を尊重している。私見としてはこれに賛成する。

　1）　柚木馨・高木多喜男編集『新版注釈民法 (14)』（有斐閣，平10），459ページ

しかし，このような解釈については処分証書の法理を過度に重視したもので適当ではないとする見解もある[2]。

3　類似事件「岩瀬事件」[3]

ところで，本件は最終的にはこれを租税回避行為として否認できるかどうかという点が判断されるべきであることは上記のとおりであるが，本件の前に全く同様に交換か売買かが争われた岩瀬事件があり，本判決は実はこの岩瀬事件の東京高裁の判断に強く影響を受けている。

岩瀬事件は第1審が納税者の敗訴，第2審が逆転判決となり，現在最高裁で争われており，最高裁が初めて明文の規定なしに実質課税の観点から租税回避行為を否認できるかどうかに判断を下す（かどうか）注目の事件である。事実関係の構成は本件岸事件と同様であるのでここでは省略するが[4]，第1審で納税者が敗訴となった理由は次のとおりである。

> 本件取引の経過に照らせば，亡Ｉらにとって，本件譲渡資産を合計7億3,313万円で譲渡する売買契約はそれ自体で亡Ｉらの経済目的を達成させるものではなく，代替土地の取得と建物の建築費用等を賄える経済的利益を得て初めて，契約の目的を達成するものであったこと，他方，Ｙ企画にとっても，本件取得資産の売買契約はそれ自体で意味

---

2)　東亜由美稿「租税判例研究225」『税理』（ぎょうせい）43巻3号，170ページ）では，岩瀬事件（下記の3））の評釈において，本判決が当事者の選択した法形式を重視するのは，本件各売買契約者が民法555条の意思表示の記載されたいわゆる処分証書にあたるため，それ自体によって当然に売買契約の成立が認められることになるとの前提に立っているが，処分証書の存する契約についても一定の契約解釈が許されることは当然であり，処分証書があっても「特段の事情」があれば異なる内容の合意を認める余地はあるとして，本件取引はこの特別な事情があり，第1審の東京地裁判決を支持している。

3)　第1審：東京地裁・平成10年5月13日判決，第2審：東京高裁・平成11年6月21日判決

4)　詳しくはTAINS判例検索→Z232-8161，Z888-0330を参照のこと。

> があるものではなく，右売買契約によって亡Ｉらに代替土地を提供し，本件譲渡資産を取得することにこそ経済目的があったのであり，本件取得資産の代価は本件譲渡資産の譲渡代金額から亡Ｉらが希望した経済的利益を考慮して逆算されたものであることからすれば，本件取引は本件取得資産及び本件差金と本件譲渡資産とを相互の対価とする不可分の権利移転合意，すなわち，Ｙ企画において本件取得資産及び本件差金を，亡Ｉらにおいて本件譲渡資産を相互に相手方に移転することを内容とする交換（民法586条）であったというべきである。

すなわち，本件取引の法的性質が交換であったものとし，全面的に税務当局の主張を支持したのである。

これに対し第２審では逆転判決がでたが，その要旨は次のとおりである。

> 本件取引のような取引においては，むしろ補足金付交換契約の法形式が用いられるのが通常であるものとも考えられるところであり，現に，本件取引においても，当初の交渉の過程においては，交換契約の形式を取ることが予定されていたことが認められるところである（乙第８号証）。しかしながら，最終的には本件取引の法形式として売買契約の法形式が採用されるに至ったことは前記のとおりであり，そうすると，いわゆる租税法律主義の下においては，法律の根拠なしに，当事者の選択した法形式を通常用いられる法形式に引き直し，それに対応する課税要件が充足されたものとして取り扱う権限が課税庁に認められているものではないから，本件譲渡資産及び本件取得資産の各別の売買契約とその各売買代金の相殺という法形式を採用して行われた本件取引を，本件譲渡資産と本件取得資産との補足金付交換契約という法形式に引き直して，この法形式に対応した課税処分を行うことが許されないことは明らかである。

4 租税回避行為否認と明文規定

(1) 本件取引の法的性質は，民法586条2項の補足金付交換であることは岸事件及び岩瀬事件の両事件においても裁判所が認定しているところである。

しかし，納税者のとった私法上の法形式を否認し，本来の法的性質に引き直して課税関係を律するには法律の根拠が必要となる。

たとえば，本件が同族会社とその社長といった関係において行われたものであるときは，所法157条がその否認の根拠規定となろう。しかし，本件においては納税者KとM不動産及びAとの関係は全くの第三者関係にあり，所法157条の及ばない関係にある。

一方で税の世界にも個々の条文には明記されていないが，法律全体に通用する法の一般原則や社会通念といった「条理」がある。「条理」を不文法源の1つとして考えるか否かは意見の別れるところであるが，筆者は租税法律主義の下では「条理」を法源として考えることは難しいものとする立場をとる。したがって，本件をいわゆる条理としての「実質課税の原則」から，その実質が売買ではなく交換であるとして否認することを是とする立場には賛成できない[5]。

すると本件岸事件の判決が，上記岩瀬事件の東京高裁判決の流れをくみ，

> 自由に選択可能な法形式間において課税上の取扱いにのみ差異を設けている以上，納税者が選択した法形式に従った課税をするのが同法の趣旨であるとみるのが相当であり，納税者が選択した法形式を否認して他の法形式を前提とした課税をすることは明文の根拠がない限り許されないものというべきである。

---

[5] 岩瀬事件の第1審東京地裁判決の評釈に高野幸大（現・国士舘大学）教授の論文があるが，高野教授は「租税法学上は，本判決は「表面的に存在するように見える法律関係に即してではなく，真実に存在する法律関係に即して要件事実の認定」を行っているという意味で，いわゆる「実質課税の原則」に従って問題を処理した事例と評価できよう」と指摘するが，条理としての実質課税の原則では否認の法的根拠にならず，私見としては賛成できない。

とした点はきわめて論理的であり,私見としても支持するところである。

(2) なお,「租税法律主義のもとで法律の根拠なくして租税回避行為が否認できないとするならば,実務においては当事者間で行われた法律行為の性質決定あるいは仮装の認定という事実認定の問題に傾斜していくことが予想される。」[6] として,明文主義に危惧の念を示す見解もある。

確かに仮装行為,通謀虚偽表示,隠蔽行為は事実認定の問題であり,その検証には困難性を伴うことは否定できない。最終的には裁判所の判断を待つことになるが,これはやむを得ない点である。なお,岩瀬事件においては,裁判所は「本件取引において採用された右売買契約の法形式が仮装のものであるとすることは困難なものというべきである。」と判示し,違法行為はなかったものとしている。

しかし,仮装行為等が明らかとなった場合は違法行為であり(たとえば民法94①の虚偽表示),課税上も本来の行為に引き直して課税することは明文の規定を待たないところである。これは実質課税とは関係のない問題である[7]。問題はこれらの行為に該当しない租税回避行為をどのような条件に該当するときに,どのような根拠で否認するかといったところに帰着するのである。

私見としては,この問題は結局,課税の公平を優先させて一部少数者の租税回避行為を否認するか,あるいは納税者の可能性・法的安定性を尊重して否認を認めないとするかにあると考える。しかし,まず実体法的観点

---

6) 占部裕典稿・最新判例評釈36「土地等の譲渡について売買契約という法形式が採られている以上,それが税負担の軽減を図るためであったとしても,実質的には交換であるとして課税することはできないとされた事例」(『判例時報』1703号,184ページ)

7) 今村隆稿「租税回避行為の否認と契約解釈」(『税理』(ぎょうせい) 42巻14号,207頁以下)では,租税回避行為の類型を①租税法上の実質主義による否認,②私法上の法律構成による否認,③個別否認規定による否認の3つに分けているが,②の私法上の法律構成による否認は,それ自体が仮装,隠蔽等である場合はその行為が違法行為として否認されるのであり,税法が予定する租税回避行為には該当しないものと思われる。

からみると，納税者は日常生活をするにあたり行為選択の自由を有していることに注意しておく必要がある。これが原則である。したがって，当該行為が虚偽や仮装行為であれば否認し得ることは当然であるが，当事者間に契約どおりの法的効果を発生させようという意思が実体的に存在し，しかもそれが法律に違反していない限り，それをたまたま経済的にみて"異常"であるという理由で否認し得るという考え方には問題がある。また手続的にみても，市民の選択した行為を税務当局が全面的に否定し，自己の判断を代置させることは，行政的なロスを伴い不必要な紛糾を招きやすい。租税回避を許すような法律を制定した責任は立法府にあり，税務当局は自己のイニシアティブで必要とあれば法律改正を急ぐべきであり，さもなければ本来の租税法律主義が堅持されなければならない[8]）。

なお，特に明文の規定なくして租税回避行為の否認が認められるか否かは学説においても，判例上も積極説，消極説に2分しており，いまだ最高裁の判決は出ていないのであるから，岩瀬事件の最高裁の判断が期待される。

5　所法36条と所法59条1項2号

本件岸事件では，税務当局は本件取引をあくまで補足金付交換であると主張したが，仮に交換でないとしても，本件各売買契約書に記載された売買代金は，客観的交換価値及び対価的意義を有するものではないから，これを前提として所法33条3項及び36条1項所定の総収入金額を算定することは誤りであると主張する。

すなわち，所法33条は譲渡所得に関する規定であるが，同条3項は譲渡所得の金額の算定方式を示しており，譲渡所得に係る総収入金額は，結局所法36条の収入金額に係る通則規定の適用を受け，譲渡所得の金額の計算上，総収入金額に算入すべき金額は，「その年において収入すべき金額（金銭以外の物又は権利

---

[8]）　畠山武道・渡辺充著『新版租税法』（青林書院，平12) 64ページ

その他経済的な利益をもって収入する場合には，その金銭以外の物又は権利その他経済的な利益の価額）」（所法36①）となるのである。なお，所法36条1項カッコ書きの部分は，いわゆる時価をもって評価される（所法33②）。この規定により税務当局は，本件取引における譲渡資産の客観的交換価値，すなわち譲渡所得の総収入金額に算入すべき金額をM不動産が本件購入土地に要した総額を時価相当額であるとし7億8,614万3,120円及び本件差金1億8,385万6,880円の合計額である9億7,000万円としたのである。

　このような考え方につき，筑波大学品川芳宣教授は岩瀬事件の解釈において，本件取引をことさら租税回避行為であるとか，仮装行為であるとかの議論を要することなく，所法36条1項及び2項の解釈適用で対応することが可能であるとし，譲渡資産の譲渡においてその対価たる本件取得資産を著しく低額で取得したという経済的利益を得たのであるから，その経済的利益を加味したところで対価（収入すべき金額）を得たことになるとしている[9]。しかし，当該解釈は法人対法人の取引であるならいざ知らず，個人対法人の取引についてはさらに所法59条の特例規定が関係し，個人が資産を法人に譲渡する場合は，著しく低い価額（時価の2分の1未満）による譲渡でない限り，当該譲渡はそのまま是認されることになる点を見逃しており，適当ではないと考える。

---

9) 品川芳宣稿「不動産の補足金付相互売買（交換）における譲渡価額」（『税研』（(財)日本税務研究センター，2000年1月号），118ページ）

TAX CASE 3

不動産損失の損益通算
〔所 得 税〕

🌱 松井事件（納税者逆転敗訴）

第1審：盛岡地裁平成9年（行ウ）第8号，平成11年12月10日判決，
TAINS判例検索→Z888-0393
第2審：仙台高裁平成12年（行コ）第1号，平成13年4月24日判決，
TAINS判例検索→Z888-0511

【内　容】

コンドミニアム形式のリゾートホテルの一室の貸付けから生じる不動産所得の損失を損益通算の対象として申告した納税者（医師）に対し，第1審では納税者の主張を認め損益通算ができるものとしたが，第2審では逆転判決がだされ，本件物件に係る管理費等の支出は，所得獲得とは無縁の家事費的ないし余剰所得の処分的性質のもので，損益通算の対象とはならないとした事件

事実関係

納税者M（原告，被控訴人）は，内科医であり，昭和59年4月から岩手県にて内科医院を開設している。Mの家族は妻の他，昭和57年生まれの長女を頭に3人の娘がおり，妻は薬剤師として同医院に勤務し，平成元年4月に三女を出産している。

ところで，Mは，平成元年11月13日，岩手観光ホテル株式会社（以下，「IKホテル」という。）から，岩手県二戸郡安代町所在のホテル安比グランドタワー

1171号室（以下，「本件物件」という。なお，本件物件は原告の自宅から車で40分程度の距離にある。）を3,831万円で取得し，同日，これをＩＫホテルに賃貸し，その賃貸により生じた損失の金額，平成３年分854万6,567円，平成４年分739万1,144円，平成５年分609万9,621円（以下，「本件損失金額」という。）を，所法69条１項に基づき，平成３年ないし同５年（以下，「本件係争各年」という。）の他の各種所得の金額から控除して（以下，同条同項に基づく控除を「損益通算」という。），いずれも法定申告期限までに所得税の確定申告を行った。

　これに対し二戸税務署長Ｇ（被告，控訴人）は，Ｍに対し，平成７年２月14日付けで，本件申告に係るＭの所得につき，本件物件は所法62条１項及び所令178条１項２号に規定する「保養の用に供する目的で所有するもの」にあたるから，本件損失金額は所法69条２項によって損益通算の対象にならないものとして次ページの表のとおり，更正処分及び過少申告加算税賦課決定処分（以下，それぞれ「本件更正処分」，「本件賦課決定処分」といい，これらを併せて「本件各処分」という。）をなした。

　Ｍはこれを不服として，所定の手続に基づいて本訴に及んだ。

TAX CASE ③　不動産損失の損益通算

【課税の経緯一覧表】

<平成3年分> (単位：千円)

区　　　分	年　月　日	不動産所得	総所得の金額	納付すべき税額	加算税
① 確定申告	4. 3/13	△14,611	172,333	62,836	−
② 更正決定	7. 2/14	△ 8,546	178,398	65,868	303
③ 異議申立	7. 4/14	②の処分の取消しを求めるもの			
④ 異議決定	7. 7/7	棄　却			
⑤ 審査請求	7. 8/3	②の処分の取消しを求めるもの			
⑥ 審査裁決	9. 6/23	棄　却			

<平成4年分> (単位：千円)

区　　　分	年　月　日	不動産所得	総所得の金額	納付すべき税額	加算税
① 確定申告	5. 3/12	△13,198	121,041	36,536	−
② 更正決定	7. 2/14	△ 7,732	126,508	39,269	273
③ 異議申立	7. 4/14	②の処分の取消しを求めるもの			
④ 異議決定	7. 7/7	棄　却			
⑤ 審査請求	7. 8/3	②の処分の取消しを求めるもの			
⑥ 審査裁決	9. 6/23	棄　却			

<平成5年分> (単位：千円)

区　　　分	年　月　日	不動産所得	総所得の金額	納付税額	加算税
① 確定申告	6. 3/15	△10,335	41,487	△ 4,772	−
② 更正決定一次	7. 2/14	△ 5,967	45,855	△ 2,589	218
③ 異議申立	7. 4/14	②の処分の取消しを求めるもの			
④ 異議決定	7. 7/7	棄　却			
⑤ 審査請求	7. 8/3	②の処分の取消しを求めるもの			
⑥ 審査裁決	9. 6/23	棄　却			
⑦ 更正決定二次	10. 1/19	△ 6,099	45,722	△ 2,655	211

（注）　上記表の「不動産所得の金額」欄の△印は損失の金額を示し，「納付すべき税額」欄は「源泉徴収税額」を控除したのちの金額で，△印は還付金に相当する金額を示す。

当事者の主張

■ 税務当局の主張 ■

1 本件損失金額の損益通算について

　本件物件は，以下に述べるとおり，所法62条1項[1])の「生活に通常必要でない資産」に該当するため，本件損失金額は所法69条2項[2])により生じなかったものとみなされ，損益通算の対象とはならないと解すべきである。

　所法69条1項は，不動産所得等の金額の計算上生じた損失は，当該収入獲得に寄与したものであることから，収入金額を超える損失が生じた場合は，それを他の各種所得の減殺要素として控除（損益通算）することが相当であるとの趣旨に基づくものであるが，同じく所得の計算上生じた損失であっても，個人消費ないし余剰所得の処分的な色彩の強いものは，収入獲得に寄与したものとは評価し得ないことから，収入を超える損失が生じた場合であっても，これを他の各種所得から控除するのは相当でない。そこで，所法69条2項は，生活に通

---

1) **所法第62条（生活に通常必要でない資産の災害による損失）**
　① 居住者が，災害又は盗難若しくは横領により，生活に通常必要でない資産として政令で定めるものについて受けた損失の金額（保険金，損害賠償金その他これらに類するものにより補てんされる部分の金額を除く。）は，政令で定めるところにより，その者のその損失を受けた日の属する年分又はその翌年分の譲渡所得の金額の計算上控除すべき金額とみなす。

2) **所法第69条（損益通算）**
　① 総所得金額，退職所得金額又は山林所得金額を計算する場合において，不動産所得の金額，事業所得の金額，山林所得の金額又は譲渡所得の金額の計算上生じた損失の金額があるときは，政令で定める順序により，これを他の各種所得の金額から控除する。
　② 前項の場合において，同項に規定する損失の金額のうちに第62条第1項（生活に通常必要でない資産の災害による損失）に規定する資産に係る所得の金額（以下この項にいて「生活に通常必要でない資産に係る所得の金額」という。）の計算上生じた損失の金額があるときは，当該損失の金額のうち政令で定めるものは政令で定めるところにより他の生活に通常必要でない資産に係る所得の金額から控除するものとし，当該政令で定めるもの以外のもの及び当該控除をしてもなお控除しきれないものは生じなかったものとみなす。

常必要でない資産に係る所得の金額の計算上生じた損失の金額については損益通算の対象としないこととしている。

これを不動産についていえば，不動産には，その取得，維持・管理，処分のための支出を伴うのが通常であるが，その不動産の主たる所有目的が趣味，娯楽，保養又は鑑賞である場合には，その取得，維持・管理，処分等に要する支出も，主としてこれらの所有目的を達するためのものというべきであって，収入獲得の目的に供される面があるとしてもそれはあくまで副次的なものであるため，損益通算の対象から除外されているのである。

そして，所令178条１項２号[3]は，所法62条１項にいう「生活に通常必要でない資産」に該当するものとして，「通常自己及び自己と生計を一にする親族が居住の用に供しない家屋で主として趣味，娯楽又は保養の用に供する目的で所有するものその他主として趣味，娯楽，保養又は鑑賞の目的で所有する不動産」を挙げている。本件物件は，所令178条１項２号の「通常自己及び自己と生計を一にする親族が居住の用に供しない家屋」であることは明らかであるから，問題は，本件物件が，同号の「主として趣味，娯楽又は保養の用に供する目的で所有するものその他主として趣味，娯楽，保養又は鑑賞の目的で所有する不動産」という要件（以下，「本件要件」という。）に該当するかどうかという点にある。そして，所法69条２項についての以上のような理解を前提にすれば，本件要件は，主たる所有目的が支出の基本的な経済的性質を決することを前提に設けられたものというべきであるところ，本件要件の該当性の判断にあたっては，当該不動産に係る支出及び負担の経済的性質を重視し，所有者の主観的な意図によることなく，当該不動産の立地状況及び設備，当該不動産により所有者が受け又は受け取ることができた利益及び負担の性質，内容，程度など諸般の事情を総合し，客観的にその主たる所有目的を判断すべきである。

---

3) **所令第178条（生活に通常必要でない資産の災害による損失額の計算等）**
①－二 通常自己及び自己と生計を一にする親族が居住の用に供しない家屋で主として趣味，娯楽又は保養の用に供する目的で所有するものその他主として趣味，娯楽，保養又は鑑賞の目的で所有する不動産

2 本件物件の主たる所有目的について

　本件物件は、著名なリゾート地に位置し、充実した設備を有するホテル安比グランドタワー（以下、「本件ホテル」という。）の１室（専有面積は49.16㎡）であり、その利用についてはオーナーに各種の特典（客室の無料宿泊、スキーリフトやゴルフ、本件ホテル内のスポーツ施設、オーナーズラウンジやオーナー専用ロッカーの優待利用等の利益）が与えられ、客室の宿泊はもとより各種付属施設についてオーナーに優先的な利用権が与えられていることに照らすと、納税者Ｍの本件物件による負担は、いわば別荘に係る負担に類似するものといえる。

　また、Ｍは本件物件につき、ＩＫホテルとの間で賃貸借契約を締結し、これにより【資料１】に基づく算式により賃貸料収入を得ているものの、その収入は不安定な上に反対給付との経済的な対応関係に乏しい偶発的なものである。これに対し、本件物件に係る管理費は高額なものであって、オーナー自らの保養目的を充足するための維持・管理費とみるべきである。

　そして、【資料２】からは、Ｍの賃貸料収入は本件係争各年において、Ｍが負担した費用全体の２割ないし１割５分程度の金額にすぎず、Ｍが負担した管理費にも達しておらず、本件係争各年を通じて大きな損失が生じている上、近い将来利益が生じることは見込めない。むしろ、賃貸料収入は、以上のような巨額な負担が生じることを前提として、その賃貸料収入によりこれをいくばくかでも低減するとともに、「合理的な節税対策」の名の下に、その負担の中に賃貸料収入に対応する必要経費部分を観念することを目的としたものにすぎないというべきである。

　以上のとおり、本件物件の立地状況及び設備、本件物件によりＭが受け又は受け取ることができた利益及び負担の性質、内容、程度など諸般の事情を総合すると、Ｍの本件物件の所有目的は、主として趣味、娯楽、保養の用に供するためのものであると認めるのが合理的である。したがって、本件物件は、所法62条１項の「生活に通常必要でない不動産」に該当することになる。

TAX CASE ③ 不動産損失の損益通算

【資料1】

本件物件の賃貸借契約書によれば，IKホテルはMに賃料を年1回支払うものとし，その賃料の算出方法は次のとおりである。

<賃料の算式>

$$\text{賃料} = \frac{A}{B} \times \frac{C-D}{C^{*}} \times 50\%$$

※ $C = E \div B$

A：本件物件と同タイプの全客室に係る一般客の利用に伴う年間支払料金の合計額
B：本件物件と同タイプの客室数
C：本件物件と同タイプの客室1部屋当たりの平均利用回数
D：オーナー等の本件物件の利用回数
E：本件物件と同タイプの全客室に係る全利用回数

すなわち，本件物件を含む同タイプの全客室の一般客の利用に伴う年間支払料金の合計額をA，同客室数をBとし，AをBで除して，同タイプの客室1室当たりの年間額を求める。他方，同タイプの全客室に係る全利用回数をEとし，EをBで除して同タイプの客室1室当たりの平均利用回数を求めてこれをCとする。さらにEのうちオーナー等の本件物件の利用回数をDとして，CからDを減算した数をCで除して一般客の利用割合を求め，先に得られた同タイプの客室1室当たりの年間額に一般客の利用割合を乗じた金額に50％を乗じることとされている。

【資料2】（第2審から）

本件物件に係る本件係争各年の収入及び各種経費の金額は、以下のとおりである。

(単位：千円)

		平成3年分	平成4年分	平成5年分	平成6年分	平成7年分
賃料額	①	1,128	1,008	1,130	1,165	983
管理費	②	1,384	1,799	1,799	1,799	1,799
固定資産税	③	202	202	202	189	189
損害保険料	④	27	20	20	20	20
減価償却費	⑤	3,398	2,959	2,590	2,276	2,009
借入金利子	⑥	2,059	1,567	1,154	889	704
経費計②〜⑥	⑦	7,072	6,549	5,767	5,175	4,723
差引金額①−⑦		−5,943	−5,541	−4,635	−4,010	−3,739
管理費賃料率①÷②		82%	56%	63%	65%	55%
経費賃料率①÷⑦		16%	15%	20%	23%	21%

(単位：千円)

		平成8年分	平成9年分	平成10年分	平成11年分
賃料額	①	900	795	688	724
管理費	②	1,799	1,799	1,799	1,799
固定資産税	③	189	188	186	187
損害保険料	④	19	19	19	17
減価償却費	⑤	1,780	1,584	1,532	1,368
借入金利子	⑥	489	448	413	378
経費計②〜⑥	⑦	4,278	4,039	3,951	3,751
差引金額①−⑦		−3,378	−3,244	−3,262	−3,026
管理費賃料率①÷②		50%	44%	38%	40%
経費賃料率①÷⑦		21%	20%	17%	19%

■ 納税者の主張 ■
1 本件物件についての所有目的
　本件物件の所有目的は保養目的ではなく，不動産所得を目的として本件物件を取得し，これを賃貸しているのであるから，賃貸による損失は損益通算の対象となるというべきである。
(1) 他の物件の取得状況について
　Mは，健康上の理由などで将来稼働し得なくなる場合に備えて，預貯金のほかに不動産収入で家族の生活を維持することを考え，平成元年9月23日，札幌市所在のホテルアーサー札幌1218号室をライベックス株式会社から6,157万3,000円で買い受け，同日，売買契約に付随してその客室の賃貸借契約を売主との間で締結し，売主がホテルアーサー札幌の客室として他客室と一体として使用し，原告に月額15万円の賃貸料を支払うことになった。
　また，Mは平成元年11月8日，盛岡市所在のトーカンマンション上の橋706号室を地産トーカン株式会社から2,876万6,500円で買い受け，同年12月29日に月額10万円で藤沢薬品工業株式会社に社宅として賃貸した。なお，平成6年3月この賃貸借契約は解約され，以後はMの妻及び娘が使用している。
　さらに，Mは，平成7年10月9日，盛岡市所在の宅地580.07㎡を妻と共同で7,457万4,750円で取得し，駐車場として賃貸している。
　なお，妻は，平成元年8月7日に盛岡市所在の宅地237.93㎡を2,250万円で取得した上駐車場として賃貸している。Mは，このようにいくつかの不動産を取得していく過程で，他の取得した各物件と同様に，本件物件についても長期的に不動産貸付業の用に供し，賃料収入を得る目的で取得したものである。
(2) 本件物件の利用状況について
　Mの本件物件の利用状況は，取得した最初の年が0回，平成3年は1回，平成4年は3回，平成5年は2回宿泊しているが，これらは主に本件物件の状態，保守，管理などを確認するために宿泊したものであり，この他にMの両親が2泊，義弟が2泊しており，平成6年は3回，平成7年は2回，平成

8年は2回，平成9年は1回しか利用しておらず，大部分は一般宿泊者が宿泊しているのであって，このような利用実績からみても，本件物件が主として保養を目的としているとはいえない。

2　税務当局の主張に対する反論
(1)　所令178条の解釈について

　税務当局は所令178条1項2号の解釈にあたり，所有する不動産が主として事業用か保養等の用かの判断にあたっては，所有者の主観によるものではなく，種々の要素を社会通念に照らし合わせて判断されるべきであるとするが，かかる解釈は，同号の「目的」文言を全く無視するものである。同号は「主として趣味，娯楽又は保養の用に供する目的で所有するものその他主として趣味，娯楽，保養又は鑑賞の目的で所有する不動産」と規定し，色々あり得る不動産所有の目的のうち保養等に限定して損益通算の対象としないことを明定しているのであるから，所有者がその不動産を所有する意思，意欲という主観的要素を無視して解釈することが許されないことは明らかである。かかる被告の解釈は税法によらずに課税することになり，租税法律主義や財産権不侵害という憲法原則に違反するものである。

(2)　被告の主張する諸事情について
　①　本件物件の売買及び賃貸の性格

　　本件物件の売買契約は，賃貸借契約を抜きには成り立たない契約であるから，オーナーはホテルの一室を所有するけれども，その一室を一般的・全般的に利用することが期待し得ないもので，自らはわずかにホテルの客室として宿泊用に利用し得るのみである（その結果として賃貸人としての賃貸料の取得額が減少する。）。また，オーナーの所有権は，恒久性を有するけれども，ホテル経営が続けられる限り賃借人の権利が継続する制約付きのものであり，しかもオーナーはホテル運営に関与する権限もないから，その所有権はきわめて特殊なものである。このシステムの基本的特徴は，所有と賃貸が一体化し，賃貸することによって利益を生み出すところにあるか

ら，主たる所有目的が保養にあるとは到底いえないものである。
② 本件物件の収益性及び賃貸料の経済的対応関係について

　税務当局は，MがIKホテルから支払いを受けた賃貸料が必要経費を大幅に下回っていることを，所有目的が保養にあったことの根拠としているが，これは短期的かつ収益性が低い時期の現象を理由にするものであって誤った見方である。Mが数十年にわたって本件物件を所有し，かつ，賃貸を継続していくシステムを長期的にみるべきである。

　なお，MとIKホテルは，相当数の宿泊客があることを当然の前提に賃貸借契約を結び，賃貸料の算出方法も合意しているのであり，現実に年間を通して宿泊者が皆無であるなどということは考えられないし，また，本件物件のみ宿泊者が皆無ということは，ホテルの運営上からも，契約条項からしても考えられない。確かに賃貸料は，宿泊者数とオーナーの利用回数という偶然的事実によって左右されるけれども，リゾートホテルの経営という見地から金額の算出方法が合意されており，賃貸料と本件物件の提供との間には合理的対応関係がある。

判決の要旨

1　第1審盛岡地裁の判断（納税者勝訴）

　第1審判決では，本件物件が「主として趣味，娯楽又は保養の用に供する目的で所有するもの」に該当するか否かを検討した結果，主たる問題点につき次のように判断し，結論として納税者の勝訴とした。

(1) 本件物件の収益性について

> 　本件物件の係争各年の賃料収入が管理費にも満たない状況となってはいるが，他方，原告は，本件物件取得の際，K（筆者注：IKホテル担当者）との間で収益性を中心とする質問をし，その上で本件物件を購入することとしたものであり，その際，Kから本件物件の室料が5万

円であって，将来40パーセントの稼働率となることが予想される旨の説明を受けてその旨信じ，管理費，固定資産税，保険料及び借入金利と預金金利の差額の合計額を大幅に超える賃料収入が見込まれると計算したものであり，その計算が特別不合理なものであるとも考えられず，また当時の経済状況を考えたとき，原告がKの説明を信じて，本件物件の稼働率を高く見込んだのもやむを得ないところであって，その後経済状況が悪化し，稼働率の低迷や管理費の値上げ等により，収益状況が悪化し，結果的に大幅な赤字になっているからといって，原告の本件物件の購入目的が賃料収入の獲得にあったことを覆す理由となるとは考え難い。

(2) 賃貸料の経済的対応関係について

被告は，原告の得る賃料収入が，反対給付との経済的な対応関係に乏しい偶発的なものである旨主張する。確かに，原告と岩手観光ホテルとの間の賃料の算出方法は固定的なものではなく，一般客が本件物件と同タイプの客室を年間を通じどの程度利用したかに左右されるものではあるが（なお，右賃料は年1回，1年分が支払われるものであるから，季節によって一般客の利用に偏りがあることは賃料の安定性と無関係である。），賃料収入の一定しないことが直ちに原告が自らの保養の目的で本件物件を取得したことにつながるものではない。

以上のとおり，判決では税務当局の主張は採用できないものであるほか，本件物件は，IKホテルにホテル客室として賃貸することを前提として分譲された物件であること，Mの本件物件の利用状況は少ない回数であったこと，Mは本件物件の取得と同時期に他にも不動産を順次取得し，いずれもこれを他に賃貸して賃料収入を得る事業を開始しており，本件物件についてもKからその収益や値上がり状況についての説明を受けた上でその購入に至っている経緯があり，本件物件についてのみ他の物件と異なる目的をもって購入したという事情

はうかがわれないこと等の諸事情をも合わせ考慮すれば、Mの本件物件の主たる所有目的が保養にあったと解することはできないとしたのである。

よって、Mの本件物件をＩＫホテルに賃貸したことによって生じた本件損失金額は、所法69条１項により損益通算の対象となるというべきであり、これが損益通算の対象とならないとしてなされた本件更正処分は、違法であってその取り消しを免れず、また、その更正処分を前提としてなされた本件賦課決定処分も違法であるとした。

2　第２審仙台高裁の判断（納税者逆転敗訴）

上記のとおり、第１審は納税者の勝訴となったが、第２審の仙台高裁では一転、納税者逆転敗訴の判決となった。すなわち、納税者Mは本件物件を不動産投資の事業目的で所有していたと主張するが、仙台高裁は本件物件の賃料と本件物件の負担、特にその中心となる管理費の定め方の関係について検討し、次のとおり判示したのである。

> 被控訴人（筆者注：納税者）は、本件物件を賃貸しているにもかかわらず、同物件と同タイプの客室について一般客の利用客がなければ賃貸料の支払を受けられないか、ごくわずかしか受けられないことになり、逆に本件物件について一般客の利用がなくても、これと同タイプの客室について一般客の利用があれば賃貸料の支払を受けられることになるなど、本件物件の賃貸料は、本件物件の利用に見合って設定されているわけではなく、本件と同タイプの客室全体についての収益いかんによって決定される、通常の賃貸の場合の使用の対価とは異質の経済的性質をもつものとなっている。
>
> このようにみてくると、本件賃貸借契約における賃料は、客室の使用の対価とはいい難く、むしろ、オーナーの管理費等の経費負担を軽減する目的で、オーナーに支払われる利益に名目上「賃料」の名を付したにすぎないものと認めるべきである。（中略）以上の本件物件の賃

料と本件物件の負担，特に管理費の関係からすれば，本件ホテルの客室オーナーが，賃料収入により管理費その他の高額の経費負担を上回る利益が生み出されることを期待し，そのような利益を目当てに当該客室を購入することは，考え難いことといわざるを得ない。(中略)
　そうすると，本件物件に係る管理費その他の支出ないし負担は，賃料収入獲得に供される性質のものではなく，所得獲得とは無縁の家事費的ないし余剰所得の処分的性質のものと解するのが相当である。したがって，本件物件の主たる所有目的は保養にあると解するべきであり，当該支出ないし負担をもって，他の各種所得の金額から控除し，損益通算の対象とすべきではないことになる。

なお，本件物件の所有が，将来の値上がり益や節税目的（損益通算をする目的）が主たる目的とするものであるかどうかという点については，次のとおり判示した。

　近い将来確実に転売して利益を得ることを目的としているという場合（不動産販売の事業目的の場合）以外は，転売利益は将来転売した時点で現実化する不確定的な収入ないし利益であるにすぎず，これが本件物件に係る支出ないし負担の経済的性質を決定するものとはいえないから，本件物件の主たる所有目的を左右するものではない（いわば，主たる所有目的に付随する目的にすぎないといえる。）。損益通算する目的についても，「生活に通常必要でない不動産」か否かを判断するためその資産の所有目的を客観的に認定しようとする際に，その所有目的如何によって決せられる節税効果を得ることを判断要素とすることは本末転倒というべきであって相当でないから，節税効果に注目して取得したかどうかという点は，被控訴人の本件物件の所有目的を認定する際に考慮に入れることはできないというべきである。

解　説

1　生活に通常必要でない資産

(1)　所法69条は損益通算について規定し，同条第2項は「生活に通常必要でない資産」に係る所得の計算上生じた損失の金額は，競走馬の譲渡に係る譲渡所得の金額の計算上生じた損失の金額について限定的に損益通算が認められているほかは損益通算の対象とならないものとしている[4]（所令200）。この規定は昭和37年の所得税法改正により導入されたものであるが，「生活に通常必要でない資産」に係る支出ないし負担は，個人の消費生活上の支出ないし負担としての性格が強く，このような支出ないし負担の結果生じた損失の金額について，損益通算を認めて担税力の減殺要素として取り扱うことは適当でないとの趣旨により，損益通算を制限したものである。なお，「生活に通常必要でない資産」については，雑損控除も認められない（所法72）。

(2)　ここに「生活に通常必要でない資産」とは，所令178条1項に規定する資産で，①競走馬その他射こう的行為の手段となる動産[5]，②通常自己及び自己と生計を一にする親族が居住の用に供しない家屋で主として趣味，娯楽又は保養の用に供する目的で所有するものその他主として趣味，娯楽，保養又は鑑賞の目的で所有する不動産，③生活の用に供する動産で所法25条の譲渡所得について非課税とされる生活用動産の範囲の規定に該当しないものをいう。

「生活に通常必要でない資産」について争われた事件で有名なものに，サラリーマン・マイカー税金訴訟がある[6]。すなわち，給与所得者（会計

---

[4]　昭和54年の競走馬の譲渡により生じた損失と，土地の長期譲渡所得との通算が認められた事件がある（名古屋地裁・平成2年4月27日判決）。

[5]　マカオの賭博場のチップが射こう的行為の手段となる動産に当たるとした事件がある（第1審：京都地裁・平成8年1月19日判決，第2審：大阪高裁・平成8年11月8日判決）。

[6]　最高裁二小・平成2年3月23日判決

事務所勤務者）が普通乗用自動車を所有し，その使用範囲がレジャーのほか通勤及び勤務先における業務にまで及んでいるとしても，使用者から通勤費用の大部分が支給され，勤務先における使用も法的義務に基づくものでない等の事実関係の下においては，その自動車は所法69条2項にいう「生活に通常必要でない資産」に該当し，その譲渡により損失が生じたとしても，同条1項による他の各種所得との損益通算は認められないとした事件である。

(3) 本件は，リゾートホテルの一室が前述②の保養目的で所有されているかどうかが争点であり，まさに「生活に通常必要でない資産」に該当するか否かの判断が注目された事件であるが，実は，本件の前に本件と全く同じホテル安比グランドタワーの1652号室を取得し，本件と同様にその不動産所得の損失を損益通算した横川事件[7]がある。東京地裁は平成10年2月24日，横川事件に対し損益通算を認めない旨の判決を下したが（判決の趣旨は本件仙台高裁と全く同様である。1審で確定），本件第1審の盛岡地裁は，全く同じ事件につきその1年9か月後，納税者勝訴の判決を下した。それが第2審の仙台高裁は横川事件の判決を支持し，逆転判決を下した。以上の経緯をみても，本件は非常に興味深い事件であることが分かる。

2 本件の問題点

(1) 管見を先に述べると，本件については第1審の盛岡地裁を支持し，損益通算は認められるべきであると考える[8]。

本件はバブル期に隆盛を極めたいわゆるサブリース[9]のうち，転貸条件

---

7) 東京地裁・平成10年2月24日判決，TAINS判例検索→Z230-8091
8) 大野重國稿「租税判例研究227」（『税理』，（ぎょうせい）43巻5号，214ページ）では，次のとおり述べ，盛岡地裁判決を支持していない。「盛岡地裁判決は，主たる所有目的の認定基準を明確には判示していないが，本判決（筆者注：東京地裁・平成10年2月24日横川事件）と比較すると，所得税法施行令178条1項2号の主たる所有目的を認定するに当たって，原告の主観的意思についての供述を重視し，他の客観的事情を軽視するものであって，税負担の公平と租税の適正な賦課徴収を実現する上で問題があるように思われる。」

TAX CASE ③　不動産損失の損益通算

付建物賃貸借契約のリゾートホテル版であるが、たとえば、最近でも新聞等に広告が掲載されている都内の賃貸用ワンルームマンションと本件を比べてみる。最近のワンルームマンションでは低金利時代を反映し、年間家賃収入に対する物件価格による年間運用利回りが高いことをキャッチフレーズとし、さらにいわゆる"借上げシステム"により、オーナーはその不動産販売業者等と賃貸借契約等を結び、通常は一定期間（2年間という物件が多く見受けられる。）空室に対しても賃料が保証されている。新聞広告ではさすがに節税効果こそ全面にうたわれていないが、実質的にこれらの賃貸用ワンルームマンションと本件リゾートホテルの1室が生みだす損失の所得税法上の性質は同じものであると考える。

　すなわち、所得税法上、不動産の貸付けによる所得は不動産所得であり（所法26）、本件納税者が賃料名目で受け取る収入金額は、第2審が「オーナーの管理費等の経費負担を軽減する目的で、オーナーに支払われる利益に名目上「賃料」の名を付したにすぎない」ものではなく、不動産の使用の対価として現に存する契約に基づいて実際に収入され、不動産所得の収入金額を構成する。一方、その収入金額に対して必要経費として実際に管理費等の所定の金額が計算され本件では不動産所得から損失が発生している。したがって、かたや都内において継続的な家賃収入を前提とし所有するワンルームマンションは、たとえ空室の状態があり一定期間家賃収入がなくとも、それ自体は全体的にみれば不動産所得の観念を維持しているものとし、損失が発生する場合は損益通算を認め、かたやリゾート地にあるもので賃料の収入額が不規則な場合は、それが通常の賃貸収入の対価としては異質なものであるから当該管理費等は所得獲得とは無縁の家事費的支

9）　サブリースとは、土地の有効活用を目的として、それについて豊富なノウハウを有するデベロッパーが、土地の利用方法の企画、事業資金の提供、建設する建物の設計・施工・管理、完成した建物の賃貸営業、管理運営等、その業務の全部または大部分を地権者から受託する方式で、土地・建物両方について地権者に所有権等を残したまま、受託者が一括借り受け等の方法により、事業収益を保証する共同事業方式のことをいう。

出で，その家事費的支出による損失は損益通算の対象としないことは片手落ちの不公平な取扱いであるといわざるを得ない。
(2) かつて，大蔵省はこのような不公平に対し，賃貸用マンションを利用し損益通算で他の所得を減らしながら，将来のマンションの値上がりを待つといった節税策を封じるべく，平成元年12月14日，自民党税制調査会に「事業に至らない不動産所得の損失の損益通算不適用制度」を提案したが，不動産業界からの反発を受け，あっさりこれを撤回した。

不動産所得については，事業所得と雑所得の区別につき，法律上の規定は存しないが，不動産所得と事業所得の区別については，いわゆる「5棟10室基準」（所基通26-9）があり，実務的には一定の判断基準が示されている。

しかし，不動産所得と雑所得を区別する基準はなく，雑所得に該当すれば現行制度では損益通算が認められないので（昭和43年改正），上記のような「事業に至らない不動産所得の損失の損益通算不適用制度」といった明確な判断基準は，合理的なものである限り，本来設けられてしかるべきものであった。

しかし，そのような基準がないところから，本件のように「生活に通常必要でない資産」といった所得税法特有のきわめて個人の主観的判断の要素が影響する不確定概念でこれを判定せざるを得ない問題が生じた。
(3) そこで，次に検討しなければならないのは，本件物件が「生活に通常必要でない資産」で，不動産所得の金額の計算上，必要経費に家事費的支出があることが立証され，個人の所得税の計算において，担税力の減少を考慮すべきかどうかという問題である。

私見としては，本件は次の点を明確にしなければならないと考える。すなわち，本件物件の賃貸による所得が所得税法上不動産所得である以上，不動産の貸付けによって生じた損失は，その金額の多寡や発生の原因にかかわらず，当然，所得の減少項目として認識される。つまり，本件物件に対する管理費等の諸経費の支出が，課税所得の計算構造上，その減少をき

TAX CASE ③ 不動産損失の損益通算

たすものであれば当然控除されるが，一方で，担税力の減少が侵されていないのであれば，それはことさら控除されるものではないとする考え方である。この場合担税力の減少とは，合理的な納税資金の存在の問題である。

【賃借料推移表】

平成2年	賃借料（単位：円）	賃借料比率
1月	196,000	17%
2月	245,000	21%
3月	220,500	19%
4月	24,500	2%
5月	31,000	3%
6月	15,500	1%
7月	15,500	1%
8月	165,000	14%
9月	46,500	4%
10月	31,000	3%
11月	15,500	1%
12月	147,000	13%
合計	1,153,000	99%

平成3年	賃借料（単位：円）	賃借料比率
1月	220,114	20%
2月	251,801	22%
3月	253,541	22%
4月	24,901	2%
5月	42,550	4%
6月	5,924	1%
7月	13,435	1%
8月	107,063	9%
9月	46,368	4%
10月	34,350	3%
11月	11,750	1%
12月	116,878	10%
合計	1,128,675	99%

平成4年	賃借料（単位：円）	賃借料比率
1月	156,659	16%
2月	200,691	20%
3月	183,446	18%
4月	22,178	2%
5月	25,184	2%
6月	38,485	4%
7月	35,514	4%
8月	139,623	14%
9月	18,538	2%
10月	64,236	6%
11月	18,583	2%
12月	105,405	10%
合計	1,008,542	100%

平成5年	賃借料（単位：円）	賃借料比率
1月	168,348	15%
2月	231,239	20%
3月	225,421	20%
4月	29,989	3%
5月	59,290	5%
6月	20,046	2%
7月	33,480	3%
8月	141,792	13%
9月	18,969	2%
10月	61,465	5%
11月	18,459	2%
12月	122,326	11%
合計	1,130,824	101%

（注）なお，賃借料比率は，各月別賃料を年合計賃料で除したものである。

前ページに示す資料は第2審における資料であるが，納税者においては平成不況といわれるなか，年々の賃料は安定的ではないが，各年各月において賃料がゼロであったことはなく，むしろ空室を抱えるワンルームマンションよりも継続的に確実な賃料収入があり，たとえその金額が管理費等の経費に対しわずか20％前後の数値であっても，それをもって不動産所得の収入，支出の観念は否定されるものではない。

この点につき盛岡地裁が本件賃料の算定につき特別不合理なものはないとし，契約自由の原則を尊重した点は重要で，私見としても本件について積極的な租税回避をもくろんだ点がないことは重視されるべきで，本件物件がリゾート地にあることやオーナー特典で本件物件を数回利用したことをもって仙台高裁が判決理由冒頭に高圧的に「被控訴人に保養の目的があったと認めざるを得ない」などと，軽々にこれを取り扱うべきではない。さらに，納税者は本件物件の取得と同じ平成元年にホテルアーサー札幌1218号室，トーカンマンション上の橋706号室，盛岡市緑が丘所在の駐車場用地をいずれも購入し，賃貸しており，本件物件もこれらと同様賃貸して賃料収入を得る目的であった点は，本件物件が「生活に通常必要でない資産」かどうかを検討する際に，十分考慮されるべきである。

したがって，盛岡地裁が「当時の経済状況を考えたとき，原告がKの説明を信じて，本件物件の稼働率を高く見込んだのもやむを得ないところであって，その後経済状況が悪化し，稼働率の低迷や管理費の値上げ等により，収益状況が悪化し，結果的に大幅な赤字になっているからといって，原告の本件物件の購入目的が賃料収入の獲得にあったことを覆す理由となるとは考え難い。」とした点は，きわめて常識的な判断といえる。

(4) なお，山田二郎弁護士は，本判決の前に出された横川事件について，節税効果を含めた利殖目的が，所有の目的となることは否定できないとし，次のとおり述べ，横川事件判決に疑問を示されている。本件仙台高裁への批判そのものである。「本件建物はバブルがはじけて賃料収入の減少という事態が生じなくても，減価償却費等の経費が賃料収入には及ばず損失が

生じ、その損益通算による節税効果は当初から予定していたものである。値上りや賃貸による節税効果等の利殖の目的で購入したというのも、主たる所有目的として考えることができることであり、必ずしも本末転倒の議論ということにはならない。」[10]

(5) 以上により、本件では継続した不動産の賃貸が行われているなかで発生した損失で、バブル崩壊後の不況といった予期せぬ出来事によって集客予想の見込みがはずれ、納税者が期待した収入よりも支出が大きく超えただけであり、単に趣味、娯楽等といった担税力の減少に影響を及ぼさないものとはその性格が異なるのである。つまり、租税法の観点からみる限り、本件損失により個人の課税所得金額は不当でなく侵されているのであり、同時に合理的な納税資金の確保という実際の担税力の減少に影響が及んでいるので、本件損失は損益通算が認められるべきであると考える。

---

10) 山田二郎稿「コンドミニアム形式のリゾートホテルの1室をホテル経営会社に賃貸したことによって生じた損失と損益通算の可否」(『税務事例』(Vol.32, No.6, 2000年6月)、15ページ)

TAX CASE 4

住宅ローン控除
〔所　得　税〕

❀西村事件（納税者勝訴）

札幌地裁平成12年（行ウ）第21号，平成14年6月28日判決，TAINS判例検索→Z888－0627

【内　容】

札幌に居住用家屋を有していた納税者が約220km離れた名寄市に転勤となり公務員宿舎の貸与を受けている場合であっても，毎週末や長期休暇の際は札幌に戻り実際に生活痕跡があるときは，転勤により札幌の家屋はもっぱら週末の生活のみに使用することしかできなくなったという特殊事情から，いわゆる住宅ローン控除を認めることは措法41条の立法趣旨に反しないとされた事件

事実関係

本件は原告Nが平成9年分，平成10年分の所得税の申告にあたり，措法（平成7年改正前のもの）41条（住宅を取得等した場合の所得税額の特別控除。以下，「本件控除」という。）を適用し納付すべき税額を算定し確定申告をしたところ，被告札幌東税務署長は，原告主張の家屋は同条1項にいう「居住の用に供した」ものとは解されないものとし，本件控除を否認したものである。したがって，本件の争点はもっぱら当該家屋が居住用家屋として本条の適用があるかどうかということである。

そこで，争いのない事実として原告Nの生活状況等をみると，次のとおりで

ある。

(1) 原告Nは，昭和60年4月1日付けで国家公務員の税務職として札幌国税局に採用された。原告は，平成3年12月に結婚した。

(2) 原告Nは，平成6年4月，住宅金融公庫から2,740万円の長期借入を行い，札幌市北区所在の新築分譲マンションの501号室（以下，「本件家屋」という。）を約2,843万円で購入し，同年5月30日，妻と共に本件家屋に入居した。

原告Nは，平成8年3月妻と離婚し，それ以降本件家屋には原告と同居する親族等はいなかった。

(3) 原告Nは，平成8年7月10日付けでそれまで勤務していた札幌中税務署から約220km離れた名寄税務署へと転勤を命じられた。原告Nは，名寄税務署への転勤に伴い名寄市所在の公務員宿舎（以下，「本件宿舎」という。）の貸与を受け，同月20日，本件宿舎の使用を開始した。原告は，平成9年5月31日付けで名寄税務署を依願退職し，同年6月13日，本件宿舎の使用を終了した。

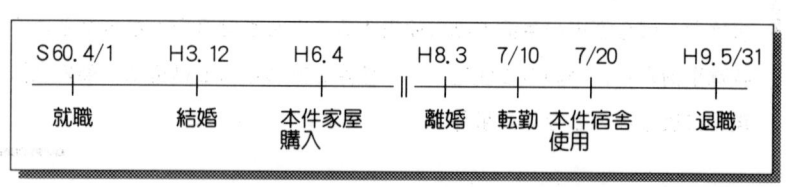

S60.4/1	H3.12	H6.4	H8.3	7/10	7/20	H9.5/31
就職	結婚	本件家屋購入	離婚	転勤	本件宿舎使用	退職

以上により原告Nは，平成10年3月13日，被告に対し平成9年分所得税について，本件控除（208,500円）を適用して，納付すべき税額を159,500円とする確定申告をした。被告は，平成10年12月17日付けで原告に対し本件控除を否認して，納付すべき税額を368,000円とする更正処分及び20,000円の過少申告加算税の賦課決定処分をなした。

同様に，原告Nは，平成11年2月16日，被告に対し平成10年分所得税について，本件控除（188,700円）を適用して，納付すべき税額を0円とする確定申告をした。被告は，平成11年7月5日付けで原告に対し本件控除を否認して，納付すべき税額を119,100円とする更正処分及び11,000円の過少申告加算税の賦課決定処分をなした。

TAX CASE ④　住宅ローン控除

　原告Nは，以上の9年分処分及び10年分処分を不服とし，所定の手続を経て，本訴に及んだ。

当事者の主張

■ 税務当局の主張 ■

　被告札幌東税務署長は，以下の点に基づき，名寄税務署への転勤以降において原告が生活の本拠としていたのは本件家屋ではなく本件宿舎であることは明らかであって，本件家屋は，原告が土日祝日等の休日に余暇を楽しむ等の理由から一時的に利用に供していた家屋にすぎず，措法41条1項の「その者の居住の用に供した場合」に該当しない旨主張した。

(1)　原告は，平成8年7月10日付けの札幌中税務署から名寄税務署への転勤命令を受け入れ，本件宿舎を賃借した上，名寄市へ赴任したこと。

(2)　原告は，同月18日付けで本件宿舎に転居したとして転入の届出を行っていること。

(3)　原告は，同月20日に本件宿舎に入居後，平成9年6月13日に退去するまで引き続き本件宿舎において起居生活し，同年5月31日付けで退職するまでの間，本件宿舎から勤務先である名寄税務署に通勤していたこと。

(4)　原告は，勤務先である名寄税務署に対して提出した各種申告書に，自己の住所地として本件宿舎の所在地を記載していること。

(5)　本件宿舎は，日常生活の用に供することができる構造，規模，設備等を有していること。

(6)　本件家屋には平成8年7月20日に原告が本件宿舎に転居して以降，原告と生計を一にする親族が引き続き居住していた事実がないこと。

　なお，措令26条1項が規定する，居住の用に供する家屋を2以上有する場合とは，第一に遠隔地に転勤になった納税者が転勤先で単身赴任するために取得して居住している家屋と当該納税者の妻子が現に居住している家屋の両方を所有している場合，第二に当該納税者及び納税者と生計を一にする家族が居住用

の家屋として使用するには1棟の家屋のみでは足りず2棟以上の家屋を併せて居住用家屋として使用している場合が考えられるところ，原告の場合，居住の用に供する家屋が複数存するとは認められないから措令26条1項ないしこの趣旨を類推し，本件控除を適用することはできない。

■ 納税者の主張 ■

　原告Nは措法41条1項にいう「その者の居住の用に供した場合」とは，居住者が主観的に居住の意思を持ち，かつ，客観的にも生活の本拠として相当の期間継続して当該家屋を利用している場合をいい，これを判断するにあたっては，入居目的，当該家屋の構造，規模及び設備の状況，日常生活の状況，その他の事情を総合勘案すべきであるとし，原告の本件家屋における日常生活の状況から，本件家屋は名寄税務署に転勤後も居住の用に供していたといえることを主張した。

　すなわち，原告は名寄税務署に転勤後も，金曜日の勤務時間終了後に本件家屋に直行し，土曜日及び日曜日を本件家屋で過ごし月曜日の朝に本件家屋から名寄税務署に直行していた。また，原告は貴重品や重要な契約書類等を本件家屋の耐火金庫に保管し，郵便物を本件家屋において受け取り，本件家屋の所在地の町内会に所属し，マンション管理組合の総会にも参加していた。さらに，原告は生命保険及び損害保険の契約者の現住所，社会保険庁からの基礎年金番号通知書の登録住所，自動車検査証の登録住所並びに自動車の保管場所通知書の保管場所をいずれも本件家屋としていた。

　また，本件家屋及び本件宿舎における電気，ガス，水道，電話等の使用量ないし料金を比較すると，本件家屋の方が多く，灯油の使用量はほぼ拮抗しており，この事実は原告が本件家屋を生活の本拠としていたことを客観的に裏付けるものである（→【資料1】,【資料2】参照）。

TAX CASE ④　住宅ローン控除

【資料1】
<電気の使用状況>

使用期間		本件家屋		本件宿舎	
		使用量 (kWh)	料金 (円)	使用量 (kWh)	料金 (円)
H8	8/7～9/5	99	2,872	10	831
	9/6～10/6	127	3,462	9	812
	10/7～11/7	115	3,185	12	870
	11/8～12/6	112	3,127	15	929
	12/7～1/9	152	4,113	32	1,259
H9	1/10～2/7	117	3,229	34	1,297
	2/8～3/9	119	3,268	29	1,200
	3/10～4/8	120	3,303	19	1,009
	4/9～5/11	135	3,764	18	1,009
	5/12～6/8	97	2,909	9	829
合計		1,193	33,232	187	10,045

<ガスの使用状況>

(ただし，本件家屋においては都市ガスを，本件宿舎においてはプロパンガスをそれぞれ使用していた。)

本　件　家　屋			
使用期間		使用量（立方米）	料金（円）
H8	7／22～8／22	19	2,443
	8／22～9／20	20	2,524
	9／20～10／22	23	2,812
	10／22～11／21	18	2,393
	11／21～12／20	18	2,393
	12／20～1／23	32	3,567
H9	1／23～2／21	17	2,310
	2／21～3／24	29	3,316
	3／24～4／22	27	3,169
	4／22～5／23	29	3,404
	5／23～6／23	40	4,352
合　計		272	32,683

本　件　宿　舎			
使用期間		使用量（立方米）	料金（円）
H8	7／24～8／15	1.1	2,338
	8／15～9／18	2	2,709
	9／18～10／17	1.7	2,585
	10／17～11／20	1.7	2,585
	11／20～12／16	1.3	2,548
	12／16～1／17	1.3	2,548
H9	1／17～2／18	1.6	2,697
	2／18～3／18	1.3	2,548
	3／18～4／16	1.8	2,795
	4／16～5／19	2	2,951
	5／19～6／13	1.7	2,799
合　計		17.5	29,103

TAX CASE ④　住宅ローン控除

＜水道の使用状況＞

本　　件　　家　　屋			
使用期間		使用量（立方米）	料　金（円）
H8	8～9月	9	3,563
	10～11月	10	3,563
	12～1月	8	3,563
H9	2～3月	7	3,563
	4～5月	10	3,954
合　　　計		44	18,206

本　　件　　宿　　舎			
使用期間		使用量（立方米）	料　金（円）
H8	7/20～8/4	1	590
	8/5～9/4	2	1,200
	9/5～10/5	2	1,200
	10/6～11/5	2	1,200
	11/6～12/5	1	1,200
	12/6～1/8	2	1,200
H9	1/8～2/6	1	1,200
	2/6～3/7	2	1,200
	3/7～4/5	2	1,200
	4/5～5/6	2	1,230
	5/6～6/4	2	1,230
合　　　計		19	12,650

【資料2】

<電話の利用状況>（本件宿舎には電話機は設置されていなかった。）

本件家屋			
利用期間		料金（円）	ダイヤル通話料（円）
H8	7／26〜8／25	3,141	850
	8／26〜9／25	2,358	90
	9／26〜10／25	2,760	450
	10／26〜11／25	2,966	680
	11／26〜12／25	3,223	930
	12／26〜1／25	2,564	290
H9	1／26〜2／25	2,750	470
	2／26〜3／25	2,608	290
	3／26〜4／25	3,721	1,370
	4／26〜5／25	4,011	1,620
	5／26〜6／25	3,507	1,140
合計		33,609	8,180

判決の要旨

(1) 判決でははじめに，措法41条の趣旨について，次のとおり判示した。

> 本件控除は，昭和47年当時の緊要性の高い住宅問題を背景として，持家取得の促進を図ることによりその解決に資するとともに，住宅投資の活発化を通じて沈滞した景気に刺激を与えることが必要であるとして創設された制度である〔証拠略〕。
> そして，措置法41条1項にいう「居住の用に供した」とは，その者が真に居住の意思をもって客観的にもある程度の期間継続して生活の拠点としてその家屋を利用したことをいうと解するのが相当であり，

TAX CASE ④ 住宅ローン控除

　　この判断は，その者及び社会通念上その者と同居することが通常であると認められる配偶者等の日常生活の状況，その家屋への入居目的，その家屋の構造及び設備の状況，その他の事情を総合的に考慮し，社会通念に照らして行うべきであって，専ら本件控除の適用を受ける目的で入居したと認められる家屋，その居住の用に供する家屋の新築，改築期間中だけの仮住まいである家屋その他一時的な目的で入居したと認められる家屋，主として趣味，娯楽又は保養の用に供する目的で所有する家屋等は，「居住の用に供した」家屋には該当しないというべきである。

(2)　次に，原告Nは札幌市から約220km離れた名寄市内に所在する名寄税務署への転勤に伴い本件家屋の所在する札幌市からの転出届出をし，本件宿舎の所在する名寄市に転入届出をして本件宿舎に入居し本件宿舎から勤務先に出勤していたが，原告Nのした転出転入の届出は実態を伴うものというべきであるから，特別の事情がなければ原告は住民票の記載のとおり，平成8年7月，本件家屋の所在する札幌市から転出し，本件宿舎のある名寄市に転入することにより，その生活の拠点を本件家屋から本件宿舎に移転し，したがって，以後本件家屋を居住の用には供していなかったと推認するのが相当と解されるところ，本件においてこの点に係る特別の事情がある場合には，措法41条の適用があるので，その特別の事情の有無について，次のとおり判断した。

　　　①原告は，平成6年5月30日から，名寄税務署への転勤を命じられた平成8年7月まで，生活の本拠地として，それにふさわしい設備，構造を備えた新築マンションである本件家屋を当初は妻と2人で，途中からは単身で居住の用に供してきたこと，②原告は，本件家屋から転勤先の名寄税務署に通勤することが困難であったため，本件宿舎の貸与を受けてその使用を開始したものの，大型の家財道具の大部分を

本件家屋内に置いたままにし，毎日の生活に必要な最小限の身の回りの品だけを本件宿舎に運び入れており，名寄税務署に転勤後も，本件家屋の構造，規模及び設備の状況は，生活の拠点という観点に立っても，本件宿舎とは比べものにならないほど充実していたこと，③原告は，毎週，金曜日の勤務が終了すると，本件宿舎に戻ることなく，そのまま本件家屋に戻り，以後月曜日の朝本件宿舎に立ち寄ることなく出勤するまで，本件家屋において寝食し，長期の休暇中も，本件家屋において生活していたこと，④名寄税務署に在勤中も，本件家屋における電気及び水道の使用量及び料金は，本件宿舎におけるそれを大幅に上回っており，本件家屋におけるガスの料金及び灯油の消費量は，本件宿舎とほぼ同程度であったこと，⑤原告は，名寄税務署に転勤後も，取引銀行ないし郵便局等に対する住所変更手続や電話の移設を行わず，また，名寄税務署に提出した書類を別として，各種書類の住所欄に本件家屋の所在地を記入しており，職場での執務関係事項及び住民票に係る事項を除けば，その生活に関わる情報は，従前どおり，すべて本件家屋に集約されるよう手配していたこと，⑥原告は，名寄税務署に転勤後も，本件宿舎には電話機を設置せず，かえって，本件家屋に係る電話料金，テレビの受信料及び町内会費を支払い続けたこと，⑦原告は，名寄税務署を退職した後，平成11年10月まで本件家屋を居住の用に供していたこと，これらの事情を総合的に考慮すれば，原告は，名寄税務署に転勤を命じられ，本件宿舎の貸与を受けてその使用を開始した後も，従前に引き続いて，なお本件家屋を居住の用に供していたと認めるべき特別の事情があると判断するのが相当である。そして，原告において，本件家屋を取得して居住の用に供した後に，自らの意思には沿わない転勤命令により，その執務の都合上，本件宿舎の貸与を受けて平日は本件家屋を利用せず，専ら週末の生活のみに使用することしかできなくなったという事情からすれば，上記認定は，

前記1で認定した本件控除の立法趣旨に何ら反するものではないと解される。

(3) 次に，措令26条1項の規定に照らすと，本件控除に係る法令の規定自体が，1人の納税者について複数の居住用家屋を有する場合のあることを想定していることは明らかであるから，原告が入居した本件宿舎を居住の用に供していたとしても，そのことから当然に原告が本件家屋を居住の用に供していなかったことを示すわけではないことに留意すべきであるとし，次のとおり判示した。

> 措置法自体が，居住の用に供する家屋が複数存在し，それらの間に主従の関係がある場合を予定しており，そのうちの従たるものも「居住の用に供する家屋」となることを認めていると考えられること（前記措置法施行令26条1項参照）からすれば，原告が本件宿舎を居住の用に供したことから直ちに，本件家屋について居住の用に供した家屋であることが否定されるべきこととなるものではない。そして，上記認定の本件家屋の使用状況等に照らせば，被告の主張に係る事実があるからといって，原告が本件家屋をも居住の用に供したものと認定することの妨げとなるものではない。
> 被告は，措置法施行令26条1項が規定する，居住の用に供する家屋を2以上有する場合として，遠隔地に転勤になった納税者が，転勤先で単身赴任をするために取得して居住している家屋と当該納税者の妻子が現に居住している家屋の両方を所有している場合並びに当該納税者及び納税者と生計を一にする家族が居住用の家屋として使用するには1棟の家屋のみでは足りず，2棟以上の家屋を併せて居住用家屋として使用している場合が考えられるとして，原告の場合にはこれらには該当しないから，居住の用に供する家屋が複数存するとは認められない旨主張する。しかし，措置法施行令26条1項が規定する，居住の

用に供する家屋を2以上有する場合を，被告の挙げる2つの場合ないしそれに類する場合に限定し，原告のように，遠隔地への転勤のため，1つを主に平日の勤務に資するための起居の用に供し，他の1つを主に週末及び長期休暇の際の日常生活の用に供するべく転勤前とほぼ同様の設備の下で使用するような場合を排除すべき法的根拠は存在せず，また，本件控除の立法趣旨に照らしても，このような場合を制限すべきであるなどとは解し難いというべきである。もともと措置法施行令26条1項は，居住の用に供する家屋が複数存在し得ることを前提に，単に本件控除の対象となる家屋を1つに限定すること，逆にいえば，複数の家屋について共に本件控除の対象となるものではないことを規定しているにすぎないのであるが，本件宿舎は原告の所有に属するものではないから，原告の「有する」居住用家屋は本件家屋のみであり，本件家屋が本件控除の対象となるか否かは，本件家屋が「居住の用に供した家屋」であると認められるか否かのみによるのであって，被告が例示するような家屋に該当するか否かによるものではない。被告の上記主張は，採用することができない。

　以上によって，被告が本件控除を否認し原告Nに対して行った平成9年分所得税及び平成10年分所得税に係る各更正処分はいずれも違法であり，上記各更正処分が適法であることを前提として行われた平成9年分所得税及び平成10年分所得税に係る各過少申告加算税の賦課決定処分もまたいずれも違法であり，これらの処分の取り消しを求める本件各請求はいずれも理由があるとして原告の勝訴となった。

TAX CASE ④ 住宅ローン控除

解　説

1　居住用の意義

居住用財産に係る所得税の特例については，租税特別措置法に次のようなものがある。

> (1)　措法31条の3（居住用財産を譲渡した場合の長期譲渡所得の課税の特例）
> (2)　措法35条（居住用財産の譲渡所得の特別控除）
> (3)　措法36条の2（相続等により取得した居住用財産の買換えの場合の長期譲渡所得の課税の特例）
> (4)　措法36条の6（特定の居住用財産の買換え及び交換の場合の長期譲渡所得の課税の特例）
> (5)　措法41条（住宅借入金等を有する場合の所得税額の特別控除）

これらの特例規定は居住用家屋を中心とした条文構成となっているが，"居住用"の定義そのものについては法律の段階で規定せず政令に任せている（措令20の3②，23①，24の2⑥，24の5⑤，26①）。

「政令で定める家屋」の共通点は，「個人がその居住の用に供している家屋とし，その者がその居住の用に供している家屋を二以上有する場合には，これらの家屋のうち，その者が主としてその居住の用に供していると認められる一の家屋に限るものとする。」というもので，結局，複数の家屋が存在する場合は"主としてその居住の用に供している"家屋を限定しなければならないことを明らかにしている（措通41-1，41-2参照[1]）。

---

1)　**(居住の用に供した場合)**
　41-1　措置法第41条第1項に規定する「その者の居住の用に供した場合」とは，同項に規定する居住用家屋の新築若しくは当該居住用家屋で建築後使用されたことのないもの若しくは同項に規定する既存住宅の取得（以下第41条関係において「新築等」という。）又は同項に規定する増改築等（以下第41条関係において「増改築等」という。）をした者が現にその居住の用に供した場合をいうのであるが，その者が，転勤，転地療養その他のやむを得ない事情により，配偶者，扶養親族

2　判例による生活拠点の判断要因

　ところで，居住用として生活の拠点であることを判定するには，種々の要素を総合勘案して行わなければならないが，本件適用条文の措法41条に関する判決例は少ないが[2]，その他の居住用家屋の課税の特例に関しては過去に数多くの判決例があるので，そこから次のような共通的判断要素を拾い上げることができる[3]。

> その他その者と生計を一にする親族と日常の起居を共にしていない場合において，その新築の日若しくはその取得の日又は増改築等の日から6月以内にその家屋（増改築等をした家屋については，その増改築等に係る部分。以下41－3までにおいて同じ。）をこれらの親族がその居住の用に供したときで，当該やむを得ない事情が解消した後はその者が共にその家屋に居住することとなると認められるときは，これに該当するものとする。
> **(引き継ぎ居住の用に供している場合)**
> 41－2　措置法第41条第1項に規定する「引き続きその居住の用に供している」とは，新築等又は増改築等をした者が現に引き続きその居住の用に供していることをいうのであるが，これに該当するかどうかの判定に当たっては，次による。
> (1)　その者が，転勤，転地療養その他のやむを得ない事情により，配偶者，扶養親族その他その者と生計を一にする親族と日常の起居を共にしないこととなった場合において，その家屋をこれらの親族が引き続きその居住の用に供しており，当該やむを得ない事情が解消した後はその者が共にその家屋に居住することとなると認められるときは，その者がその家屋を引き続き居住の用に供しているものとする。
> (2)　その家屋が居住の用に供された日の属する年（以下この項において「居住年」という。）以後6年以内（当該居住年が平成11年，平成12年又は平成13年1月1日から同年6月30日までの期間内である場合には，15年以内，平成13年7月1日から同年12月31日，平成14年又は平成15年までの期間内である場合には，10年以内）に，災害により一部損壊した場合において，その損壊部分の補修工事等のため一時的にその者がその家屋を居住の用に供しないこととなる期間があったときは，その期間もその者が引き続き居住の用に供しているものとする。

2)　措法41条については，他に憲法との関係から，控除期間の始期を居住の用に供した日の属する年分と定めたことに格別不合理な点を見いだすことはできないから，措法41条1項を違憲無効とする納税者の主張は理由がないとした事件がある（宇都宮地裁・平成8年10月2日判決）

3)　拙稿「居住用財産の譲渡」『判例戦略実務必携＜所得税編＞』（東林出版社・平9），170ページ参照

TAX CASE ④ 住宅ローン控除

(1)
> 生活の痕跡事実
> ① 客観的な測定事実……電気・ガス・水道の使用量，電話使用料等
> ② 客観的な支払事実……新聞購読料，NHK受信料等

判決例には，たとえば次のようなものがある。

(a) 生活の本拠として居住の用に供していた建物から昭和48年2月に勤務先会社の社宅に移転して妻子と共にこれに居住し，昭和48年9月下旬以降は自宅に対する電力の供給も停止されている場合，その土地・建物を昭和50年7月，他に譲渡したときは，その土地・建物を「居住の用に供しているもの」と同視することはできない（第1審：横浜地裁・昭和54年6月27日判決，第2審：東京高裁・昭和55年11月27日判決，第3審：最高裁三小・昭和56年10月30日判決）。

(b) 納税者が単身で住んでいた大阪府堺市所在の家屋は，水道使用料は，昭和52年11月8日から昭和53年2月17日までの間に2㎡というわずかな量しか使用しておらず，電気についてもその使用料はわずかであるうえ，都市ガス，電話設置の申込みもしておらず，その実態は当該家屋を臨時の仮住まいとしていただけで，生活の本拠は他の会社の常勤の専務取締役としての勤務地である大分市にあったものと認定する（第1審：大分地裁・昭和60年4月17日判決，第2審：福岡高裁・昭和61年4月24日判決）。

(c) 昭和53年頃から本件家屋を売却するまでの間，本件家屋内部には，机，椅子，テーブル，テレビ，整理ダンス，鏡台，扇風機，座布団，やかん，鍋のような台所用品，寝具が備えてあったが，電話はなく，新聞もとらず，NHKの受信料も支払っていなかった。また，本件家屋所在地の自治会にも加入していなかったので居住用家屋には該当しない（第1審：神戸地裁・昭和60年6月24日判決，第2審：大阪高裁・昭和61年3月28日判決）。

(d) 納税者が譲渡した建物において，水や電気，ガスを使用せず，なかんずく水を全く使用せずに，1年以上も継続して特定の家屋で居住するこ

とが可能であるとは到底考えられないので，措法35条の適用はない（第1審：岐阜地裁・昭和60年9月18日判決，第2審：名古屋高裁・昭和61年3月27日判決）。

(e) 電気，ガス，水道の使用状況は，本件建物を居住の用に供し，そこで生活していたとすると，総じて不自然と考えられる程にその消費量は低く，かつ一定していないので居住の証拠にはならない（横浜地裁・昭和62年10月14日判決）。

(f) 本件建物の構造，占有関係，原告の行動，本件建物での電気等の使用状況，駐車状況等の判明する限りの事情からは，納税者が本件建物に居住していたとは認められない（千葉地裁・平成8年6月26日判決）。

(g) 原告は本件マンションを長女に遺すために購入し，浦和町（本件マンション）と馬堀海岸にすでに家屋を有しており，本件マンションには寝泊まりするだけの時間しかなく，そのため電気，ガス，水道を使用することはほとんどなかったというのは，通常の人間の生活として不自然であるといわざるを得ない（横浜地裁・平成9年4月30日判決）。

(2)
> 公的機関等への届出事実……住民票，運転免許証，確定申告書の住所，郵便局・銀行等へ届出住所等

判決例には，たとえば次のようなものがある。ただし，これらは絶対的な要件ではなく形式的要件であり，あくまで税法は生活の実質面をみるものとすることが通説的である。

(a) 居住ないし滞在日数の多寡，転居を伴う住民登録，給与所得者の扶養控除等申告に住所として記載されていること等が，措法35条1項の「居住の用に供している家屋」かどうかを判定する際の資料となり得ることは明らかである（第1審：東京地裁・昭和56年7月16日判決，第2審：東京高裁・昭和57年6月24日判決）。

(b) 居住の用に供したかどうかは現実の利用関係に照らし実質的に判断すべきであって，住民登録があること，水道料や建物所在地の街灯代負担

TAX CASE ④ 住宅ローン控除

金を支払ったこと等だけで判断すべきではない（千葉地裁・昭和48年5月30日判決）。

(c) 納税者が住民登録をした上，家財道具を備え時折寝泊まりしていたとしても，その家屋は措置法35条の居住用財産にあたらない（神戸地裁・昭和60年6月24日判決）。

(d) 4年前に相続によって土地・建物を取得し，売却の6か月前にその建物所在地に住民登録を移転したとしても，それは外見を整えるために行われたものであって，これらの事実をもって原告及びその家族が本件建物に居住していたと認めることはできない（神戸地裁・平成3年12月26日判決，大阪高裁・平成4年10月23日判決）。

(3) ┌─────────────────────────────────────┐
    │ 生活環境の設定……家具等の有無，台所・トイレ・浴室等の有無 │
    └─────────────────────────────────────┘

判決例には，たとえば次のようなものがある。

(a) 個人が居住の用に供している家屋の一部を取り壊し，更地とした部分の敷地を譲渡した場合，残存家屋がなお居住の用に供しうるときは，その敷地の譲渡につき措法35条1項の適用はない。すなわち，転居先の家屋は，6畳間，3畳間，台所，玄関及びトイレという構造であるのに対し，取り壊し後の残存家屋は実質6畳の和室，3畳相当の台所，玄関，トイレ，押入2個並びに仏壇及びタンス置き場という構造で，両者の間に広さの差がほとんどない（東京地裁・昭和54年11月19日判決，同趣旨・京都地裁・平成3年10月18日判決）。

(b) 土地と共に売却された家屋は，247.93㎡の敷地に対し面積がわずか19.44㎡の木造ルーフィング葺平屋建て居宅で，内部が玄関，8畳1間，半畳の押入，便所，炊事場というきわめて簡素なものであったこと，その他の理由から，当該家屋は，医師という社会的にも高い地位にある原告の生活の本拠としての客観的な実態を有しているとはいい難く，措法35条の適用を受けるためだけに建てられ，一時的に使用されたものにすぎない（京都地裁・昭和58年3月18日判決）。

(c) 近接する2棟の建物が居住の用に供されている場合に，子供の勉強部屋兼寝室として使用されているものは「主としてその居住の用に供している」家屋に該当しない（第1審：和歌山地裁・昭和62年3月31日判決，第2審：大阪高裁・昭和63年10月26日判決，第3審：最高裁一小・平成元年11月30日判決）。

(d) 本件建物の2階に上がるには1階内部に設置されている階段を通らざるを得ず，1階を賃貸し2階に居住するというのはいささか不適切と思われるほか，2階は全体で1室となっていて仕切がないため，家具を置いて仕切の代わりにする以外は改造でもしない限り生活しにくいことに加え，本件建物は相当老朽化しているのでかなり手を加えなければ居住には適さない状況にあった。さらに，本件建物の浴室には浴槽がなく，入浴することはできなかったとして，本件建物は生活の本拠として使用していたものとは認められない（札幌地裁・平成3年7月16日判決）。

しかし，これらの要素は居住用財産の判定における絶対的必要条件ではなく，事実認定における斟酌要素である点に注意を要する。すなわち，どれかを欠くことによって直ちに居住用財産ではないと即断するのではなく，その他の要素をも合わせて最終的判断が行われるのである。たとえば，一人暮らしの老人が長期入院で自宅を空けている場合，同居配偶者等もいないことから当該家屋については生活の痕跡事実はうかがわれず，したがって当該家屋は居住用財産でないと即断するのは適当でなく，仮に家族がいるものと仮定して，家族が居住を継続し得る状態に当該家屋があるかどうかにより判断すべきである[4]。本件の場合も原告Nは独身であるが，このような状況が勘案されて，判決は特別な事情を認定したものと思われる。

3 本判決の妥当性

(1) はじめに本件についてきわめて常識的な判断を行うと，札幌市と名寄市

---

[4] 武田昌輔監修，編集（財）日本税務研究センター『税務事例検討集』（新日本法規・平成6年）64ページ参照

TAX CASE ④　住宅ローン控除

とでは約220km離れており，新幹線のない北海道ではとても時間的・距離的にも本件家屋は通勤圏内にあるものとはいえない。そこで，実際に原告Ｎも名寄市において公務員宿舎を借りることとし，週末だけ札幌の本件家屋に戻るという生活を行っていた。したがって，被告の行った更正処分等は，いわば常識的な判断といえるはずである。

　そこで，裁判所は通例に従い，本件家屋と本件宿舎を比較し，上記の３要素（(1)生活の痕跡実績，(2)公的機関等への届出事実，(3)生活環境の設定）を総合判断して結論を出すという手法をとっており，これは適正なものと思われる。

　しかし，結論は原告Ｎの勝訴というある意味で画期的なものとなった。その判断の合理性を検討すると，まずはじめに判決では本条の立法趣旨を次のとおり述べ，本特例がきわめて政策的なものであることを確認する。

> 本件控除は，昭和47年当時の緊要性の高い住宅問題を背景として，持家取得の促進を図ることによりその解決に資するとともに，住宅投資の活発化を通じて沈滞した景気に刺激を与えることが必要であるとして創設された制度である。

　この点はさらに平成11年の改正により，低水準が続いている住宅投資の現状にかんがみ，わが国経済を回復軌道に乗せていくための諸政策の一環として，住宅ローン控除額の基礎となる借入金等の年末残高の限度額を5,000万円に引き上げるとともに，控除期間を15年とする改正が行われた。私見としてはこの改正はあまりにも従前の制度と比べ衡平を欠き適当でないと考えるが，要するに，本条は政策税制の最たるものとして位置づけられるのである（→後掲，【資料３】「住宅ローン控除制度の概要」参照[5]）。

(2)　次に，事実認定により本件家屋は「居住の用に供していたと認めるべき特別の事情がある」と判断した。すなわち，法は，「その者が主としてその居住の用に供し，」（措令26①），「引き続き居住の用に供している年」（措法41①）に当該家屋は特例対象となるのであり，通達において「転勤，転

地療養その他やむを得ない事情」(措通41－1，41－2) がある場合には，居住の用に供していたと認めるべき特別の事情があるとしてそのような場合にも本件特例の適用があることを認めている。したがって，本件宿舎は平日を過ごすために利用されていたが，その実態は一時的な使用を目的とする家屋であり，むしろ本件家屋は原告Nが引き続き居住する意思を持って所有し，現に転勤という自発的でない事情により週末だけの居住を余儀なくされても居住を継続していたのであり，明らかに原告Nにとって趣味，娯楽又は保養を目的として所有した家屋ではないのである。

　独身者の転勤におけるこのような生活状況は，今後の離婚率の上昇，生活スタイルの多様性等を考えるとむしろ増加することが予想され，その意味で本判決が本事例を「居住の用に供していたと認めるべき特別の事情がある」としたことの意義は大きいものと考える。

(3)　なお，平成15年の改正で，従来から指摘されてきた住宅ローン控除の使い勝手の悪さに対する見直しが行われた。すなわち，転勤族に対する取扱いで，住宅の取得等をして住宅ローン控除の適用を受けていた居住者が，勤務先から転勤命令その他これに準ずるやむを得ない事由により，その住宅をその者の居住の用に供しなくなった後，その転勤が解消し，再び元の住宅に入居した場合は，再居住に関する証明書類等の添付等，一定の要件の下，当初認められていた住宅ローン控除の適用期間に残存期間があれば，その再入居年以後（その再入居年に住宅を賃貸していた場合は，その翌年から），再び住宅ローン控除の適用を受けることができるようになった（措法41⑧，

---

5)　政府税制調査会資料（平成14年5月10日，基礎小13－9）によると，いわゆるローン控除の適用を受け年50万円が税額控除の対象となると，平成14年の課税最低限は標準世帯で384.2万円が934.8万円と約2.5倍に跳ね上がる。所得税の課税最低限を引き下げ，所得税の負担をより多くの国民に求める政策が必要となってきている昨今，景気回復刺激策の一環として税制がインセンティブを与えるにしても，平成11年の改正ローン控除は著しい不公平をもたらしていることは明らかであり，およそ国民の所得を課税対象とし，公平な課税を追求する所得税のあり方を冒涜するものであると考える。

⑨)。納税者にとっては朗報であるが，私見としてさらにいえば，本件特例は以上のとおりきわめて政策的な配慮から設けられた制度であるから，その是非はともかく，いったん認められた制度である以上，転勤という事由をあたかも時効の停止と同様に考え，本件特例の当初適用期間のうち残存期間が再適用期間となるのではなく，不適用期間のすべてを再適用期間とすべきである。

【資料3】「住宅ローン控除制度の概要」

住宅ローン控除の適用により、その年の所得税額がゼロとなる給与収入金額

(単位：万円)

	夫婦子2人	夫婦子1人	夫婦のみ	独身
年50万円の所得税額控除の場合	934.8	858.7	811.2	716.2
年30万円の所得税額控除の場合	793.8	715.0	667.5	560.0
年15万円の所得税額控除の場合	598.6	508.6	454.3	343.3
(参考)課税最低限	384.2	283.3	220.0	114.4

(注) 夫婦子2人の場合、子のうち1人は特定扶養親族に該当するものとして計算している。

平成9／10年居住分　(控除率)

(ローン残高)　　　1～3年目　4～6年目
~3,000万円　　　　0.5%　　　0.5%
~2,000万円　　　　1.0%　　　1.0%
~1,000万円　　　　2.0%　　　1.0%

（1～3年目 35万円、4～6年目 25万円）

平成11・12年・13年前期居住分　(控除率)

(ローン残高)　1～6年目　7～11年目　12～15年目
~5,000万円　　1.0%　　　0.75%　　　0.5%

（1～6年目 50万円、7～11年目 37.5万円、12～15年目 25万円）

平成13年後期・平成14・15年居住分　(控除率)

(ローン残高)　　　1～10年目
~5,000万円　　　　1.0%

（1～10年目 50万円）

平成16年居住分　(控除率)

(ローン残高)　　　1～6年目
~3,000万円　　　　0.5%
~2,000万円　　　　1.0%

（1～6年目 25万円）

出典：税制調査会資料（平14.5.10、基礎小13－9）

TAX CASE ⑤

改築ローン控除
〔所　得　税〕

❀亀山事件（納税者逆転勝訴）

第１審：静岡地裁平成12年（行ウ）第３号，平成13年４月27日判決，
　　　　ＴＡＩＮＳ判例検索→Ｚ888－0582
第２審：東京高裁平成13年（行コ）第136号，平成14年２月28日判決，
　　　　ＴＡＩＮＳ判例検索→Ｚ888－0625

【内　容】

　措法41条の適用がある「改築」とは，建築基準法に定める改築とは異なる概念であり，たとえ用途，規模，構造の異なる建築物が建設されても，納税者の居住の用に供する家屋で措法が定めるその他の要件に該当するもので，"既存の建物の全部または一部を取り壊して新たに建物を建てた"場合は「改築」に該当し，措法41条の適用があると認められた事件　本件は第２審で納税者が逆転勝訴した

事実関係

　納税者Ｋ（原告，控訴人）は，静岡市に宅地（本件土地）を所有しており，同土地上に鉄骨造亜鉛メッキ鋼板葺２階建店舗兼居宅，床面積１階160.51㎡，２階149.75㎡の建物（旧建物）を所有し居住していた。Ｋは，本件土地の一部が道路拡張のために買収され，旧建物をそのまま使用できなくなったので，平成９年２月頃に旧建物を取り壊し，同年９月までに買収後の本件土地の残地に鉄骨造アルミニューム板葺３階建店舗居宅，床面積１階110.56㎡，２階105.88㎡，

3階99.76㎡の建物（本件建物）を建築し，これを居住の用に供した。

　そこでKは平成10年3月13日，旧建物の取り壊しと本件建物の建築が措法41条にいう「改築」に該当するので，住宅の取得等をした場合の所得税額の特別控除（以下，「本件特別控除」という。）の適用があることを前提に納付すべき税額を計算して，平成9年分の所得税について確定申告をした。これに対し静岡税務署長（被告，被控訴人）は，上記特別控除の適用はないものと判断して，同年5月13日付で同年分の所得税についての更正処分（以下，「本件更正処分」という。）及び過少申告加算税の賦課決定（以下，「本件賦課決定処分」という。また両者併せて以下，「本件各処分」という。）をなした。

　これを不服としてKは所定の手続を経て，本訴に及んだ。なお，本件の争点は本件建築が措法41条にいう「改築」に該当するかどうかという点だけである。

【資料1・本件建物と旧建物の比較】

項　目	本　件　建　物	旧　建　物
構造階数	鉄骨造アルミニューム板葺3階建	鉄骨造亜鉛メッキ鋼板葺2階建
床面積	1　階　　110.56㎡ 2　階　　105.88㎡ 3　階　　 99.76㎡ 合　計　 316.20㎡	1　階　　160.51㎡ 2　階　　149.75㎡ 合　計　 310.26㎡
部屋数等	1　階　　店舗のみ 2　階　　2部屋 3　階　　4部屋 合　計　 6部屋	1　階　　1部屋と店舗 2　階　　7部屋 合　計　 8部屋
用　途	店舗併用住宅	店舗併用住宅
所有者	KとKの長男が共有	K

TAX CASE ⑤　改築ローン控除

【資料2・課税処分の経緯】

区　　　　分	確　定　申　告	更正および賦課決定
年　月　日	平成10年3月13日	平成10年5月13日
所　得　金　額	1,787,197円	1,787,197円
所得控除の額	651,044円	651,044円
課税総所得金額	1,136,000円	1,136,000円
算　出　税　額	113,600円	113,600円
住宅取得等特別控除額	253,500円	0円
差引所得税額	0円	113,600円
源泉徴収税額	56,800円	56,800円
申　告　納　税　額	△ 56,800円	56,800円
過少申告加算税	―	11,000円

当事者の主張

■ 税務当局の主張 ■

(1) 措法41条3項に規定する政令で定める工事につき措令26条14項1号は「増築，改築，建築基準法第2条第14号（用語の定義）に規定する大規模の修繕又は同条第15号に規定する大規模の模様替」と規定し，その条文自体に建築基準法を引用している。

また，住宅取得等特別控除の対象に一定の増改築等のための借入金等も加えられる旨の改正が行われた際の背景を解説した「国税庁・昭和63年改正税法のすべて」における用語の解説部分においても，措置法の「改築」の意義は建築基準法上のそれと一致しており，さらに本件特別控除の適用を受ける場合の添付書類を定めた措規18条の21第12項によれば，措令26条14項1号に掲げる工事については，建築基準法6条3項の規定による確認の通知書の写し若しくは同法7条3項の規定による検査済証の写し等を確定申告書に添付することが規定されている。

以上に照らすと，措法41条1項，3項に規定する「改築」とは建築基準法上のそれと同一に解するのが相当である。したがって，建築基準法上の「改築」（同法2条13号）とは，建築物の全部若しくは一部を除去し，またはこれらの部分が災害によって滅失した後引き続いてこれと用途，規模，構造の著しく異ならない建築物を造ることをいい，増築，大規模修繕等に該当しないものをいうと解されるのであるから，措法41条1項，3項に規定する「改築」についても同義に解するのが相当である。
(2) Kの旧建物と本件建物との間には【資料1】記載のとおりの差異があり，特に旧建物が2階建であるのに対し，本件建物は3階建であるため，旧建物と本件建物とは構造において著しく異なっているのであるから，本件建築は「改築」に該当しないというべきである。したがって，本件建築について，本件特別控除の適用はないものと判断してなした本件各処分は適法である。

■ 納税者の主張 ■

(1) 建築基準法上の「改築」とは建築基準法独自の要請に基づき解釈されるべきものであり，他方，措法41条は住宅建設の一層の促進を図ることを目的とするものであるから，同法1項，3項に規定する「改築」について建築基準法上のそれと同一に解する必然性はない。ちなみに，建築基準法上の「改築」概念と借地法8条2項の「改築」概念は判例上異なるものとされている。
(2) 税務当局が主張する「改築」の意義のうち，「著しく異ならない」という部分は曖昧であり，実質的には新たな課税要件を追加することと同様であるが，措置法等にも規定されていない要件を解釈として導入することは租税法律主義の観点からいって到底許されるべきではない。
(3) 以上によって，措法41条1項，3項に規定する「改築」については建築基準法のそれと同一に解するのは相当ではなく，措法41条1項，3項に規定する「改築」については，用語の通常有する意味である「建物の全部又

TAX CASE ⑤ 改築ローン控除

は一部を建てかえること」をいうものと解するのが相当である。そうであれば，本件建築は措法41条1項，3項の「改築」に該当するものであり，税務当局が本件建築について本件特別控除はないものと判断してなした本件各処分は違法である。

判決の要旨

1 第1審の要旨（納税者敗訴）

(1) 判決でははじめに，措法41条の「改築」の意義について，次のように判断した。

> 措置法施行令26条14項では，「法第41条第3項に規定する政令で定める工事は，次に掲げる工事で当該工事に該当するものであることにつき大蔵省令で定めるところにより証明がされたものとする。」としており，同条同項1号で増築，改築，建築基準法2条14号に規定する大規模の修繕または同条15号に規定する大規模の模様替である旨規定している。更に，措置法施行規則18条の21第12項は，「施行令第26条第14項に規定する大蔵省令で定めるところにより証明がされた工事は，次の各号に掲げる工事の区分に応じ，当該各号に定める書類を確定申告書に添付することにより証明がされた工事とする」とし，同項1号で「施行令第26条第14項第1号に掲げる工事」については，「当該工事にかかる建築基準法第6条第3項の規定による確認の通知書の写し若しくは同法第7条第3項の規定による検査済証の写し又は当該工事が建設大臣が大蔵大臣と協議して定める同号に掲げる工事に該当する旨を証する書類」と規定している。このうち，上記建設大臣が大蔵大臣と協議して定める書類としては，昭和63年5月24日付建設省告示第1274号〔証拠略〕により，建築士の当該申請にかかる工事が措置法施行令26条14項1号に規定する増築，改築，大規模の修繕若しくは大規

模の模様替に該当する旨を証する書類と定められている。このように，措置法施行令，措置法施行規則は建築基準法を意識し，同法を念頭に置いていることが認められる。

　　措置法41条の本件特別控除の対象に「増改築等」が加えられた昭和63年当時，建築基準法上の「改築」とは，「建築物の全部若しくは一部を除去し，またはこれらの部分が災害によって滅失した後引き続いてこれと用途，規模，構造の著しく異ならない建築物を造ることをいい，増築，大規模修繕等に該当しないもの」と解されていたものであり，既に明確な意味内容を有していたことが認められ，他方，措置法上明文をもって他の法規と異なる意義をもって使用されていることを明らかにする特段の定めは存在せず，また，本件全証拠をもってしても，租税法規の体系上他の法規と異なる意義をもって使用されていると解すべき実質的な理由も認められないことから，措置法41条にいう「改築」の意義については建築基準法上の「改築」と同一の意義に解すべきである。

(2)　次に「改築」を建築基準法と同義に解することにより新たな課税要件を生みだすという納税者の批判につき，次のように説示した。

　　なるほど「著しく異ならない」という部分は確定的な概念とはいい難い。しかし，法の執行に際して具体的事情を考慮し，税負担の公平を図るために不確定概念を用いることはある程度不可避であるところ，建築基準法の「改築」の解釈においては「著しく異ならない」に該当するか否かの判断のために，用途，規模，構造の3つの観点を明示して相応の限定をしているのであるから，曖昧であるとはいえないし，実質的に新たな課税要件を追加することと同様であるともいえない。

　　したがって，措置法41条1項，3項の「改築」の解釈に際して「用途，規模，構造において著しく異ならないこと」を判断要素としても

租税法律主義に反するとはいえない。

本件建築が措置法41条にいう「改築」に該当するかについて旧建物と本件建物との間には資料1記載のとおりの差異があり，旧建物が鉄骨造亜鉛メッキ鋼板葺2階建であるのに対し，本件建物は鉄骨造アルミニューム板葺3階建であり，各階の床面積や部屋数等においても旧建物と本件建物は著しく異なっているのであるから，本件建築については措置法41条にいう「改築」には該当しないというべきである。

以上によって，税務当局が本件建築について本件特別控除の適用はないと判断して行った本件各処分は適法とされた。

2 第2審の要旨（納税者逆転勝訴）

(1) 第1審の敗訴を受けて納税者は控訴するが，第2審では逆転判決が出て納税者が勝訴し本件は確定した。争点の「改築」の意義については，次のように判断した。

> 被控訴人は，……措置法41条の「改築」は，建築基準法の「改築」からの借用概念であり，これと同義に解すべきであると主張する。しかし，措置法施行令中の建築基準法の引用は「大規模の修繕」及び「大規模の模様替」についてのものであり，「改築」について同法を引用しているわけではない。したがって，被控訴人指摘の引用がされていることをもって，直ちに措置法41条の「改築」が建築基準法の「改築」と同義であると解釈することはできない。むしろ，措置法施行令が「大規模の修繕」及び「大規模の模様替」について建築基準法を引用しながら，「改築」について建築基準法を引用していないのは，「改築」については建築基準法と同義に解するものでないことを前提としているともいい得るのである。
>
> また，本件特別控除の適用を受けるためには，納税者が床面積等に

おいて所定の条件を満たす建築をすることが必要なのである。したがって，措置法施行規則が本件特別控除の適用を受ける場合の添付書類として建築基準法上の確認通知書及び検査済証を挙げていることは，当該建築がこうした条件を満たしていることを確認するためであるとも考えられるのである。そうすると，これらの書類が添付書類とされていることをもって，措置法41条の「改築」が建築基準法の「改築」と同義であると断ずることもできないといわなければならない。

(2) 以上によって，措法，措令及び措規の法文上，措法41条に定める「改築」の意義が明確であるとはいい難く，少なくとも，措法41条の「改築」が建築基準法の「改築」と同義であることが法文上明確であるといえないことは明らかであるとし，結論として次のように説示し，本件建築が措法41条の「改築」に該当せず，本件特別控除の適用がないことを前提とした本件各処分は措法41条の解釈を誤ったものであって取り消しを免れず，控訴人の本件請求には理由があり，これを棄却した原判決は失当であるからこれを取り消し，控訴人の請求を認容すべきであるとした。

　　税法中に用いられた用語が法文上明確に定義されておらず，他の特定の法律からの借用概念であるともいえない場合には，その用語は，特段の事情がない限り，言葉の通常の用法に従って解釈されるべきである。なぜなら，言葉の通常の用法に反する解釈は，納税者が税法の適用の有無を判断して，正確な税務申告をすることを困難にさせる。そして，さらには，納税者に誤った税務申告をさせることになり，その結果，過少申告加算税を課せられるなどの不利益を納税者に課すことになるからである。言葉の通常の意味からすると「改築」とは，「既存の建物の全部または一部を取り壊して新たに建物を建てること」であり，「改築」と異なる概念としての「新築」とは新たに建物を建てることで「改築」を含まないものであるということができる。

この解釈が，持家取得の促進と良質な住宅ストックの形成を図るとともに，住宅投資の活発化を通じた景気刺激策として，所得税額から一定額を控除するという本件特別控除の趣旨・目的に反する結果をもたらすとは考え難い。被控訴人は，「改築」を社会通念上の用法に従って解釈することになると，一義的に「改築」に該当するかどうかを解釈することが不可能になり，税務実務に大きな支障が生じ，かつ税負担の公平に反する結果をもたらすことになりかねないと主張する。確かに，既存の建物を取り壊した後，しばらく経ってから新しい建物を建築した場合に，それが「改築」であるのか「新築」であるのかの判断が困難になることは予想されるところである。そして，被控訴人のいう「改築」概念でもそのようなことが起こりうる。しかし，それは社会通念上相当な期間を定めて「改築」か「新築」かを区別し，統一的に運用すればよいことである。そして，他に「改築」及び「新築」の意味を上記のように解釈した場合に，被控訴人主張のような問題が生じるとは考えられない。

　前記事実経過によれば，控訴人は，平成9年2月ころに本件土地上の旧建物を取り壊し，同年9月までに本件土地の一部買収後の残地に本件建物を建築したのである。そうすると，これが，「改築」すなわち「既存の建物の全部または一部を取り壊して新たに建物を建てたこと」に該当することは明らかである。

解　説

1　争点の整理

　本件は係争年度が平成9年で，平成11年のいわゆる住宅ローン控除としての改正が行われる前の事件である。したがって，以下の解説は現行規定に基づくものではないことを最初にお断りする。ただし，その本質的問題は現行規定においても変わりない。

　ところで，住宅取得等特別控除制度（平成11年改正前の呼称で，現在は一般に「住宅ローン控除」という。）は，住宅政策の一環として持家取得の促進と良質な住宅ストックの形成を図るとともに，住宅投資の活発化を通じた景気刺激策として，納税者の所得税額から一定額を控除する制度である。これは昭和47年に創設されたもので，当初は床面積が120㎡以下の「新築」のみが本件特別控除の適用の対象とされていた。それが昭和63年の改正で，「増改築等」も本件特別控除の適用対象とされ，その際，床面積要件の上限は設定されず，「新築」における120㎡の床面積要件の上限も撤廃された。しかし，平成3年には，「新築」及び「増改築等」の双方に120㎡以下に限るという床面積要件の上限が設定され，平成5年には，「増改築等」についてのみ120㎡の床面積要件が撤廃されたという経緯がある。

　すなわち，本件係争年度においては，納税者Kの行った改築が旧措法41条の改築に該当する場合には，120㎡の床面積要件の適用を受けないので，Kの行った316.20㎡の改築は旧措法41条の適用を受け，25万3,500円の住宅取得等特別控除を受けることができるのである。一方，税務当局の主張は，旧措法41条の改築とは建築基準法の借用概念であり，あくまで建て替えられた建物が元の建物と用途，規模，構造が著しく異なるときは「新築」に該当することになり，旧措令26条1項が「新築」の場合には本件特別控除の適用要件として床面積が50㎡以上240㎡以下という条件を規定しているため，本件は床面積要件を充足しておらず，住宅取得等特別控除の適用は認められないとしたのである。したがって，本件の争点はもっぱら旧措法41条の「増築，改築」が，税務当局主張

のように建築基準法の借用概念であるかどうかという点である。

2 文理解釈

(1) 本件は結論から先に述べると，第2審の東京高裁が判示するとおり，旧措令26条14項1号の文理解釈上，「改築」とは社会通念上の用語の持つ概念を超えるものではなく，建築基準法に定める「改築」とは同義でないと考える。

すなわち，**旧措令26条14項1号**は次のとおり規定し，文理解釈というよりも，国文法的な解釈から第一次的に判断される。

> 14 法第41条第3項に規定する政令で定める工事は，次に掲げる工事で当該工事に該当するものであることにつき大蔵省令で定めるところにより証明がされたものとする。
> 1 増築，改築，建築基準法第2条第14号〔用語の定義〕に規定する大規模の修繕又は同条第15号に規定する大規模の模様替え

国文法的には増築，改築の後には「，」(読点)がついている。すなわち，「，」(読点)は1つの文の内部で語句の断続を明らかにするために切れ目に施す点で，「，」読点により前後の関係は一旦断たれるのである。租税関係法令は課税関係を規定しているところから，法令用語は厳格に使用されなければならないとともに，法令としての文章の解釈においてもこのような国文法的理解は大前提として存在する。すると，上記第1号のなかで，建築基準法が引用されているのは「，」により遮断された改築以下の部分であり，同号からは「大規模の修繕」とは建築基準法第2条第14号に規定する内容で，また「大規模な模様替え」とは建築基準法第2条第15号に規定する内容である旨が国文法的に理解されるのである。すると，「増築」と「改築」については特別に法律の引用がないので，社会通念上一般に使用される用語の意義によって法令上も理解することが妥当となる。

なお，税務当局はその主張のなかで，旧措令26条14項柱書きにおいて大蔵省令が定める添付書類が必要であり，旧措規18条の21第12項によれば旧

措令26条14項1号に掲げる工事については、建築基準法6条3項の規定による確認通知書の写し若しくは同法7条3項の規定による検査済証の写し等を確定申告書に添付することになっていることから、本条項が全体として建築基準法の定めを前提とした構成となっているとした。しかし、確認通知書の写しや検査済証の写しは床面積要件の確認のために添付されるだけで、これをもって本条項の増築、改築の概念が建築基準法の借用概念となっているとはいえないのは判示のとおりである。

(2) なお、法律用語の借用概念とは、租税法の解釈にあたり税法以外の法分野で用いられている法律用語が税法の規定の中に用いられている場合には、法的安定性の見地から両者は同一の意味内容を有するものと解すべきであるということである。また、租税に関する法規は私法的な法秩序に規制された経済活動を前提として、これとの調整の下にその独自の行政目的を達成することを基本的な建前として立法されているから、租税に関する法規が、一般私法において使用されているのと同一の用語を使用している場合には、特に租税に関する法規が明文をもって他の法規と異なる意義を持って使用されていることを明らかにしている場合若しくは租税法規の体系上、他の法規と異なる意義をもって使用されていることが明らかな場合、又は特に他の法規と異なる意義をもって使用されていると解すべき実質的な理由がない限り、一般私法上使用されている概念と同一の意義を有する概念として使用されているものと解することも法律用語の借用概念の意味である。

しかし、すでに検討したとおり、必ずしもテクニカルタームでない用語が税法上使用され、その定義規定を税法が持たない場合に、当該用語が明らかに他の法律からの直接的な引用でないときには、当該用語を特定の法律用語の借用概念であるとして一般納税者の理解を超えた使用をすることは、かえって税法の法的安定性をみだし適当でない。税法は国民の財産権の侵害に直接及ぶ法律であるところから、その拡大解釈は厳に慎まなければならない。

TAX CASE ⑤ 改築ローン控除

(3) 最後に、措法41条の住宅ローン控除制度はきわめて政策的な制度で、その問題点については本書【TAX CASE 4】西村事件で解説したところであるが、本件亀山事件はそもそも道路拡張に伴う土地買収に際し、旧建物を取り壊し本件建物を建設したという納税者にとって半強制的な事情が背景にある。また、旧建物の床面積の合計は310.26㎡で本件建物の床面積の合計は316.20㎡と大差なく、旧建物が2階建てで本件建物が3階建てであったとしても、それは道路拡張のために買収された後の残地に同程度の床面積を確保するのであれば3階建てになることは何ら問題はなく、要するに本件改築では税務当局が主張するような著しい改築は行われていないと解すべきである。さらに、措法41条の趣旨解釈からも当然本件改築につき本条の適用を認めなければ、本条はきわめて使い勝手の悪い制度になるといわざるを得ず、これを新築として認定した税務当局の主張は、まさに国庫主義によるものであるといわざるを得ない。

TAX CASE 6

ストックオプションの所得区分
〔所　得　税〕

❋大久保事件（納税者勝訴）

東京地裁平成13年（行ウ）第197号，平成14年11月26日判決，TAINS判例検索→Z888－0680

【内　容】

ストックオプションの権利行使利益は，就労の対価ではなく，その投資判断に基づく偶然的，偶発的所得であって，勤労性所得ではなく，ストックオプションという期待権に基づく資産性所得であり，回帰的に発生するとは限らないものとみるべきものであるから，給与所得ではなく一時所得であるとした事件

なお，東京地裁は同日，清水事件（平成13年（行ウ）第44号（第1事件），平成13年（行ウ）第212号（第2事件））についても判決を下し，同じ理由で納税者の勝訴としている。

事実関係

(1) 原告は内国法人であるマイクロソフト株式会社（以下，「日本M社」という。）の従業員であり，日本M社の株式を100％所有する親会社のマイクロソフトコーポレイション（以下，「米国M社」という。）から，ストックオプションを付与されていた。

本件ストックオプション付与の目的は，従業員の経済的利益と株式を長期的に保有することによる価値を結びつけることにより，実質的に責任あ

る職に最も相応しい人材を誘引しかつ維持すること，当該人材に対して付加的なインセンティブを提供することおよび会社の事業の成功を促進することにある。このストックオプションは米国M社の従業員又はその子会社の従業員に対し，米国M社取締役会の決定に基づいて付与される。

　そもそもストックオプションとは，従業員に対し米国M社の株式を将来の一定時点において，一定の価格（以下，これを「権利行使価格」という。）で購入する権利（権利の行使は従業員の自由）を与えることを内容とするものであり，本件ストックオプションについては原告と米国M社との契約により，次のような内容が定められていた。

> ①　米国M社は原告に対し，平成5年7月30日，同6年7月21日，同7年7月30日，同8年7月15日の4回にわたり，同社の普通株式を付与日における米国NASDAQ市場における米国M社普通株式の終値を権利行使価格（それぞれ＄4.625，＄5.9688，＄11.3125，＄13.8281）で購入する権利を付与した。
> ②　本件ストックオプションに係る権利は，付与日から1年を経過した時点で，対象株式の8分の1について行使可能となり，その後6か月ごとに8分の1ずつ行使可能となり，付与日から54か月が経過した時点で全株式について行使可能となる。なお，本件ストックオプションに係る権利は7年を経過した時点で失効する。
> ③　従業員は，遺言又は相続による以外の方法で，ストックオプションに係る権利を売却，質入れ，譲渡，担保権設定，移転又は処分することはできない。また，オプション保有者が生存中はオプション保有者のみが権利を行使することができる。

(2)　原告は，平成8年ないし平成10年に，それぞれ本件ストックオプションに係る権利を行使して米国M社の普通株式を権利行使価格で取得し，これを売却（売却額は権利行使時における上記株式の価格と同額であった。）して利益を得た。そしてこの利益（1株当たりの額は，結局，権利行使日における米国M社の株式価格から権利行使価格を控除した差額となる。以下，権利行使日における

TAX CASE ⑥ ストックオプションの所得区分

株価から権利行使価格を控除した差額を「権利行使利益」という。)を一時所得にあたるものとして確定申告した(その後一部修正申告している。)。各年分のストックオプションによる権利行使利益額は，平成8年分5,793,709円，平成9年分14,820,444円，平成10年分28,825,889円であった。

(3) これに対し被告新宿税務署長は，平成12年2月28日付けで，上記権利行使利益は給与所得にあたるとして原告の所得の再計算を行い，これに基づいて更正ならびに過少申告加算税の賦課決定処分をなした。

なお，被告は平成13年9月10日，本件過少申告加算税の賦課決定処分を一部取り消し，過少申告加算税額を減額した。この加算税額の減額処分は，本件更正によって増加した税額に対応する部分については，一時所得として申告をしたことには「正当な理由」(国通法)があるものと認めて過少申告加算税を課さないこととし，原告が一時所得に申告漏れがあったとして自ら修正申告をした結果，税額が増加した部分に対してのみ過少申告加算税を課することとした。

以上の課税処分を不服とした原告は，所定の手続を経て本訴に及んだ。

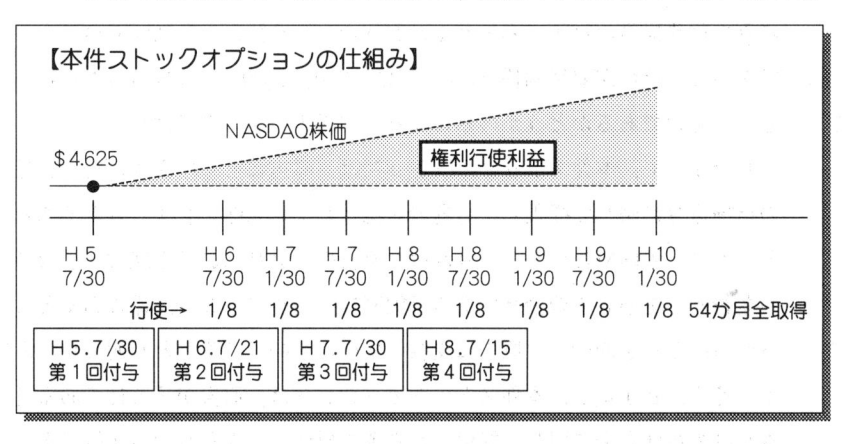

【本件ストックオプションの仕組み】

当事者の主張

■ 税務当局の主張 ■
1 給与所得該当性について
(1) 本件ストックオプションの権利行使利益は，給与所得に該当する。

(2) 給与所得[1]は勤労に由来する所得であって，一時的，恩恵的，偶発的な所得ではないものを広く含めた概念で，給与支給者との関係で，何らかの空間的，時間的拘束を受けた非独立的，従属的な役務提供の対価を広く含むものと解すべきである（最高裁二小・昭和58年9月9日判決，最高裁大法廷・昭和60年3月27日判決）。

(3) ストックオプションは，従業員等の精勤意欲を向上させ，また優秀な人材を誘引，確保するためのインセンティブを与えるものであり，奨励報酬制度の一種である。アメリカでは，自社の株式に係るストックオプション制度も親会社の株式に係るストックオプション制度も同一の機能を果たすものと位置づけられている。給与所得にあたるかどうかは，それが実質的にみて役務提供の対価とみられるかどうかという観点から判断すべきものであって，それが雇用関係（これに類似する関係も含む。）の当事者から給付されたものであるかどうかのみによって判断すべきものではない。

したがって，本件ストックオプションは，原告にとってみれば日本M社の指揮命令に服して提供した労務の対価としての意味を有するものであるとともに，米国M社にとってみれば，原告の子会社における就労が子会社の業績向上を通じて親会社である米国M社の利益にもなる関係にあるところから，それを期待して原告に支給しているものであることが明らかである。そうだとすると，本件ストックオプションは，原告が子会社である日本M社の指揮命令に服して提供した労務の対価，すなわち給与所得であっ

---

[1] 所法28条1項は，給与所得を「俸給，給与，賃金，歳費及び賞与並びにこれらの性質を有する給与に係る所得」と定義している。

て，原告と米国M社との間に雇用関係が存在しないことは，このような認定の妨げにならない。

(4) ある所得が給与所得にあたるか一時所得にあたるかは，その源泉が従属的労務の提供にあるのか，そのような根拠に基づかない一時的，恩恵的，偶発的要素に基づくものであるのかという質的担税力の有無によって区分されるべきであり，権利行使利益の有無や額に係る偶発的要素は，いわば量的担税力にかかわるものにすぎず，得られた利益の源泉が何であるかという質的担税力の点に何ら影響を与えない。

2 信義則違反について

税法において信義則の原則が適用されるのは，最高裁三小・昭和62年10月30日判決の5要件[2]が充足されなければならないところ，本件においては，原告は課税庁の方針変更によって，本来あるべき課税がされたにすぎず，従前の方針を信頼した申告をしたことによって何ら積極的な経済的損失を受けたわけではない。したがって，このような原告に対する救済としては，過少申告加算税を賦課しない等の対応をすれば十分であり，本件更正を取り消すことにより本来納付しなければならないはずの所得税負担を免れる理由は何ら存在しない。

3 雑所得該当性について（予備的主張）

仮にストックオプションの権利行使利益が給与所得にはあたらないとしても，それが少なくとも対価性を有するものにあたることは明らかであるから，雑所得に該当する。

---

2) 信義則違反の5要件：①税務官庁が納税者に対し，信頼の対象となる公的見解を示したこと，②納税者がその表示を信頼し，その信頼に基づいて行動したこと，③後に①の表示に反する課税処分が行われたこと，④そのために納税者が経済的不利益を受けたこと，⑤納税者が税務官庁の①の表示を信頼し，その信頼に基づいて行動したことについて納税者の責に帰すべき事由がないこと

■納税者の主張■

1 給与所得該当性について

(1) 本件ストックオプションの権利行使利益は，一時所得に該当する。

(2) 給与所得とは「雇用関係又はこれと性質を同じくする関係に基づいて使用者の指揮，命令のもとに提供される過去の労務に対し，使用者から支給される対価」をいう（最高裁二小・昭和56年4月24日判決）。したがって，労働基準法上の賃金を中核的な概念とし，それと同視し得るようなものを給与所得としているのであって，その範囲を安易に拡大することは租税法規の厳格解釈の要請に反するものである。

(3) 本件ストックオプションは雇用契約の当事者である日本M社でなく米国M社から付与されたものである点において就労の対価とみることは困難である。

(4) ストックオプションの権利行使利益が得られるかどうか，またその額はどの程度になるかは，株価の変動によって大きく左右されることからすると，権利行使利益は，反復性，継続性のない偶発的な利得であるといわざるを得ないことなどの事情に照らしてみれば，これを給与所得であると理解する余地はないのであって，一時所得にあたるものというべきである。

2 信義則違反について

課税庁は長年にわたり，ストックオプションの権利行使利益は一時所得に当たるものとして課税を行いながら，平成10年になってこれを一変させ，給与所得課税を行うよう方針を変更させたものであり，このような方針変更は，従前の方針を信頼して申告をした納税者の信頼を著しく損なうものであって信義則に違反する。

3 雑所得該当性について

ストックオプションの権利行使利益は原告の就労の対価としての性質を有するものとみることはできないのであるから，雑所得にもあたらない。

判決の要旨

1 直接的な雇用関係の有無とストックオプション

　本件ストックオプションは直接雇用関係のない米国M社から原告に付与されたものであり、原告は本件ストックオプションは就労の対価ではないので給与所得該当性はないと主張した。この点につき判決では次のとおり判断した。なお、筆者は本件所得区分に係る最大の問題点は直接的な雇用関係等の有無に求めるべきであるとする意見を持つので、この点は後で反論する。

> 　所得税法28条1項は、給与所得を雇用関係（又はこれに類する契約関係）の一方当事者から支給されるものに限定しているわけではなく、また、上記のような給与所得の定義からしてもそのような限定をすべき理由はない。そして、本件ストックオプションは、原告との雇用契約の当事者ではない米国マイクロソフト社から付与されたものではあるが、米国マイクロソフト社は、その100パーセント子会社である日本マイクロソフト社との特殊な関係を前提として、原告の日本マイクロソフト社における就労や、それによる貢献が、米国マイクロソフト社の業績向上にもつながり得るものであることに着目して、ストックオプションを付与しているものと解されるのであるから、付与されたストックオプションの内容と原告の就労との関係いかんによっては、これを原告の日本マイクロソフト社における就労の対価ということは十分に可能というべきである。……このことを前提として考えると、本件ストックオプションは、米国マイクロソフト社が日本マイクロソフト社との間の合意に基づき、同社のために、同社の社員に対する給与を補完するものとして支給しているものと評価することも可能であり、このような考えによれば、本件ストックオプションは、日本マイクロソフト社が原告に支給したものと同様に評価することが可能であって、その支給者の点を問題とする余地はないとの理解も可能であると考えられる。

2　本件権利行使利益の就労の対価性

次に判決では，被告が本件権利行使利益を給与所得であると主張しているところから，以下の観点からそれを判断している。

(1) ストックオプションそのものが給与所得であり，その価額を権利行使利益に基づいて算定すべきであるという見解について

> 本件ストックオプションそのものは，原告の付与後における長期的就労による貢献を期待し，その対価として与えられたものということは可能であり，したがって，これを給与所得として課税の対象にすることは，理論上は可能であると解される。しかしながら，このように考えた場合の本件ストックオプションによる収入金額は，本件ストックオプションを取得した時における価額，すなわち，オプション価格となるはずである。……これに対し，権利行使利益とは，様々な可能性がある中で，たまたま生じた結果の一つにすぎないのであるから，これをオプション価格とみるべきであるというのは，1億円の宝くじが当たった後になって，当該宝くじの販売価格は1億円と評価すべきであるというのに等しい。また，……実際の権利行使時期が異なれば権利行使利益も異なることになるが，……その異なる権利行使利益の額がいずれも当該ストックオプションの価額であることにならなければならないのであるから，そのような見解は，一物に二価，三価があることを認めるにほかならないこととな（り），……到底採用することはできない。

とし，はじめにストックオプションを給与所得として考えるのであれば，そのオプション価格が給与の収入金額となる可能性はあっても（所法36②），オプション価格と実際の権利行使時の当該株価との差額たる期待値を収入金額とすることはできないとした。

さらに，仮に権利行使利益を給与所得の収入金額とするのであれば，

TAX CASE ⑥ ストックオプションの所得区分

　　　それは一種の擬制にほかならず，そのようなことは法令上の根拠があって初めて可能になるものというべき（であり），……結局，本件ストックオプションそのものが給与所得にあたるとみる以上，その評価額が権利行使利益の額であるとする見解は，少なくとも現行法制を前提とする限り，いかなる意味においても成り立たないものといわざるを得ない。

とし，法的整備が行われた場合の給与所得課税の含みを残しながら，現行の解釈上は，権利行使利益の給与所得課税は困難であると判断した。
(2)　権利行使利益は給与として付与されたストックオプションから派生して得られた利益であるから就労の対価であるとする見解について

　　　権利行使利益は，原告が取得した権利を運用して得た利益であるというべきであるから，これを給与に当たるとすることは困難であるといわざるを得ない。……例えば，従業員が会社から現物給与として与えられた穀物がその後の気象異常による相場の高騰により値上がりした場合に，支給時の市場価格相当額ばかりではなく，値上がり後の転売による利益部分をも給与所得に当たるとみてよいとする見解にほかならず，到底相当とはいい難い。

(3)　ストックオプションに係る権利の行使に伴う経済的利益の移転を給与とみることができるとする見解について
　①　はじめに判決では，従業員が提供した労務と使用者の給付との間には経済的合理性に基づいた対価関係がなければならないとし，給与所得と一時所得の差異につき，次のとおり判示した。

　　　所得税法上，給与所得は，一時所得よりも担税力のある所得として位置づけられているのであるが，それは，給与所得は，一時的，偶発的な所得である一時所得とは異なり……一定の労務を提供している限

り，それに対しては相応の対価が支払われる関係にあり，ある程度継続的，安定的な所得であると評価することができるからであると解されるところ，このような継続的，安定的な所得であるとの評価が成り立つためには，労務の提供とその対価である給付との間に，経済的合理性に基づいた対価関係がなければならず，提供された労務の質及び量との間に何らの相関関係も認められない偶発的，偶然的な所得は，担税力のある継続的，安定的な所得と評価することはできないものと考えられるからである。

② 次に本件は米国M社のストックオプションが原告に付与されているところから，次のとおり判示した。

　　　本件で問題となっているのは，原告が就労している日本マイクロソフト社ではなく，その親会社である米国マイクロソフト社の株価であるから，原告の就労と米国マイクロソフト社の株価上昇との間に相関関係が存在するということは困難であるといわざるを得ない。……米国マイクロソフト社の株価の推移という多分に偶発的な要素と，その権利を行使する原告の投資判断という，原告の就労の質及び量とはおよそ異なる要素によって（権利行使利益は）定まるものであって，むしろ，本件ストックオプションの運用益と評価すべきものであり，これを就労の対価とみることはできない。

3　その他の問題

以上のとおり，本判決は，本件ストックオプションに係る権利行使利益の給与所得該当性を否定したが，本判決の趣旨について裁判所は次のとおり付言している。

　　　ストックオプションの本質が期待権であり，これを保有しているだ

> けでは経済的利益が現実化しているとはいえない側面がある以上，単に本件ストックオプションが付与され，あるいはその権利が行使可能になっただけの段階においては，課税を控えるのが相当であるという考え方も十分にあり得るところであり，被告がそのような見解に立っているのであれば，それ自体は合理的なものであるということができる。しかしながら，そのような見解に立った以上，本件ストックオプションに対しては，給与所得としての課税を断念し，権利行使利益に対して一時所得課税を行うか，租特法29条の2のように法令上の手当をし，課税の対象とその額の算定方法を明確化した上で，給与所得課税をすべきなのであり，そのような法令上の手当もしないまま，ストックオプションの権利行使利益に給与所得課税を行うことは，法律解釈の限界を超えるものといわざるを得ないということをいっているのである。

この点は租税法律主義に基づく法解釈上明らかであり，たとえば被告は措法29条の2が給与所得課税の例外規定として位置づけられているところから，本件ストックオプションの権利行使利益は給与所得にあたるといった制度追認型の主張をしているが，これは認められないと判示している。

なお，税務当局の予備的主張に本件権利行使利益の雑所得該当性があるが，これについては以上の判断から，対価性のない偶然的，偶発的所得は一時所得であるとし失当としている。

また，信義則の点についても両者は争点として掲げたが，本件権利行使利益の性格が明らかとなった以上，判断するまでもないとして判示されていない。

解　説

1　アメリカにおけるストックオプション

ストックオプション(stock option)は，一般に，会社の役員や従業員等に対し，

一定期間の勤続を条件として、一定の権利行使価格で自社株式（親会社の株式の場合もある。）を購入する選択権を付与することを内容とするものである。

このストックオプションは1920年代にアメリカで登場し、今日まで幾多の変遷を経て発達してきたもので[3]、制度として明示的にオプションの発行権限を定めた最初の制定法はデラウエア州で、1929年である。

ところで、本件大久保事件はストックオプションの権利行使利益の所得区分が問題となっているが、ストックオプション先進国であるアメリカにおいても当然この問題が過去に事件となっている。アメリカでは1920年代当初、ストックオプションの権利行使利益はインカム・ゲインとして役員等の総所得を構成するものとしていたが、その後、当該差額が"報酬を意図した"とき以外は報酬とせずインカム・ゲイン課税は行わず、株式が最終的に売却される時まで課税を延期するものと改正された。その間、財務省は再び当該差額を課税所得とする取扱いを出すが、1945年までは実際にはほとんど課税されていなかった。

ところが1945年の Smith 事件[4] の判決により、オプションはそれ自体が役員等の就労に対する報酬を意図したもので、オプション付与時の公正市場価格と権利行使価格との間に差があるときは、当該差額は付与時における課税対象とされたのである。ただし、オプション自体は財産ではなく予測不能な約束であり、付与時点では名目上の利益に課税はできないとして、課税のタイミングは権利行使時としたのである。これを受けて1946年財務省決定（T. D. 5507）は権利行使利益は報酬の性格を有し、役員等の総所得であるとする旨を規定した。この時点で、ストックオプションは従来実際上認めらていたキャピタル・ゲイン課税が否定されたので急速にその魅力を失う。

しかし、その後、ストックオプションが持つ株主利益と役員報酬としてのイ

---

3) アメリカにおけるストックオプションの研究は、川端康之稿「新規事業と税制－ストック・オプション税制の基礎構造」（『租税法研究』（租税法学会）25号、平9）、黒田敦子著『アメリカにおける自己株報酬・年金の法と税制』（税務経理協会、平11）、溝渕彰稿「アメリカ法におけるストック・オプション」（『関西大学法学論集』50巻4号、平12）が詳しい。本書もこれらを参考とした。

4) Commissioner of Internal Revenue v. John H. Smith, 324 U. S. 177－182 (1944)

ンセンティブ効果の一致が再び注目を浴び，1950年に米国内国歳入法典（以下，「I.R.C.」という。）130A条に，一定の要件を満たすストックオプションについては，株式の売却時にだけキャピタル・ゲイン課税を行う「制限付ストックオプション制度（restricted stock options）」が制定された。次に1964年，報酬制度の濫用から株主を保護する目的で，制限付ストックオプションをさらに厳格にし，ストックオプションの付与に対し株主総会による承認要件を付した適格ストックオプション（qualified stock options）に対する優遇措置が導入された。この制度はその後1976年の不況時にいったん廃止されたが，1981年に経済再建税法（Economic Recovery Tax Act of 1981）でI.R.C.422A条に奨励型ストックオプション（incentive stock options）として課税優遇措置が復活し，現在に至っている。なお，課税優遇措置を受けない非適格ストックオプション（nonqualified stock options）については，I.R.C. 83条の役務提供に対する資産移転に伴う通常の課税原則に従うことになる。

2 わが国におけるストックオプション

今回の大久保事件及び清水事件は，ストックオプションに対する初めての司法判断ということもあり，わが国におけるストックオプション課税の経緯を判決のなかでわざわざ取り上げている。重要な内容であるので，その要点を抜粋すると，次のとおりである。

(1) 新規事業法改正前の状況

ストックオプションを導入するためには，会社が役員等に付与する自己株式等を手当しておく必要があるが，後記の特定新規事業実施円滑化臨時特別措置法（以下，「新規事業法」という。）改正前のわが国においては，自己株式等を手当てする方法としては，①新株の有利発行，②自社株式の取得という方法があったものの，①の方法では新株の有利発行をするための株主総会の特別決議の効力が6か月に制限され，②の方法でも自己株式の償却期間が6か月に制限されており，会社が自己株式を長期間保有しておくことができなかったため，わが国の会社が正規のストックオプション制度

を導入することは不可能な状況にあり、そのような制約を受けないアメリカ企業等が、わが国の現地子会社の従業員等のためにストックオプション制度を設けているのにとどまっていた。

したがって、新規事業法改正以前は、わが国においてストックオプション制度が認知されていない状況にあったため、ストックオプション一般に対する課税のあり方を定めた法令上の規定も通達上の定めも存在しなかった。

もっとも、この時点においても、自社の役員等に対し、株主総会決議後6か月間に限って有利な発行価額による新株引受権を付与することは可能であり、これが付与された場合における課税については、所令（平成10年政令104号による改正前）84条において、上記権利に係る所法36条2項（収入金額）の価額は、当該権利に基づく払込みに係る期日における新株等の価額から当該新株等の発行価額を控除した金額によることを原則とするが（1項）、新株等の価額が上記払込みに係る期日の翌日以降1か月以内に低落したときは、その低落した最低価額を当該新株等の価額として差額を計算する旨が定められ（2項）、また、所基通23～35共－6（平成8年6月18日改正前）において、役員等が発行法人から有利な発行価額により新株等を取得する権利を与えられた場合には、それを行使して新株等を取得したときに、その付与された権利に基づく発行価額と権利行使時の株価との差額に対し、一時所得としての課税をすることを原則とするが、当該権利が役員等に支給すべきであった給与等又は退職手当等に「代えて……与えたと認められる場合」には、給与所得又は退職所得として課税する旨が定められていた。

それ以外のストックオプション一般については、何ら定めがないため統一的な取扱いはされていない状況にあったが、多くの税務当局はこの通達の定めに準じて、ストックオプションに係る権利を行使した時点において、権利行使価格と権利行使時点における株式価格との差額に対し、原則として一時所得としての課税をするという取扱いをしており、東京国税局職員の著作である「所得税質疑応答集」においても、ストックオプションにつ

TAX CASE ⑥ ストックオプションの所得区分

いては，その権利を行使した年分の一時所得として課税されるとの説明がされていた。

(2) 新規事業法改正（平成7年11月）

このようななか，経済界においては，ベンチャー企業が有能な人材を確保するとともに従業員等に対してインセンティブを与えるためにはストックオプション制度を導入する必要があるとの要請が高まり，平成7年11月の特定新規事業法の改正により，通商産業大臣（当時）の認定を受けた株式未公開企業については，新株の有利発行を行うための株主総会の特別決議の効力を6か月から10年に延長するなどの措置が講じられ，上記企業についてはストックオプション制度を導入する道が開かれた。

この新規事業法改正によって，一定の範囲でストックオプション制度が導入されたのに伴い，措法29条の2が新設され，新規事業法改正に基づいて付与されたストックオプションについては，ストックオプションの付与時や権利行使時には所得税課税を行わず，権利行使によって取得した株式を譲渡した時点で，譲渡価格と権利行使価格との差額に対し，譲渡所得としての課税を行う旨が定められた。しかしながら，その他のストックオプションに対する課税については，法律上の手当はされなかった。

なお，通達においても，**所基通23〜35共−6**（平成8年6月18日改正後）が，次のように改正された。

> **所基通23〜35共−6（株等を取得する権利を与えられた場合の所得区分）**
> 　新株等を取得する権利を与えられた場合の所得は，一時所得とする。ただし，当該発行法人の役員又は使用人に対しその地位又は職務等に関して当該新株等を取得する権利を与えたと認められる場合には給与所得とし，これらのものの退職に基因して当該新株等を取得する権利を与えたと認められる場合には退職所得とする。

すなわち，給与所得又は退職所得として課税される場合の要件が，ストックオプションが給与等又は退職手当等に「代えて……与えたと認められる場合」から，役員又は使用人としての「地位又は職務等に関して与え

たと認められる場合」や「退職に基因して与えたと認められる場合」に改められたものの，課税実務上は依然として従来どおりの取扱いがされる例が多かった。

(3) 平成9年5月商法改正

その後，経済構造改革の一環として，ストックオプション制度を一般的に導入するとの閣議決定がなされ，その方針に基づいて平成9年5月に商法が改正され，商法280条ノ19の新設及び210条ノ2の改正により，新株引受権方式のストックオプション制度（商280条ノ19）が導入されるとともに，使用人に譲渡するための自己株式取得についても，その消却期間が10年に延長されたことにより（改正後の商210条ノ2），自己株式を取得する方法によるストックオプションの付与も可能となるに至った。もっとも，商法の上記規定は，会社が自社の役員等に対してストックオプションを付与することを可能としているのにとどまり，自社の子会社の従業員等に対してストックオプションを付与するための手当はされていなかった。

この商法改正に伴って，措法29条の2も改正され，新規事業法に基づくストックオプションのほか，改正商法に基づくストックオプションについても，ストックオプションの付与時や権利行使時には所得税課税を行わず，権利行使によって取得した株式を譲渡した時点で，譲渡価格と権利行使価格との差額に対し，譲渡所得としての課税を行う旨が定められた。また，所令84条（平成10年政令104号による改正後）により，上記各ストックオプションに係る所法36条2項（収入金額）の価額は，ストックオプションに係る権利行使の日の当該株式の価額から権利行使価格を控除した差額(すなわち権利行使利益)とする旨が定められた。しかしながら，上記以外のストックオプションに対する課税や収入金額の算定方法に関する法令上の手当はされなかった。

また，通達上も，所基通23～35共－6（平成10年10月1日改正後）が，上記改正後の措法29条の2，所令84条に対応して課税する旨の定めをしたものの，それ以外のストックオプションの課税については，特段の定めはさ

TAX CASE ⑥ ストックオプションの所得区分

れなかった。しかしながら，課税実務上は，措法29条の2の対象とはならないストックオプションについては，ストックオプションに係る権利行使時に，権利行使利益に対し給与所得課税をするという方針が定められ，課税方法が統一されるに至った。

(4) **平成13年11月商法改正（平成13年法律第128号）**

　本件は係争年度が平成8〜10年であるので，現行制度におけるストックオプション課税の取扱いについては判決のなかで直接述べられていない。そこで，平成13年商法改正後の取扱いを補足する。

　平成13年商法改正（平成14年4月1日施行）では，新たに「新株予約権」の概念が導入され，ストックオプションは商法上，新株予約権の有利発行として整理された。これに伴い従来の各種制限が撤廃され，①付与対象者は従来の取締役・従業員限定型から，制限なしに拡大され，②付与株式数の上限（発行済株式総数の10分の1）の撤廃，③10年以内の権利行使期間の制限も廃止された。

　これを受けて平成14年度税制改正で規定の整備が行われたが，**所得税基本通達の改正**（平成14年6月24日，課個2−5，課資3−3）で次のとおり本件において問題となっている新株予約権を行使した際の所得区分が明らかにされた。

（株式等を取得する権利を与えられた場合の所得区分）

23〜35共−6　発行法人から令第84条各号《株式等を取得する権利の価額》に掲げる権利を与えられた場合（同条の規定の適用を受ける場合に限る。以下23〜35共−6の2において同じ。）の当該権利の行使による株式（これに準ずるものを含む。以下23〜35共−9までにおいて「株式等」という。）の取得に係る所得区分は，次に掲げる場合に応じ，それぞれ次による。

(1) 令第84条第1号又は第2号に掲げる権利を与えられた取締役又は使用人がこれを行使した場合　　給与所得とする。ただし，退職後に当該権利の行使が行われた場合において，例えば，権利付与後短期間のうちに退職を予定している者に付与され，かつ，退職後長期間にわたって生じた株式の値上り益に相当するものが主として供与されているなど，主として職務の遂行に関連を有しない利益が供与されていると認められるときは，雑所得とする。

> (2) 令第84条第3号に掲げる権利を与えられた者がこれを行使した場合 発行法人と当該利益を与えられた者との関係等に応じ，それぞれ次による。
> 　　イ <u>発行法人と権利を与えられた者との間の雇用契約又はこれに類する関係に基因して当該権利が与えられたと認められるとき</u>　(1)の取扱いに準ずる。
> 　　　(注)　例えば，措置法第29条の2第1項《特定の取締役等が受ける新株予約権等の行使による株式の取得に係る経済的利益の非課税等》に規定する「取締役等」の関係については，雇用契約又はこれに類する関係に該当することに留意する。
> 　　ロ　権利を与えられた者の営む業務に関連して当該権利が与えられたと認められるとき　事業所得又は雑所得とする。
> 　　ハ　イ及びロ以外のとき　原則として雑所得とする。
> (3) 令第84条第4号に掲げる権利を与えられた者がこれを行使した場合 一時所得とする。ただし，当該発行法人の役員又は使用人に対しその地位又は職務等に関連して新株（これに準ずるものを含む。以下23~35共－9までにおいて「新株等」という。）を取得する権利が与えられたと認められるときは給与所得とし，これらの者の退職に基因して当該新株等を取得する権利が与えられたと認められるときは退職所得とする。
> (注)　<u>(1)及び(2)の取扱いは，発行法人が外国法人である場合においても同様であることに留意する。</u>
>
> （筆者注：アンダーラインが改正箇所）

3　雇用関係等の有無の判断の必要性

(1) そもそもストックオプションには，そのオプションの性格をめぐり，付与の目的からみた役務の対価性と株式といった資本からのリターンという2つの側面がある。さらに，課税上はそのタイミングとして，ストックオプションの権利付与時，権利行使時，株式売却時のいずれに課税するかといった問題がある。ストックオプションの性格とこれら課税のタイミングの関係が混在しているところにストックオプション課税の中心的な問題点がある。

(2) ところで，ストックオプション先進国であるアメリカでは前述のとおり，1945年のSmith事件で，ストックオプションはオプションの公正な時価と行使価格の差額がどのようなものであってもそれを報酬とみなすと判断

TAX CASE ⑥ ストックオプションの所得区分

し,さらに1956年 LoBue 事件[5]は,ストックオプションは使用者が従業員の役務を認識して付与するもので,権利行使利益を対価性のない贈与とみなさず報酬であるものと判断している。つまり,アメリカではすでに本件問題につき判断が下されており,いわゆる非適格ストックオプションの場合は権利行使時の権利行使利益についてはキャピタル・ゲイン課税ではなく,インカム・ゲイン課税とするものとしている。したがって,わが国の場合もアメリカの例に倣うと,およそ権利行使利益についてはインカム・ゲイン課税とすることで決着がつくのであるが,アメリカの場合はインカム・ゲインの源泉を問わないが,わが国の場合インカム・ゲインとなっても,それに給与所得,一時所得,雑所得等の区分を行わなければならないところに本件の複雑性がある。

(3) 今回東京地裁は,清水事件と大久保事件につきいずれも原告勝訴の判決を下したが,管見としては次のような問題点を指摘したい。

すなわち,今回は非適格ストックオプションについて権利行使利益の本邦所得税法上の所得区分が問題となっており,直接的な雇用関係又は役員等の雇用類似関係のないアメリカ親会社からのストックオプションが,給与所得にあたるかどうかを判決では積極的に判断すべきであった。しかるに,清水事件ではこの点には触れられてもいない。

大久保事件では「米国マイクロソフト社が日本マイクロソフト社との間の合意に基づき,同社のために,同社の社員に対する給与を補完するものとして支給しているものと評価することも可能であり,このような考えによれば,本件ストックオプションは,日本マイクロソフト社が原告に支給したものと同様に評価することが可能であって,その支給者の点を問題とする余地はないとの理解も可能であると考えられる。」とし,"可能"という言葉を3度も使った歯切れの悪い表現で,今回の親会社と原告との関係におけるストックオプションは給与所得該当性が否定されないとしている。

---

[5] Commissioner v. LoBue, 351 U.S. 243 (1956)

しかし，本件の争点は繰り返すが，直接雇用関係等のないアメリカ親会社から日本子会社の従業員に付与されたストックオプションが，従来からわが国で築かれた給与所得概念と相違するのか，しないのかを正面から見据えて判断しない限り，たとえ判決が納税者勝訴となっても，問題は未解決のままである。この点につき中央大学大淵博義教授は，「特に税法では親会社と子会社の定義規定がなく，しかして，かかる税法上の定義のない我が国の租税法の下で，親会社から子会社の従業員に対するストックオプションの行使利益を給与所得とするという取扱い自体が論理的な説得力に欠けるということである。このようなストックオプションの行使利益を給与所得とするというのであれば，税法上に，親会社と子会社の定義を規定するのでなければ，租税法律主義による納税者の予測可能性と法的生活の安定性は確保できないことになる。」6)とし，税務当局の給与所得とする論理を正当化するためには，子会社の従業員は親会社の従業員であるという事実認定が可能な場合に初めて成立する論理であると批判する。

また，大阪府立大学田中治教授も「判決は，訴訟当事者のいう基本的な争点に即して，権利行使時の利益が給与所得に該当するか否かに関し，労務の提供に係る指揮命令，労務提供の対価性の有無などを中心に，給与所得の概念を精緻化したうえで，正面から判断すべきであった。」と批判している。7)

4　権利行使利益の給与所得該当性

(1)　上記のとおりストックオプションの給与所得該当性を否定していない本判決では，本件権利行使利益について給与所得課税を擬制することが可能である。にもかかわらず，「本件で問題となっているのは，原告が就労して

---

6)　大淵博義稿「私はこう見る，こう読む　ストックオプション事件」（『速報税理』（平15. 1. 11号），ぎょうせい，19ページ）
7)　田中治稿「私はこう見る，こう読む　ストックオプション事件」（『速報税理』（平15. 1. 11号），ぎょうせい，23ページ）

TAX CASE ⑥ ストックオプションの所得区分

いる日本マイクロソフト社ではなく、その親会社である米国マイクロソフト社の株価なのであるから、原告の就労との関係は、より間接的で希薄なものになっているのであって、原告の就労と米国マイクロソフト社の株価上昇との間に相関関係が存在するということは困難であるといわざるを得ない。」とし、権利行使利益は原告の就労の対価であるとみることは問題であるから、結論として「米国マイクロソフト社の株価の推移という多分に偶発的な要素と、その権利を行使する原告の投資判断という、原告の就労の質及び量とはおよそ異なる要素によって定まるものであって、むしろ本件ストックオプションの運用益と評価すべき」であるとし、一時所得としたのである。

しかし、この論理では、就労に対する対価性が認められない場合は、たとえ明白な雇用関係があるなかでストックオプションが付与されても、給与所得には該当しない場合が出てくることになり、就労対価性という点にだけ着目した判断は危険であることがわかる。

なお、**労働基準法11条**は賃金について次のように定義している。

> この法律で賃金とは、賃金、給料、手当、賞与その他名称の如何を問わず、労働の対償として使用者が労働者に支払うすべてのものをいう。

「労働の対償」という抽象的な表現が問題となるが、使用者が労働者に対してなした特定の給付がこの法律で賃金となるかどうかはケース・バイ・ケースの判定となる。そこで、ストックオプションについてであるが、ストックオプションとはその定義でみたとおり、自社株式の購入選択権であり、ストックオプション制度から得られる利益はそれが権利付与時、権利行使時、株式売却時のいずれの時点においても、労働基準法は労働者にとって労働の対償とするものではないとしている[8]。ただしこの解釈は、

---

8)「改正商法に係るストック・オプションの取扱いについて」(労働省労働基準局長、基発第412号、平成9年6月1日)

労働基準法がそもそも労働者の労働条件を定める法律で，賃金については いわゆる賃金支払いの5原則（①通貨払いの原則，②直接払いの原則，③全額払いの原則，④毎月払いの原則，⑤一定期日払いの原則（労働基準法24条））を前提としているところからの解釈で，本件のような権利行使利益の対価性を判断するときの根拠法にはならないので付言しておく。
(2) 次に，本件権利行使利益はキャピタル・ゲインであるとする議論があり，判決でも「ストックオプションの運用益と評価すべき」であるとしている。しかし，私見はこれに賛成しない。

　すなわち，キャピタル・ゲインは保有する財産の価値の増加益であるが，オプション自体は選択権にすぎず，オプションの権利を行使することでオプション保有者に初めて財産となるべき株式が譲渡される。しかし，この株式の譲渡は使用者と従業員との相対取引であり，あくまで使用者が従業員の一定の役務提供を評価したときに条件的に権利行使が解除されるなかでの株式譲渡で，いわゆる独立第三者間取引とは異なる性格のものである。したがって，オプション自体の付与が財産の付与と考えられない限り，従業員にオプション付与時と権利行使時の間の運用益が帰属するとしても，それは通常のキャピタル・ゲインと同様に帰属したものと考えることに私見として疑問を持つのである。
(3) ストックオプションはそもそも奨励報酬制度の一種であり，就労の対価性あるいは期待性をもって付与されるものである。したがって，私見は本件権利行使利益はあくまで直接的な雇用関係等を前提とすれば，給与所得として擬制することがむしろ合理的な解釈であると考える。

　ただし，判決ではこの解釈の可能性は否定しないが，現行制度では法律上の根拠のない擬制として採用できないとする。

　しかし，納税者の権利行使に投資判断が伴ったとしても，それは使用者から与えたオプションを自己責任のもとに顕在化したのであるから権利行使利益に多寡が生じたとしても，その本質は使用者が与えた就労の対価性あるいは期待性に対する経済的利益にほかならない。権利行使利益の偶

TAX CASE ⑥ ストックオプションの所得区分

発性だけに着目するのは，まさに木を見て森を見ずということで，ストックオプション付与の本質が語られていないのである。

すると，現行制度上，雇用関係等が明らかな場合を前提とすると，ストックオプションの権利行使利益は使用者から支払われた経済的利益と考えることができ，所法28条1項の規定に該当し，権利行使時における所法36条1項の収入金額にも合致することになるという解釈が必ずしも不適当であるとはいえない。

ただし，親会社から子会社の従業員へのストックオプションの付与など，親子会社間関係，出向，転籍等の現代的な雇用関係の変化[9]にまで対応した租税法上の整備が行われない限り，上記平成14年6月の一編の通達をもってこれらの関係を明らかにしたものとはいえず，やはりこの通達の内

---

9) 民法625条1項は雇傭に関する権利義務の一身専属性について，「使用者ハ労務者ノ承諾アルニ非サレハ其権利ヲ第三者ニ譲渡スルコトヲ得ス」と規定し，使用者の権利の不可譲渡性を規定している。労務者は使用者の指揮命令のもとに労務を提供するのであるから，使用者が変わればその労務者に不利益が及ぶ可能性があるので，労務者の承諾なしに使用者がその権利を第三者に譲渡することはできないとしているのである。なお，同条2項，3項には労務者の義務の一身専属性についても規定されている。

10) 最高裁・昭和56年4月24日判決，民集35巻3号672ページ。
なお，民法623条は雇傭について，「雇傭ハ当事者ノ一方カ相手方ニ対シテ労務ニ服スルコトヲ約シ相手方カ之ニ其報酬ヲ与フルコトヲ約スルニ因リテ其効力ヲ生ス」と規定し，民法上の雇傭は，労務自体を契約の目的とするものであり，かつ，その労務の給付は相手方の指揮命令のもとになされるべきものとしている。

11) 立命館大学三木義一教授は，給与所得が基本的に雇用関係又はそれに類する関係に基づき，その労務の対価として支給されるものであることを考慮して，①雇用関係等の有無及び不明，②労務の対価性の有無・不明，③給付の確実性の有無の3要素の組み合わせにより総合判断すべきであるとし，本件については，支払者に直接労務を提供していないこと，支給者と雇用関係等の法的関係がないことからすると，被告の主張を最大限考慮しても雇用関係の有無が不明確で，かつ労務の対価性も不明確といわざるを得ないケースになる。このような所得は補完的な所得分類である雑所得か一時所得になるが，給付が不確実である以上，偶発的な所得であり一時所得といわざるを得ないであろうとしている。(三木義一稿「私はこう見る，こう読む ストックオプション事件」『速報税理』(平15.1.11号)，ぎょうせい，26ページ)

容は法令においてみなす規定の創設という形をとらない限り，租税法律主義に違反するといわざるを得ない。

(4) 本件権利行使利益が現行制度において一時所得となる理由は，そもそもアメリカ親会社と本件納税者との間には空間的，時間的な拘束を受け，指揮命令に服すべき直接的な雇用関係はないのであり[10]，その点だけが最大唯一の理由である[11]。

わが国所得税法は給与所得につき通常の総合課税，一時所得につき2分の1課税とする旨を定め両者の取扱いを異にする以上，給与所得の範囲を一般納税者の理解を超えて不当に拡大することは許されず，入口が同じであれば予定される出口も同じにすべきである。アメリカ親会社との雇用関係の可能性を認めるという曖昧な入口を設けておきながら，権利行使利益の測定には親会社との就労関係は希薄であるから出口の課税は異なり一時所得であるとする本判決の理論構成には整合性はみられないものと考える。入口が雇用関係であれば出口は給与所得であり，入口が非雇用関係であれば出口は給与所得にならないとする方がスマートな判断であり，納税者にも理解されるものと考える[12]。

---

12) 拙稿「私はこう見る，こう読む ストックオプション事件」(『速報税理』(平15.1.11号，ぎょうせい，28ページ，一部加筆)

TAX CASE ⑥ ストックオプションの所得区分

【追　記】
　国税庁による個人課税部門の平成13年7月から平成14年6月の平成13年事務年度の調査実績によると，ストックオプションに係る調査の状況は，調査等件数が369件でこのうち申告漏れのあった件数は363件であった。申告漏れの所得金額は203億5,400万円で，1件当たりの金額にすると5,515万円となる。
　なお，この調査による所得区分はすべて給与所得とされていることが注目され，追徴税額は加算税を含めて75億3,500万円，1件当たり2,042万円で，今回の東京地裁の実務に及ぼす影響は大きい。
　国は本判決後，控訴期限となる平成14年12月10日，本判決を不服として控訴した。今後引き続き注目しなければならない事件である。

TAX CASE 7

デッド・エクイティ・スワップ
〔法 人 税〕

❁日本スリーエス事件（納税者敗訴）

東京地裁平成10年（行ウ）第191号，平成12年11月30日判決，TAINS判例検索→Z888－0453

■類似事件／相互タクシー事件（納税者敗訴）

第1審：福井地裁平成10年（行ウ）第12号，平成13年1月17日判決，
　　　TAINS判例検索→Z888－0442

第2審：名古屋高裁金沢支部平成13年（行コ）第4号，平成14年5月
　　　15日判決，TAINS判例検索→Z888－0667

【内　容】

　法人が同一企業グループを構成する赤字子会社への貸付金が不良債権化したところから，その子会社に対する貸付金の無税償却を行うことを企図し，その方法として，いわゆる擬似DES（デッド・エクイティ・スワップ）によって株式取得の高額払込みとその後の低廉譲渡により有価証券売却損を計上したところ，法人税法132条の適用により否認された事件

事実関係

1　概　要

　原告日本スリーエス株式会社（以下，「N社」という。）はコンピュータソフトウエアの開発・販売，タックスプランニングを中心としたコンサルタント業務

を行う同族会社で，代表取締役Sは税理士である。

　N社は子会社であるH社及びS総研（以下，両社を合わせて「本件子会社」という。）に対する貸付債権が不良債権化していたところ，平成5年4月1日から平成6年3月31日までの事業年度（以下，「本件事業年度」という。）においてSタクシーとコンサルティング契約を結び，多額の収入（コンサルティング料金合計17億5,000万円で，訴外4社と受取手数料配分契約を結び，本件事業年度の実際利益は4億4,043万971円であった。）を期待できることとなったので，これを機会に本件子会社に対する不良債権を処理しようと考え，本件子会社の発行する増資新株式を額面価額に比べて高額で引き受け，それを直ちにZ社（N社代表取締役Sが21％株式を所有する非同族会社）に低額譲渡することによって有価証券売却損を計上し，確定申告の際にその払込金額と売却価格の差額を有価証券売却損として申告した。また，本件子会社は，この増資払込金をもってN社に対する債務を弁

【H社及びS総研の増資及びその後の株式譲渡について】

	H 社	S 総研
○新株の取得		
新株の払込期日	平5.12/16,17	平5.12/15
増資新株数	10,000株	160株
額面金額	500円	50,000円
新株発行価額	500円	50,000円
N社引受総額 （1株当たり）	500,000,000円 50,000円／株	230,000,000円 1,437,500円／株
○Z社への譲渡		
Z社への譲渡契約	平5.12/29	平5.12/29
Z社への譲渡株数	33,000株（88,000株中）	360株（360株中）
譲渡金額	（全額でわずか）88,000円	（全額でわずか）36,000円
有価証券売却損	427,464,000円 （内訳は裁判資料では不明）	
寄附金認定額	495,000,000円 500,000,000円－(500円×10,000株)	222,000,000円 230,000,000円－(50,000円×160株)

TAX CASE ⑦ デッド・エクイティ・スワップ

済した。

これに対して被告Y税務署長は，法法132条（同族会社の行為計算否認規定）を適用して，新株式の取得価格は額面価額であると認定し，N社は有価証券売却損を過大に計上しているとし，平成8年6月5日付けで所得金額を5億1,878万37円及び法人税額を1億9,293万7,600円とする更正処分（以下，「本件更正処分」という。）並びに過少申告加算税の額を2,461万5,500円とする過少申告加算税賦課決定処分（以下，「本件賦課決定処分」といい，本件更正処分と合わせて「本件更正処分等」という。）をなした。

これを不服としたN社は所定の手続を経て，本訴に及んだ。

2 争　点

本件更正処分等における加算及び減算の内訳並びに税額の算出過程は，次表のとおりである。

項　目	番号	金　額
申告所得金額	①	6,086万8,174円
加算　支払顧問料の過大計上額	②	4,167万9,612円
前期損益修正損の過大計上額	③	1,431万5,057円
有価証券売却損の過大計上額	④	4億711万3,000円
寄附金の損金不算入額	⑤	7億1,120万3,654円
加算金額合計(②+③+④+⑤)	⑥	11億7,491万1,323円
減算　寄附金の損金算入額	⑦	7億1,700万　円
差引所得金額（①+⑥-⑦）	⑧	5億1,878万37円
所得の金額に対する法人税額	⑨	1億9,545万2,500円
控除所得税額	⑩	160万4,868円
差引法人税額	⑪	1億9,293万7,600円
確定申告に係る法人税額	⑫	2,122万600円
納付すべき法人税額	⑬	1億7,171万7,000円
過少申告加算税額	⑭	2,461万5,500円

被告Yは本件一連の行為のうち，原告がH社及びS総研の新株式を引き受けたことについて法法132条を適用し，いずれの新株式の引き受けについても額

面価額で新株を引き受けたものであり，払込価格と額面価額との差額は寄附金に該当すると認めた。そして，被告Ｙは有価証券売却損の算定にあたって，取得価格は額面価額であるとして上記④の有価証券売却損の過大計上額を算出し，また，寄附金に該当するとした部分についての損金算入及び損金不算入の計算をして（⑤及び⑦），本件更正処分等を行った。

　これに対し原告Ｎ社は，被告Ｙが法法132条を適用して原告の行為又は計算を否認したことの適否を争い，法令38条１項１号（係争事業年度当時の条文番号，現在は法令119①二にあたる。なお，以下条文番号は，すべて係争事業年度当時のものである。）によって，払い込んだ金額をもって有価証券の取得価格になるのであるから，原告の確定申告に係る有価証券売却損の計上に誤りはない旨主張して本件更正処分等は違法である旨主張する。

　本件の最大の争点は，本件一連の行為について法法132条を適用し，有価証券の取得価格が額面価額であって，それを超える払込金額が寄附金に該当するとしたことが適法かどうかという点である。

当事者の主張

■ 税務当局の主張 ■

　本件一連の行為は，訴外Ｓタクシーとのコンサルティング契約による本件利益を消去するために行ったものであり，以下のとおり経済人の行為としてはきわめて不自然，不合理であり，法人税の負担が不当に減少する結果となることは明らかであるから，法法132条の規定を適用すべき行為である。

(1) 原告Ｎ社は，１株当たりの発行価格が500円であるＨ社株式に対してその100倍に相当する１株当たり50,000円で払込みを行い，また１株当たりの発行価額が50,000円であるＳ総研に対してその29倍に相当する１株当たり1,437,500円で払込みを行っているが，払込時において両社ともに債務超過状態にあり，このような高額の払込みを行う合理的な理由が認められない。

TAX CASE ⑦ デッド・エクイティ・スワップ

(2) 本件一連の行為を構成する①本件子会社株式の取得及び②その子会社株式の譲渡は，本来，それぞれ個別の目的・事情により行われる取引であるにもかかわらず，本件一連の行為はあらかじめ一体のものとして仕組まれたものである。

(3) 本件子会社に対する増資払込資金の一部は，原告Ｎ社が本件子会社に対して有する貸付金の返済に充てられており，原告の払込み直後に原告に入金されているところ，代表取締役Ｓは本件一連の行為は本件子会社に対する原告Ｎ社の貸付金の含み損を実現損としたいと考え，また他の手段ではグループ会社の信用上あるいは税務上問題があり困難と思われたことから実行したものである旨述べている。

以上により，原告Ｎ社が行った本件子会社株式の増資払込みを通常あるべき行為又は計算に引き直すと，本件子会社株式１株について払い込んだ金額は，本件子会社が債務超過の状態にあること及び商法上額面株式の発行価額はその券面額を下回ることができないことにかんがみれば（平成13年商法改正前の事案），本件子会社の額面金額とするのが相当であり，その余の金額は株式の増資払込みとは認められず何ら対価性のない金銭の支出となる。したがって，通常あるべき行為又は計算に引き直した結果に対して法の規定を適用すると，額面金額が法令41条に規定する増資により取得した株式の取得価格の計算の基礎となる「新株１株について払い込んだ金額」に該当し，また，その余の金額は法法37条６項に規定する寄附金に該当する。

■ 納税者の主張 ■

(1) Ｙは，本件子会社が債務超過であるのに額面金額の29倍ないし100倍もの金額の払込みを行う点がきわめて異常な取引形式であると主張するが，法人税の体系上，有価証券の取得価格について法令38条１項１号は，「払込みにより取得した有価証券」の取得価格は「その払い込んだ金額」であると規定している。そうすると，本件においても，額面金額を超える払込み余剰金（プレミアム）を含めた払込金額が取得価格になるというべきであ

る。

　増資法人が債務超過であるとしても払込金額を取得価格にしなければならないのであって、本件一連の行為について法法132条を適用して有価証券の取得価格が額面価額であってそれを超える払込金額は寄附金に該当するとしたことは違法である。

(2)　本件においては，払込金額が額面金額（発行価額）の29倍ないし100倍であったが，これが異常であるとか不自然，不合理であるとかいうことはできない。本件子会社は原告の業務の一部を引き継いだ会社であり，原告として対外的に十分責任を果たすことが要請されていた本件子会社の純資産の改善のため，原告に対する借入金を返済する原資を必要としていたのであるから，返済資金に相当する金額を増資により取得する必要があったのであり，原告においては本件子会社を倒産させることなく不良債権化していた長期貸付金を回収する必要性に迫られていた。

　これを実現する法的手段としては，合併，評価損の計上，債権の放棄及び債権の売却等の方法が考えられるが，いずれの方法も子会社の救済とならないことや税法上の問題があるために採用し難いものであり，結局，増資によって子会社に返済資金を提供して不良債権を回収することにより，不良債権という無価値物を株式という無価値物に振り替えた上，これを他に譲渡して含み損を実現させるほかなかったのである。このことからすると，このような手段をとったことは，法法132条にいう「不当に」という要件には該当しないのであり，原告が本件子会社に払い込んだ増資払込金額そのものには合理的な根拠があったというべきである。

　増資払込金総額に合理性がある以上，増資払込金総額は新株式数と1株当たりの払込金額の積であるから，争点は増資新株式の株数と1株当たりの払込金額の妥当性に帰着する。しかるに，払込金額の総額が決まっている以上は全株所有の子会社であれば増資発行株式数は可能な限り少数とし，他方，1株当たりの払込金額を大きくすることには合理性があるというべきである。すなわち，それにより，①増資に伴う登録免許税を節税するこ

TAX CASE ⑦　デッド・エクイティ・スワップ

とができること，②増資によって増加した資本金が6か月間の合計で5億円以上の場合は証券取引法により関東財務局に有価証券通知書の提出が義務付けられているところ，原告がとった方法によると1株当たりの払込額は5万円であるがそのうち資本金の増加は500円であるから，増加した資本金は1,000万円にすぎずこの手続が簡略化できること，③1株の払込額を5万円とすると，例えばH社の場合，資本金が5億円増加したとする登記を行わなければならず，善意の第三者はH社を優良な会社として誤認してしまうおそれがあるが，原告がとった方法によるとかかる誤認を避けることができること，④法人都民税の均等割り課税を妥当な額とすることができること，⑤Yが主張するような方法によるとはじめから減資をしなければならない必要があるが原告が採った方法によると減資手続をする必要がないことから，原告が行った増資方法は，事務手続の省略と費用の節約，節税及びイメージダウンの回避を含む非常に合理的な増資方法であり，経済的合理性が認められるというべきである。

判決の要旨

1　本件一連の行為の背景

判決では，はじめに本件一連の行為が法法132条の適用を受けるかどうかにつき，本件子会社に対する貸付金の無税償却ができるかどうかに着目する。すなわち，次のとおり述べている。

> 原告は，本件子会社に対する貸付金について損金に算入することによって税額を軽減した上で償却する（無税償却）ことを目的として本件一連の行為を行っているところ，本件子会社に対する貸付金それ自体について（それ自体貸倒に該当すること等によって）損金に算入することができたのであれば，これに応じて本来負担すべき法人税額も減少していたというべきであるから，本件一連の行為によってこれと同一の

> 結果を発生させたとしても，法人税の負担を不当に減少させる結果となるとはいえない。これに対し，そもそも損金に算入することができないものであったにもかかわらず本件一連の行為によって有価証券売却損を計上することによって損金に算入することとしたというのであれば，本件一連の行為によってはじめて法人税の負担を減少させる結果が生ずるのであるから，本件一連の行為が次に述べる法132条の要件に該当する場合には，同条に基づき行為又は計算を否認されることになるというべきである。(略)

2　本件子会社に対する貸付金の回収可能性

　次に判決では，具体的にH社とS総研の債務の支払能力につき判断した。基本的なスタンスは債務者の資産状況その他の状況からみて支払能力がなく，債権の回収が客観的に不能と認められる場合，すなわち債務者において破産などの清算手続を経たが債権の全額が回収できなかった場合などのほか，これに準じ債務者の負債及び資産状況，事業の性質，債権者と債務者との関係，債権者及び債務者が置かれている経済的状況等諸般の事情を総合的に考慮したときに，社会通念上債権の回収が不能であると認められる場合には，金銭債権が回収不能になったものとして，当該事業年度において損金に算入することができるものと解すべきという点である。

　ここではその判断の詳細について省略するが，裁判所は本件一連の行為が行われた平成5年12月の時点において，N社が有する本件子会社に対する貸付金の全額が社会通念上回収不能に陥っていたものと認めることはできないと判断した。この点の事実認定については妥当なものと思われる。

3　法人税法132条の適用

　以上の事実認定に基づき，法法132条を適用することにつき，次のとおり判示した。

債務超過状態にあり，将来成長が確実に望めるというような特別の事情が認められるわけではない株式会社の新株発行に際して，額面金額である発行価額を大幅に超える払込みを行うのは，通常の経済人を基準とすれば合理性はなく，不自然・不合理な経済行為である。原告は子会社を救済する必要性，妥当性を指摘して右行為の合理性を主張するが，株式を取得する際にはそのような背景事情を捨象した株式自体の価値に着目して対価を決定するのが，税法の想定する通常の経済人を基準とした合理性のある行為と考えるべきである。そして，本件子会社が，原告が全株式を保有する同族会社であり，かつ，本件一連の行為によって，本来であれば損金に計上することのできない本件子会社に対する貸付金を有価証券売却損という形を取ることによって，損金に計上するという目的があったからこそ，右のような払込みが行われたものであるというべきである。そうすると，本件子会社の新株の発行に際して，原告が，その対価として，Ｓ総研について１株当たり約144万円，合計２億3,000万円の払込みをした行為，及びＨ社について１株当たり５万円，合計５億円の払込みをした行為は，いずれも，これを容認した場合には法人税の負担を不当に減少させる結果となると認められ，税務署長は，法132条によって右の行為を否認することができるものというべきである。

4　額面金額を超える部分の寄附金認定

被告Ｙは法法132条を適用する際に，本件子会社の株式１株について払い込んだ金額を株式の額面金額とし，額面金額を超える部分は株式の増資払込みとは認められず，何ら対価性のない金銭の支出として寄附金に該当するものとしている。この点につき判決では，次のとおり判示した。

そもそも価値のない本件子会社の新株に対して多額の払込みをすること自体が経済的合理性のない不自然・不合理な行為なのであるから，このことは，仮に新株の発行数を増加させて1株当たりの払込金額を額面金額と一致させたような場合にどのように考えるべきかといった問題とは関わりがないというほかなく，右の原告の主張は採用することができない。さらに，原告は増資払込みの反対給付として本件子会社の株式を入手しているのであるから，原告の本件子会社に対する払込金のうち額面金額を超える部分について寄付金とするのは誤りであると主張するが，被告は，本件子会社の新株1株について払い込んだ金額は株式の額面金額であるとし，額面金額を超える部分については寄付金に該当すると認定したものであって，額面金額を超える部分については何ら対価がなくその部分については原告の経済的利益が社外に流出しているのであって，原告の右主張を採用することはできない。
　なお，原告は，法施行令38条1項1号によれば，払込みにより取得した有価証券の取得価額はその払い込んだ金額としなければならないのであるから，被告の本件更正処分は右の規定に反するものであると主張するようであるが，被告は，法132条を適用して本件子会社の1株について払い込んだ金額は株式の額面金額であると認定しているのであるから，本件更正処分が法施行令38条1項1号に反するものでないことは明らかである。

解　　説

1　本件否認の法理と問題点

　本件の問題点は，そもそもＮ社の計上した約4億2,000万円の有価証券売却損を税法上否認する法理が何であるかという点にある。
　本件では本件一連の行為のなかで，訴外Ｓタクシーのコンサルティング契約

TAX CASE ⑦ デッド・エクイティ・スワップ

による利益を消去し，N社の抱える子会社の不良債権を無税で償却するため，子会社の増資払込み部分に寄附金相当部分があるものと認定し，その寄附金相当部分が発生するのは本件が法法132条の適用がある租税回避行為であり，その本質は本来無税償却できない貸倒損失を有価証券売却損に振り替えた迂回行為で，本件の場合，本来貸倒損失自体に損金算入性が認められないのであるから，本件有価証券売却損の損金算入性も認められないものとしたのである。

しかし，私見としては本件判決の妥当性は認めても，その否認の法理には次のような疑問が残る。

⑴　本件行為が非同族会社のものであった場合，本件行為は是認されるのか。
⑵　有価証券売却損の否認をするためには，その有価証券の取得価額又は譲渡価額のいずれかが問題となるのであるが，有価証券の取得に要した金額が実際に払い込まれた場合で，しかも当該取引が資本取引であるにもかかわらず，法法37条の規定がどこまで否認の根拠となりうるか。
⑶　⑵と同じことであるが，本件は有価証券売却損の否認を行うものであるが，かりに有価証券が売却されなかった場合，法法37条の寄附金規定で有価証券の取得価額を過大振込みとして否認することができるのか。また，時価を超える過大振込みの場合は常に法法132条の適用があるのか。

本判決では，特に法法37条の寄附金の発生につき具体的な判断が示されておらず，ただ被告の判断を追認するにとどまり，全体の否認の構成が上述のとおり法法132条となっている。

ところで，この問題を法法37条の寄附金から正面で捉えようとした事件がある。この事件は，実は本件原告N社（S税理士）がタックスプランニングをした本件訴外Sタクシーを舞台とするさらに大がかりな租税回避行為事件で，その手法は本件と全く同様なものである。次にこのSタクシー事件も概観し，その

否認の法理の妥当性を検討したい。

2 類似事件／相互タクシー事件[1]
2－1 事実関係
(1) 相互タクシー株式会社（以下，「Ｓタクシー」という。）は，不動産賃貸，証券投資等を目的とする株式会社であるが，Ｓタクシーを中心とする多数のグループ会社で「Ｓタクシーグループ」を構成している。

ところでＳタクシーは，グループのＳ不動産に対し，平成5年12月9日時点において，合計941億6,214万5,873円の貸付金（以下，「本件貸付金」という。）を有していたが，同日現在におけるＳ不動産の資産状況は帳簿価額で551億4,977万2,749円，時価評価で577億5,202万1,531円の債務超過であった。そこでＳタクシーは本件貸付金の株式への転換を図る目的から，次のとおりＳ不動産の新株引き受けを行った。

Ｓ不動産は，平成5年11月30日付けで同社の発行済額面株式（1株の額面金額1,000円）総数45万株のすべてをまず無額面株式に転換し，さらに同年12月4日付けでＳ不動産の発行する無額面株式をすべて額面株式（1株の額面金額50円）に転換した上で額面普通株式52,900株（以下，「本件株式」という。）の新株発行を行い，Ｓタクシーは平成5年12月9日から同月16日までの間に，1株当たり100万円，総額529億円でこれをすべて引き受け，同金額を払い込んだ（以下，「本件増資払込み」といい，これに係る増資払込金を「本件増資払込金」といい，Ｓ不動産の増資そのものを「本件増資」という。）。そして，Ｓ不動産は本件増資払込金のうち1株当たり50円，総額264万5,000円を資本金に組み入れ，その余の1株当たり999,950円，総額528億9,735万5,000円を資本準備金に組み入れるとともに，本件増資払込金の全

---

1) 第1審：福井地裁平成10年（行ウ）第12号，平成13年1月17日判決（ＴＡＩＮＳ判例検索→Ｚ888－0442）
 　第2審：名古屋高裁金沢支部平成13年（行コ）第4号，平成14年5月15日判決（ＴＡＩＮＳ判例検索→Ｚ888－0667）

TAX CASE ⑦ デッド・エクイティ・スワップ

額を原告に対する本件貸付金の弁済に充てた。

(2) 次に本件の争点となるところであるが，ＳタクシーはＳ不動産の株式を訴外Ｆ社に低額譲渡し巨額の有価証券売却損を計上する。すなわち，平成５年12月20日，Ｆ社に対しＳ不動産の株式の全部502,900株を１株当たり316円，合計１億5,891万6,400円で売却し，Ｆ社は同日Ｓタクシーに対しその代金の全額を支払った。なお，Ｓタクシーは平成６年３月18日，Ｓタクシーの所有する東北電力株式会社等の上場会社の株式をＫ林業に579億3,119万3,000円で売却し，上記売却損と売却益を相殺した。

(3) 以上に基づき，Ｓタクシーは平成５年３月21日から平成６年３月20日までの事業年度（以下，「本件事業年度」という。）の確定申告において，Ｓ不動産の普通額面株式502,900株の取得価額は529億円であるとし，これと売買代金１億5,891万6,400円との差額527億4,108万3,600円の売却損（以下，「本件売却損」という。）が発生したとして法人税に係る所得金額を計算し，所得金額を15億7,186万2,474円の欠損金と算定し，その旨申告した。

これに対しＯ税務署長は，平成８年４月４日付けで，Ｓタクシーの本件事業年度の所得金額は500億2,742万3,267円であると算定し，Ｓタクシーに対し所得金額を500億2,742万3,267円，納付すべき税額を185億8,272万3,300円とする更正決定処分（以下，「本件更正処分」という。）並びに重加算税3,306万1,000円の賦課課税処分（以下，「本件重加算税賦課処分」という。），過少申告加算税27億7,321万4,000円の賦課課税処分（以下，「本件過少申告加算税賦課処分」という。）をなした。本件更正処分の主たる原因は，上記巨額の有価証券売却損の計上誤りであり，Ｓ不動産が増資を行うに際しＳタクシーがＳ不動産に贈与したと認められる普通株式の額面金額を上回る増資払込金528億9,735万5,000円が，税法上寄附金と認定される点である。

２−２ 判決の要旨

Ｓタクシー事件では，Ｓタクシーは増資払込みにより株式を取得したことが明らかであるから，本件株式が本件増資払込みの「対価」であり，そこに寄附

金が発生する余地はないとしている。この点につき第1審判決では次のように判断した。

> 株式は会社財産に対する割合的持分の性質を有し，株主は会社の純資産を株式保有割合に応じて間接的に保有するものであるから，増資会社が債務超過の場合に，新株を発行しても増資会社の債務超過額を減少させるにとどまるときは，増資払込金は増資会社の純資産を増加させることにはならず，したがって，新株式の価格は理論上は零円となる。そして，平成5年12月9日現在におけるS不動産の資産状況は，帳簿価額で551億4,977万2,749円，時価評価で577億5,202万1,531円の債務超過であり，本件増資によっても債務超過は解消されなかったのであるから，原告の取得した本件株式の理論上の価格は零円というべきである。

そこで，次のように法令38条に法法37条の適用があることを判示した。

> 本件増資払込みによる現実の出捐があったとしても，法37条の解釈，適用上，本件増資払込金の中に寄附金に当たる部分がある場合には，当該部分は法人税法上の評価としては「払い込んだ金額」（法令38条1項1号）に当たらないと解される。本件増資払込金は本件株式を取得するための増資払込金としての外形を有するものであるが，後記のとおり，それが実質上寄附金と判断される以上，原告の行った取引の外形に法人税法上の法的評価が拘束される理由はないから，法人税法上これを「払い込んだ金額」として，本件株式の取得価額に当たると解さなければならないものではない。また，法37条は同法22条3項にいう「別段の定め」に当たるから，商法や企業会計原則上の取扱いにかかわらず適用されるものである。

また，法基通9－1－10の2[2)]の解釈については，以下のように判断している。

TAX CASE ⑦ デッド・エクイティ・スワップ

> 親会社が赤字の子会社に対して増資払込みをすることについては，企業支配，経営支援等の必要性からその事情においてやむを得ない場合があることが考えられることなどから，親会社が債務超過の子会社の増資を引き受け，時価を超える払込みをした場合に，そのような増資払込みにも経済的合理性が認められ，時価と払込金額の差額を企業支配の対価ととらえることができる場合があることを前提として規定されたものと解され，増資会社が債務超過である場合の増資払込みはおよそすべて寄附金となり得ないことを明らかにしたものではないというべきである。したがって，後に検討するような経済取引として十分に首肯し得る合理的理由がある場合はともかく，そうでない以上，右通達を理由に直ちに本件増資払込みが寄附金に当たらないということはできない。

3 私　　見

相互タクシー事件においては，増資に伴う払込金額のうち額面金額を超える部分は実質的な贈与にあたり法法37条の適用があるとしている。この場合実質的な贈与の判定は，Ｓタクシーの取得した本件株式の理論上の価格は０円であるにもかかわらず，１株当たり100万円，総額529億円でこれをすべて引き受けたことが，経済的に不自然・不合理な取引であり，法法132条で否認されるべ

2）　**法基通９－１－10の２は，現在９－１－12となっている。**
　　（増資払込み後における株式の評価損）
　　　９－１－12　株式（出資を含む。以下９－１－12において同じ。）を有している法人が当該株式の発行法人の増資に係る新株を引き受けて払込みをした場合には，仮に当該発行法人が増資の直前において債務超過の状態にあり，かつ，その増資後においてなお債務超過の状態が解消していないとしても，その増資後における当該発行法人の株式については令第68条第２号ロ《上場有価証券等以外の有価証券の評価損の計上ができる場合》に掲げる事実はないものとする。ただし，その増資から相当の期間を経過した後において改めて当該事実が生じたと認められる場合には，この限りでない。

き行為であるからという論法である。

　しかし，この論法は本件一連の行為を前提とした論法であり，後述するDESとの関係上も時価と株式払込金額との差額が直ちに寄附金となるものではないと考える。すなわち，資産状態の悪化した子会社に対する支援策としては金銭の無利息貸付けや増資といった方法が考えられるが，金銭の無利息貸付けでは利息相当分につき寄附金課税の問題が生ずるところから親会社が増資を選択すること自体に経済的合理性がある。この場合，増資をする子会社自体は本件のように債務超過となっていることが多いので，時価0円に対してたとえば額面金額により新株を発行する（もっとも平成13年6月商法改正で額面株式は廃止された。）。この額面金額と時価（0円）との差額は経済的利益の供与ではなく，親会社が子会社の起死回生を願った支援策であり，子会社側は資本取引として有効に成立し，親会社も実際の株式の取得であり，寄附金概念が及ばない取引であると考える。

　また，日本スリーエス事件，相互タクシー事件とも，時価0円の株式に対し税務当局は額面金額までの払込みは是認し，額面金額を超える部分につき寄附金であると主張する。平成13年に商法が改正されるまでは額面株式制度があったとはいえ，そもそも時価0円の株式に対し株式の払込金全額を経済的利益の供与として認定するのであれは一貫性は保たれるが，なぜ額面金額までは払込みが是認されるのかを寄附金課税説では説明できず自己矛盾がある。相互タクシー事件の第2審（納税者敗訴）では，この点につき苦しい判断を示している。すなわち，次のとおり判示した。

> 　確かに，前記認定のように本件増資払込みによっても，相互不動産の債務超過の状況は解消していないのであるから，本件増資払込みによって控訴人が取得した額面普通株式は，理論上無価値であると認められる。したがって，こうした点のみに着目すると，被控訴人としては，本件増資払込金全体（529億円）を寄附金と認定するこも可能であったといえる。

しかしながら、上記額面普通株式（額面50円）は理論上は無価値であるものの、本件増資払込み当時の商法の規定（平成13年法律第79号による改正前の商法202条2項）によれば、額面株式の発行価額はその券面額を下回ることができないと定められていたのであるから、かかる商法の規定を尊重して、被控訴人が、上記額面株式の価値を券面額（額面額）に従って50円であるとして、これに基づき、本件増資払込金のうち発行価額（1株当たり50円）を超える部分（528億9,735万5,000円）のみを寄附金と認定したとしても、不合理であるということはできない。

要するに、当時の額面株式の発行規定という商法を尊重した判断であるが、第1審では上記のとおり、「法37条は同法22条3項にいう「別段の定め」に当たるから、商法や企業会計原則上の取扱いにかかわらず適用されるものである。」と判断した点と齟齬をきたしている。

以上、私見としては株式の取得に係る実際の払込みを否認してこれを寄附金とすべきことには消極的で、これに寄附金課税をすべきであるとすると、税法を改めなければならないものと考える。

なお、繰り返すが、日本スリーエス事件と相互タクシー事件はともにその後の一連の行為が大きく租税回避行為にあたるので、全体として本件を法法132条で否認することはやむを得ないものと考えるのであり、私見は法法37条で全面的にこれを否認することの妥当性を問題としたのである。

4　DES（債務の株式化）
4－1　意　　義
次に本件と関係して、DESの場合における寄附金課税の問題について考える。

DESとは Debt Equity Swap の略で、「債務の株式化」と訳される。すなわち、債権者がその債権を債務者に現物出資することにより、債権の消滅と引き換えに新株式を取得し債権と株式を交換することをいう。この方法は単純な

債権放棄よりも債権回収の可能性を将来に託し，企業再建が成功すれば株式に交換された債権は当初の債権額以上の額のリターンを期待できることから，アメリカでは hope certificate（希望証書）と呼ばれた。欧米ではメイシーズやTWA，ユーロトンネル等で利用された実績がある。なお，本件の日本スリーエス事件，相互タクシー事件はともに厳密な意味でのＤＥＳではなく擬似ＤＥＳ（払込方式）と呼ばれるもので，従来の商法280条ノ8の検査役の調査を回避する方法として考え出された方法で，いったん現金の払込みがありそれに伴い新株を発行し，債権者に新株払込金額をもって債務を弁済する方法である。

　実はこのような債権の現物出資については商法上明文規定はなく，以前は商法の払込相殺禁止規定に抵触する懸念があったが，平成6年7月6日法務省民四第4192号において，会社に対する金銭債権の現物出資による増資登記を認める旨の回答が出て以来実務上その懸念は払拭され，また，平成12年，東京地裁民事第8部（商事部）では，従来「評価額説」として，金銭債権の現物出資の評価は債務者の弁済能力に応じて適正な価額（時価）で評価するものとしていたところ，検査役の調査を迅速に終わらせる手段として増加資本金の額を債権の券面額と認める「券面額説」を容認したため，さらにＤＥＳが行われやすい状況となった。しかし，この「券面額説」については商法学者から強い反論もあり，必ずしも一般に認知されたものではない点は注意すべきである。

4－2　企業会計上の取扱い

　商法における「券面額説」の容認は実は債務者側の問題で，ＤＥＳを容易ならしめる効果があるが，債権者側にとっては取得した株式の評価にあたり曖昧な点を残し，ＤＥＳは不良債権処理の先送りであるとする批判もある。これに対し企業会計は従来何ら取扱いを明らかにしていなかったが，企業会計基準委員会は平成14年10月9日付けで実務対応報告第6号『デッド・エクイティ・スワップの実行時における債権者側の会計処理に関する実務上の取扱い』を公表した。その内容は，債務者が財務的に困難な場合に行われる現物出資によるＤＥＳを対象とし，債権者側の会計処理を定めたもので，ＤＥＳにより取得した

TAX CASE ⑦ デッド・エクイティ・スワップ

株式については，取得株式の取得時の時価が対価として受領額（譲渡金額）となり，消滅した債権の帳簿価額との差額は当期の損益として処理し，当該株式は時価で計上するというものである。なお，この場合，消滅した債権の帳簿価額は，取得原価又は償却原価から貸倒引当金を控除した後の金額をいう。

4－3　税法上の取扱い

　企業会計のＤＥＳに対する実務対応報告第6号は，「金融商品に係る会計基準」及び「金融商品会計に関する実務指針」（日本公認会計士協会）からすると当然の帰結であるが，問題は税法との関係である。

　実務対応報告第6号は，ＤＥＳは債務者が財務的に困難な場合に債務者の再建の一手法として行われており，債権者が取得する債務者の発行した株式の時価は消滅した債権に関する直前の決算期末の帳簿価額を上回らないと想定し，その時価はゼロとして譲渡損益を計算し，その当初計上額もゼロとすることとなると考えられるとしている。すなわち，この場合のＤＥＳは実質的に債権の切り捨てである。いま，債権を100とし取得株式の時価がゼロの場合，債権者の仕訳は，次のとおりとなる。

```
（借）株　　　式　　　 1*    （貸）債　　　権    100
　　　株式評価損　　　99
　　＊　備忘価額として1を付した。
```

　ところで，ＤＥＳの税法上の取扱いであるが，上記の企業会計上の仕訳が起こる場合は，税法上会社更生法の適用がある場合に限定されている。すなわち，**法基通14－3－11**は次のとおり定めている。

> 　更生会社等に対して債権を有する法人（以下この款において「債権法人」という。）が，更生計画の定めるところにより，新たに払込みをしないで当該更生会社等の新株（新法人の株式を含む。）の取得又は出資若しくは基金の拠出（新法人の出資又は基金の拠出を含む。）の引受けをした場合には，その取得又は引受けの時における価額を当該新株又は出資若しくは基金の取得価額とす

147

したがって，会社更生法の適用がある場合以外の一般的DESにおける税法上の取扱いは，平成13年度税制改正による企業組織再編税制の適用を受けることになる。すなわち，現物出資は時価による譲渡を原則とし，一定の要件を満たす適格現物出資についてのみ簿価譲渡が認められることとなったのである。したがって，たとえば親会社が100％子会社に対するDESを行った場合は適格現物出資となり，一定の持分関係がない場合のDESは非適格現物出資となり時価譲渡に伴う寄附金課税の問題が生じる。

　いま，次のような簡単な例を想定する。

事例

　A社はB社に対し貸付金10,000万円を有するが，B社は業績不振でその貸付金の実質価値は4,000万円である。この場合DESによりB社は4,000万円の増資を行った。

適格現物出資	非適格現物出資
B社 　（借）借入金　　10,000 　　　（貸）資本金　　4,000 　　　　　　資本積立金　6,000*	B社 　（借）借入金　　10,000 　　　（貸）資本金　　4,000 　　　　　　債務消滅差益　6,000
A社 　（借）有価証券　10,000** 　　　（貸）貸付金　　10,000	A社 　（借）有価証券　　4,000 　　　　　x　　　　　6,000 　　　（貸）貸付金　　10,000

＊　法２十七ヘ
　　資本積立金＝適格現物出資により移転を受けた資産の現物出資法人の当該移転の直前の帳簿価額から当該適格現物出資により増加した資本の金額を減算した金額

＊＊　法令119①七
　　適格現物出資により交付を受けた被現物出資法人の株式の取得価額＝適格現物出資の直前の移転資産の帳簿価額から移転負債の帳簿価額を減算した金額

TAX CASE ⑦　デッド・エクイティ・スワップ

　適格現物出資の場合は簿価譲渡を認めるものであるから当該現物出資により課税関係は生じないが，問題は非適格現物出資の場合に，現物出資法人であるA社に生ずる債権金額と新株の取得価額との差額Xの性格である。

　アメリカでは1980～90年代にかけてDESが広く利用され，DESは債権の出資とそれに基づく新株発行であるとされている。財務会計基準（FAS）は，あくまで債権の出資は公正価値（時価）に基づく株式の評価を前提とするので，仕訳はわが国の非適格現物出資の場合と同様となる。

```
B　社
（借）借　入　金　10,000　　（貸）資　本　金　4,000
　　　　　　　　　　　　　　　　債務消滅差益　6,000
```

　しかし，この受贈益にあたる債務消滅差益6,000万円が発生しても，この剰余金は取締役会の決議により剰余金の資本組入れを簡単に行うことができ，結果としてアメリカでは時価評価によっても損益を発生させないことができるのである（デラウエア州一般会社法154条）。日本の場合はこれを資本準備金に組み入れることはできない（商288ノ2）。そこで，商法はいわゆる「券面額説」をとることとしたのであるが，税法は現物出資の適格，非適格によりその処理は異なるところであり，商法の処理をそのまま認めるものではない。

　次に，A社のX6,000万円の処理はアメリカでは株式評価損として取り扱われ（FAS 121 para.24(b)），わが国でも上記のとおり企業会計はアメリカの取扱いと同様とした。しかし，税法としては次のとおり見解が分かれる。

```
X ─┬─ 貸倒損失説
   ├─ 寄附金説
   └─ 株式評価損説
```

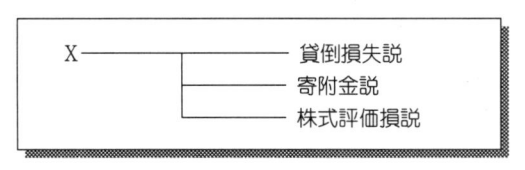

　この差額Xはいま会社更生法以外の場合の私的整理を前提とするから，基本的に法基通9－6－1（金銭債権の全部又は一部の切捨てをした場合の貸倒れ）の各要件を満たす場合を想定していない。したがって，Xが直ちに貸倒損失となる

「貸倒損失説」は妥当ではない。

すると，DESにあたりXを放棄したものと考えれば，税法上は寄附金に該当する。現行制度では法基通9－4－1（子会社等を整理する場合の損失負担等）又は9－4－2（子会社等を再建する場合の無利息貸付け等）に定める合理的な再建計画がない限り，「寄附金説」が有力となる。実際に，平成15年2月28日付けで法人税基本通達の一部改正が行われ，この点については，次のとおり新たに**法基通2－3－14**が新設され，税務当局の姿勢が明らかにされた。

> **〈債権の現物出資により取得した株式の取得価額〉**
> 2－3－14　子会社等に対して債権を有する法人が，合理的な債権計画等の定めるところにより，当該債権を現物出資（法第2条第12号の14《適格現物出資》に規定する適格現物出資を除く。）することにより株式を取得した場合には，その取得した株式の取得価額は，令第119条第1項第8号《有価証券の取得価額》の規定に基づき，当該取得の時における価額となることに留意する。
> （注）　子会社等には，当該法人と資本関係を有する者のほか，取引関係，人的関係，資金関係等において事業関連性を有する者が含まれる。

しかし，私見としては，そもそもDESはX部分の債権放棄を前提とする契約ではなく，法法37条の寄附金の定義にもあたらないと解する。さらに，たとえば差額Xを現物出資の時点で寄附金と認定し損金算入を認めないとすると，将来B社の業績が回復し時価が10,000万円となった時点でA社がこの株式を譲渡したときに取得価額との差額6,000万円が課税対象となり，寄附金として否認された6,000万円と譲渡益の6,000万円が二重課税となる問題が生じる。したがって，差額Xにつき税法上も「株式評価損説」をとり，損金算入を認めることが適当であると考える。

TAX CASE 8

役員退職給与（保険金）
〔法　人　税〕

❦コーエーカメラ事件（納税者敗訴）

神戸地裁平成11年（行ウ）第25号，平成13年2月28日判決，TAINS判例検索→Z888-0584

【内　容】

保険金の性格が個人が受領した場合は所得税法上非課税となる高度障害保険金に該当するとしても，その保険契約が被保険者を代表取締役とし，保険金受取人を法人とする内容であり，かつその保険料が法人によって支払われているときは，その保険金の本来の性格を問わず，あくまで保険金を原資として支払われた金員は，役員退職給与にあたるとした事件

事実関係

(1) 原告K社は，カメラ，フィルム等の小売販売及び写真の現像，焼き付け，引き伸ばし等を目的として昭和52年3月29日に設立された資本金300万円，取締役4名（代表取締役1名を含む。）の有限会社であり，同族会社である。本件係争年度である平成5年2月21日から平成6年2月20日までの第18事業年度における純売上高は1億6,303万624円，経常利益は4,066万7,482円であった。

(2) ところで，原告K社は，昭和54年9月1日，訴外D生命との間に被保険者を当時原告の代表取締役であった前代表者Y，保険金受取人をK社とす

る定期保険契約を締結し（以下，「本件保険契約」という。），K社は本件保険契約に基づきD生命に対し保険料を支払ってきたところ，平成4年7月25日，Yが交通事故にあって重度の障害を負い，植物人間状態となって業務を遂行することが不可能になってしまった。そのため，Yは平成5年4月20日原告の代表取締役を辞任し，以後原告の非常勤の取締役となったが，平成6年2月5日，K社の取締役も完全辞任した。

　原告K社はYの代表取締役辞任に先立ち，平成5年2月15日開催の取締役会でYの退職慰労金1,258万円を3回に分割して支給する旨の決議を行い，Yに対し同年2月20日に500万円，平成6年2月18日に500万円，平成7年2月20日に258万円をそれぞれ支給して，所得税法199条によりその各退職手当等に対する源泉所得税として，平成5年4月5日に10万2,941円，平成6年3月15日に10万2,941円をそれぞれ納付したが，平成7年2月20日の支給分258万円に対する源泉所得税5万3,118円は未納であった。

(3)　この間の平成5年11月12日，Yが重度の障害を負ったことにより，D生命から原告に対し本件保険契約に基づき，「高度障害保険金1億1,031万960円」（以下，「本件保険金」という。）が支払われ，K社は会計処理上これを益金として雑収入勘定に計上したが，平成6年1月21日，Yに対し本件保険金を原資としてその約50％にあたる5,500万円（以下，「本件金員」という。）を支払い，これを「退職金」の支給として経理処理し，平成6年2月期損益計算書にも「販売費及び一般管理費の計算内訳」の欄に「退職金等」として本件金員5,500万円と先に決定済みの退職金500万円の合計額である6,000万円を計上した。

　ただし，後日税務調査の際に本件金員の退職金処理は単なる技術的不注意（担当税理士の誤記）であり，「高度障害見舞金」と訂正した。

(4)　これに対し被告龍野税務署長は，平成9年7月29日，原告に対する税務調査を実施したが，その結果，本件金員は所得税法30条1項に規定する退職手当等に該当すると判断し，退職金総額を6,758万円（先の1,258万円と本件金員5,500万円の合計額）として源泉徴収に係る所得税を計算し，平成9年

12月22日,源泉所得税の額を1,032万422円,納税告知処分の額1,021万7,481円,不納付加算税の額を102万1,000円とする本件各処分を行った。

これを不服としたK社は所定の手続を経て,本訴に及んだ(国税不服審判所長に対し審査請求をしたところ,国税不服審判所長は被告T税務署長のなした本件各処分のうち一部を取り消し,取り消された税額120万3,002円と還付加算金7万3,600円がK社に還付されている。)。

当事者の主張

■ 税務当局の主張 ■

被告龍野税務署長は,次のとおり本件金員は非課税所得である高度障害保険金及び社会通念上相当な見舞金のいずれにも該当せず[1],退職金であって,K

---

1) **所得税基本通達**には以下のとおりの規定がある。
   (身体に損害を受けた者以外の者が支払を受ける傷害保険金等)
   9-20 令第30条第1号の規定により非課税とされる「損害保険契約に基づく保険金及び生命保険契約に基づく給付金で,身体の傷害に基因して支払を受けるもの」は,自己の身体の傷害に基因して支払を受けるものをいうのであるが,その支払を受ける者と身体に傷害を受けた者とが異なる場合であっても,その支払を受ける者がその身体に傷害を受けた者の配偶者若しくは直系血族又は生計を一にするその他の親族であるときは,当該保険金又は給付金についても同号の規定の適用があるものとする。
   (注) いわゆる死亡保険金は,「身体の傷害に基因して支払を受けるもの」には該当しないのであるから留意する。
   (高度障害保険金等)
   9-21 疾病により重度障害の状態になったことなどにより,生命保険契約又は損害保険契約に基づき支払を受けるいわゆる高度障害保険金,高度障害給付金,入院費給付金等(一時金として受け取るもののほか,年金として受け取るものを含む。)は,令第30条第1号に掲げる「身体の傷害に基因して支払を受けるもの」に該当するものとする。
   (葬祭料,香典等)
   9-23 葬祭料,香典又は災害等の見舞金で,その金額がその受贈者の社会的地位,贈与者との関係等に照らし社会通念上相当と認められるものについては,令第30条の規定により課税しないものとする。

社には源泉徴収義務があるから，本件各処分はいずれも適法であると主張する。
(1) 本件保険契約の申込書によると，被保険者を前代表者Y，保険契約者をK社，保険金受取人をK社とする旨の記載があり，保険料をK社が支払い，事故等が発生した場合の保険金はK社が受け取ることとなっている。そうすると，前代表者Yの事故等に基づき，保険会社が支払う保険金の受取人はK社であり，K社は保険金を収益として計上しなければならないのであって（法法22②），実際にK社は本件保険金を雑収入として計上し（平成6年2月期損益計算書），その後，本件保険金の半額である本件金員を前代表者Yに退職金として支給しているのである。もし，本件保険金を前代表者YがD生命から直接受け取ったのであれば，本件保険金は高度障害保険金に該当するが，原告のような法人が受け取った本件保険金は，単に原告の収益でしかなく，法人税法が適用されるのであって，所得税法が適用される余地はない。
(2) 所基通9－23により非課税所得とされる見舞金は，「その金額がその受贈者の社会的地位，贈与者との関係等に照らし社会通念上相当と認められるもの」に限られるところ，本件保険契約の際，前代表者Yが死亡した場合に支給すべき遺族弔慰金の額についての決議（昭和54年取締役会決議）はなされているとしても，障害の場合に見舞金を支払う予定はなかったこと，平成5年取締役会決議により支給することが決定された前代表者Yの当初退職金の額1,258万円の4倍以上にあたる5,500万円という多額なものであることを考えると，本件金員は見舞金として社会通念上相当な金額であるとは認められない。
(3) 本件金員は，所得税法上の非課税所得のいずれにも該当しないから課税所得となり（所法7①一），その性格は退職金で，その所得区分は所法30条1項の退職所得（退職手当等）となる。
(4) K社は，会社が取締役の退職に際して退職金を支払うには役員退職金規程に基づいて支払うべき金額を算出し，その金額を退職者に支給する旨を取締役会決議において承認することが必要であるところ，本件金員の支払

については取締役会決議は一切存在しない旨主張する。しかし，K社は本件金員の支払につき，有限会社法32条，商法269条によって必要とされる社員総会の決議を経ていないようであるが，それは原告内部の手続的な瑕疵にすぎず，その瑕疵は本件金員を支給した決算期の平成6年2月期損益計算書に対する社員総会の承認（有限会社法43）によって治癒されたものというべきである。原告は，退職金であることを自認する金員についても，あらかじめ社員総会の決議を経ていないようであり，本件金員の支払にあたり原告が適正な手続を踏まなかったとしても，そのことが本件金員が退職金以外のものであることの根拠とはならない。

■ 納税者の主張 ■

K社は次のとおり，本件金員の性質は高度障害保険金又は社会通念上相当な見舞金であって非課税所得に該当するからK社は源泉徴収義務を負わず，本件各処分はいずれも違法であると主張する。

(1) 会社が取締役の退職に際して退職金を支払うには，役員退職金規程に基づいて支払うべき金額を算出し，その金額を退職者に支給する旨を取締役会決議において承認することが必要であるところ，原告は平成5年取締役会において，前代表者Yの退職慰労金1,258万円を3回に分割して支給する旨の決議を行っているところ，これ以外の金員を追加退職金として前代表者Yに支払う旨の決議は一切なされていない。すなわち，本件金員の支払については，取締役会決議は一切存在しない。

原告は，D生命からの受取保険金の一部（50％）を前代表者Yに支払うという意思のもとに，すなわち昭和54年取締役会決議に基づいて本件金員の支払をなしたものである。昭和54年取締役会決議では，死亡事故の場合，保険金の50％を被保険者側に支払うものとしていたことから，原告は本件の高度障害保険金の場合も50％を被保険者側に支払うことを予定していた。

(2) 近時，雇用主が保険会社との間で被用者等を被保険者として保険契約を締結する事例が増加しており，万一事故が発生し保険金が支払われた場合，

当該保険金は被保険者である被用者等の福利厚生に充てるべきものであるとの考え方が社会通念となっている。そして，原告の前代表者Yに対する本件金員の支払は，保険金は本来的に被保険者のものであるとの社会通念に沿ったものである。

　近時の裁判例（名古屋地裁昭和62年7月31日判決・判例時報1261号109ページ，青森地裁平成8年4月26日判決・判例時報1571号132ページ，名古屋地裁平成9年5月12日判決・判例時報1611号127ページ等）も，保険金の種類が団体定期保険であるにせよ会社受取の個人保険であるにせよ，他人（被用者等）の生命の保険であるにもかかわらず保険契約者である会社が保険金を受け取ることができるこの種の保険商品の本来の趣旨（被保険者である従業員等の福利厚生）から，会社に生命保険金等が支払われた場合，会社に対しその相当額を被用者等に支払うよう命じているのである。

(3)　本件金員の金額は，災害等の見舞金として社会的に相当な金額である。確かに，5,500万円という金額だけを見れば高額ではあるが，前代表者Yは同族会社で小規模な有限会社である原告の創業者であって，創業以来約16年にわたり代表取締役として経営の根幹に携わってきた者で，原告に多大な貢献をした人物である。本件交通事故当時においても，前代表者Yは原告の単なる代表取締役にとどまるものではなく，原告の事業を一手になしていたものであり，同人なしには原告の事業の存続が困難となるといえる程の地位にあったものである。このような前代表者Yの地位及び原告に対する貢献の程度からすれば，同人に対して原告が保険金額の50％に相当する5,500万円の見舞金を支払っても，社会通念上，過分の金員支払といえないことは明らかである。

TAX CASE ⑧ 役員退職給与

判決の要旨

(1) 本件の争点は，本件金員が所得税法上非課税所得にあたる「高度障害保険金」に該当するかどうか，また社会通念上非課税の見舞金に該当するかどうかということであるから，裁判所はそれぞれにつき，次のように判示した。

① 本件金員は高度障害保険金に該当しない。

> 原告は，原告の前代表者に対する本件金員の支払は，保険金は本来的に被保険者のものであるとの社会通念に沿ったものである旨主張する。しかし，本件保険契約は，前記1のとおり，保険金受取人を原告としているのであり，原告が主張するとおり本件保険金のうちの本件金員は本来的に被保険者のものであるというのであれば，被保険者である前代表者を受取人とする保険契約を締結すべきであり，しかも，そのような方法をとることは容易であることからすると，あえて，そのような内容の契約をしていない以上，本件金員が本来的に前代表者のものであるとまでいうことはできない。

② 本件金員は社会通念上の見舞金にもあたらない。

> 前代表者は，原告の創業者で，昭和52年3月29日の原告設立以来，平成4年7月25日に本件交通事故に遭うまで，代表取締役として実質的に原告の経営に携わり，多大な貢献をしてきたことは，前記第2の1（争いのない事実等）3(1)記載のとおりである。しかし，同じく第2の1記載のとおり，本件金員は，5,500万円という多額なものであること，平成5年取締役会決議において，前代表者に対する退職慰労金として支給するものとされた金額は1,258万円にすぎないこと，原告は本件金員の支払に当たり，「退職金」の支給として経理処理したこと，平成6年2月期損益計算書にも，「販売費及び一般管理費の計算内訳」

の欄に「退職金等」として本件金員5,500万円を含む6,000万円を計上したこと，そして，原告は有限会社で，規模もそれほど大きくない同族会社であることからすれば，本件金員は，葬祭料，香典とともに列挙された災害等に対する見舞金として社会通念上相当なものであるということは到底できない。

(2) 本件金員の性格については，次のように判示し，「退職金」であるものとし，結論として原告Ｋ社の主張は認められなかった。

本件において，前記第2の1（争いのない事実等）記載のとおり，①前代表者は，平成5年4月20日，原告の代表取締役を辞任し，非常勤の取締役となったこと，②原告は，平成6年1月21日，前代表者に対し，本件保険金を原資としてその約50％に当たる額の本件金員を支払ったこと，③原告は本件金員の支払を「退職金」の支給として経理処理したこと（前示のとおり，右経理処理につき，原告は，本件金員支払の約3年後の税務調査の際に龍野税務署員から指摘を受けたこともあって「高度障害見舞金」と訂正したが，本件金員支払当時の経理処理が単なる技術的不注意に基づくものと認めるに足る証拠はない。），④原告の平成6年2月期損益計算書にも「販売費及び一般管理費の計算内訳」の欄に「退職金等」として本件金員5,500万円と平成6年2月18日支給の500万円の合計額である6,000万円を計上したこと，⑤前代表者は，原告の創業者で，昭和52年3月29日の原告設立以来，平成4年7月25日に本件交通事故に遭うまで，代表取締役として実質的に原告の経営に携わり，多大な貢献をしてきたこと，⑥前代表者は，本件交通事故により植物人間状態となって業務を遂行することが不可能になったこと，以上の事実を総合すると，本件金員は，原告が本件保険金を受け取り，退職金の支払原資が新たに生じたことにより，前代表者の原告に対する多大な貢献を踏まえて，平成5年取締役会決議において決定した退職金1,258万

円に追加して退職金として支給されたものであると認められ，これを覆すに足りる証拠はない。

なお，本件金員が支払われた平成6年1月21日の時点では，前代表者は原告の非常勤の取締役であったので，本件金員を役員賞与と解する余地もないではないが，前代表者は平成5年4月20日に代表取締役を辞任して非常勤の取締役となる以前から，その障害の程度から原告の取締役としての業務遂行は不可能であったことからすれば，本件金員は，前代表者が代表取締役であった期間の勤務に対する功労報償的な支払であると考える方が自然というべきである。

解　説

1　大型保険金と役員退職給与のリーディング・ケース

保険金を原資とした退職給与の支払については，当該支払額が法人税法36条に規定する「不相当に高額」であるかどうかが問題となり，しばしば納税者と税務当局の間で争いが起きている。

保険金と役員退職給与の関係が最初に訴訟事件となったのは，(有)いさみ事件[2]で当時は同族会社の行為計算否認事件として取り扱われた。これがいわゆる大型保険金事件として問題になったのが宮沢建設事件[3]で，代表取締役の不慮の事故死により原告が取得した生命保険金9,515万410円を原資に遺族に弔慰金として7,929万1,000円を支払って損金算入としたところ，被告税務署長より3,000万円までは損金算入を認め，その余の4,929万1,000円は過大役員退職給与として損金算入を否認する更正処分であった。

---

2)　大阪地裁・昭和31年12月24日判決，現行法36条は昭和40年の改正により設けられたが，その前身は昭和34年の法人税法施行規則第10条の5である。昭和34年以前は昭和20年の「法人各税の取扱」，昭和25年の基本通達に定められていた。

3)　長野地裁・昭和62年4月16日判決

判決では，以下のようにあくまでその原資にかかわらず役員退職給与の額の適正額は別途判定されるものとした。

> 法人税法36条の趣旨からみて，役員退職給与の損金性は，役員の法人に対する役員としての役務提供による貢献度によって決せられるべきものであるから，退職給与の支給とその原資は切り離して考えるべきであり，その原資が当該役員の死亡を原因として支払われた生命保険金であるからといって，当然に支給額の全部又は一部が相当な額として損金に算入されるべき理由はない。

この宮沢建設事件は，以後大型保険金と役員退職給与の事件に対するリーディング・ケースとなった[4]。

2　本件の問題点

(1)　本件は原資を保険金とするものであるが，役員退職給与の額の妥当性が問題となっているのではなく，保険金を原資とした本件金員の性格が所得税法上非課税となる高度障害保険金又は見舞金であるかどうかが争われている。その点で他の事件と若干性格が異なる。

なお，本件に類似するものに，傷害（火災割増）特約による保険金は，その性質上災害を受けた者である被保険者又はその相続人に帰属すべきものであるとする納税者の主張に対し，被保険者が死亡した場合に支払われる生命保険金は法人が保険金受取人であれば当然に当該法人に帰属するのであり，傷害（災害割増）特約による保険金であるからといって，当然に被保

4）　その後，次のような事件がある。
　① 丸山塗装事件（静岡地裁・昭和63年9月30日判決），保険金2億7,525万1,600円，退職給与2億7,269万1,500円，相当な退職給与額1億3,202万円（税務当局主張）
　② 津軽産業事件（浦和地裁・平成3年9月30日判決），保険金2億円，退職給与9,000万円（災害割増特約），相当な退職給与額1,357万200円（税務当局主張）
　③ 新栄木材事件（高松地裁・平成5年6月29日判決），保険金4,673万2,371円，退職給与3,500万円，相当な退職給与額330万円（税務当局主張）

TAX CASE ⑧ 役員退職給与

険者に帰属すると解すべきいわれはないとした津軽産業事件がある[5]。

ところで本件は、内容的には原告K社の主張に論理性がなく、いったんK社自体も退職給与の処理をしておきながら税務調査において退職給与に係る源泉徴収漏れの指摘があったので、慌てて担当税理士の不注意に基づく誤記として糊塗しただけで、当初から本件金員の支払は退職給与の追加払いとしての認識があったものと推測される。したがって、本来前代表者Yの退職給与は1,258万円であり、その後保険金を原資に5,500万円が加算されたのであるから、合計の6,758万円が原告規模の有限会社の役員退職給与として不相当に高額か否かが他の事件と同様に法人税の観点から問われるべき問題である。この点については今回の事件の資料からは判断できないが、法人税の更正処分がなされていないところからすると金額の妥当性の点はクリアーしているものと思われる。

本件の教訓は、たとえ本件金員の性格が個人が直接取得した場合には高度障害保険金であったとしても、訴外D生命との契約内容によって原告K社が保険料を全額支払っている場合は当該保険金の帰属はあくまで法人にあり、そこには所得税法12条、法人税法11条の実質所得者課税の原則は及

---

5) 浦和地裁・平成3年9月30日判決
6) **法基通9-3-5**は、法人が支払った定期保険に係る保険料の取扱いについて、次のとおり定めている。

(定期保険に係る保険料)

9-3-5 法人が、自己を契約者とし、役員又は使用人(これらの者の親族を含む。)を被保険者とする定期保険(一定期間内における被保険者の死亡を保険事故とする生命保険をいい、傷害特約等の特約が付されているものを含む。以下9-3-7までにおいて同じ。)に加入してその保険料を支払った場合には、その支払った保険料の額(傷害特約等の特約に係る保険料の額を除く。)については、次に掲げる場合の区分に応じ、それぞれ次により取り扱うものとする。

(1) 死亡保険金の受取人が当該法人である場合 その支払った保険料の額は、期間の経過に応じて損金の額に算入する。

(2) 死亡保険金の受取人が被保険者の遺族である場合 その支払った保険料の額は、期間の経過に応じて損金の額に算入する。ただし、役員又は部課長その他特定の使用人(これらの者の親族を含む。)のみを被保険者としている場合には、当該保険料の額は、当該役員又は使用人に対する給与とする。

ばないとするものである[6]）。

ただし，本件において内部で契約書を交わし，保険料の支払をK社と前代表者Yが2分の1ずつ負担し，受け取った保険金は2分の1ずつ分けるものとした場合には，これを税法はいかに処理すべきであるか。本件ではD生命との契約に際し昭和54年取締役会決議で，死亡事故の場合の保険金の50％は被保険者側に支払うものとしていたことから，原告K社は本件の高度障害保険金の場合も50％を被保険者側に支払うことを予定していたと主張している。しかし，この内容では保険料の負担がすべてK社であるからいわゆる実質所得者課税の原則ははたらかなかった。換言すれば，保険料の負担さえ実際にYがその2分の1を負担していれば，Yが受け取るべき金員は実質所得者課税の見地より，非課税の高度障害保険金となっていたものと解する。

なお，原告K社は雇用主が保険会社との間で被用者等を被保険者として保険契約を締結する事例が増加しており，最近の判決例では万一事故が発生し保険金が支払われた場合，当該保険金は被保険者である被用者等の福利厚生に充てるべきものであるとしているところから，原告の前代表者Yに対する本件金員の支払は，保険金は本来的に被保険者のものであるとの社会通念に沿ったものであると主張している。

しかし，原告が引用した事件は，たとえば青森地裁・平成8年4月26日判決の東映視覚事件は，会社が従業員を被保険者として保険会社との間で保険契約を締結するに際し，会社と従業員との間で，会社は当該従業員が入院等をした際には保険会社から支給される入院給付金を見舞金として当該従業員に支払い，死亡した際には保険会社から支給される死亡保険金の中から遺族に対し社会通念上相当な金額の死亡退職金及び弔慰金を支払う旨の契約が締結されたとして，その契約に基づく遺族の請求を容認した事件である。すなわち，会社が保険契約者兼保険金受取人となり，従業員を被保険者とする保険契約につき，会社の保険金の丸取りを認めることは不当であるとの社会的非難が背景にある事件で，ここでは単に会社が受領し

た保険金の一部を被保険者の遺族に支払うことを認めたにすぎず，直ちにこれらの事件により課税上，本件金員の性格が左右されるものではない。

(2) 次に，本件の原告の主張に，本件金員の支払が有限会社法32条によって必要とされる社員総会の決議を経ていないので，本件金員は退職給与にはあたらないとするものがある。本書【TAX CASE 12】のイースター事件に関連した問題を逆手にとった主張である。この点につき判決では前述のとおり直接判断をせず，事実認定に基づき被告主張のとおり法的手続の瑕疵いかんにかかわらず，その経済的利益の取得者に課税する実質面を支持している。

ただし，これもケース・バイ・ケースで関連したものに駒興産事件がある[7]。この事件は，不動産販売及び仲介業を営む原告（同族会社）が税務調査の際に係官の調査を拒否し帳簿書類等を提示しなかった件につき，法人税法127条の青色申告承認の取消事由にあたるかどうかが争点となった事件で，同時に約40年間取締役であったNに対する退職給与1,500万円の損金算入時期が争われた。事実認定によると取締役を退任したNは直ちに監査役となり報酬の減額もないところから，そもそも退職の事実が否定されたものであるが，係争年度の昭和58事業年度における取締役に対する退職給与については，定款にその額の定めがなく，同年度中に退職給与の支給に関して株主総会又はその委任を受けた取締役会の決議もないことから，同年度において退職給与を損金計上することは許されないとした。また，翌59事業年度においても法人税法上退職した役員に対して支給する退職給与の額のうち当該事業年度において損金経理をしなかった金額は損金の額に算入しないこととされている（法法36）から，当該事業年度において損金経理をしない限り翌59事業年度の損金の額に算入することはできないとした。すなわち，駒興産事件は形式的に株主総会の決議の有無が理由となった事件である。

---

[7] 名古屋地裁・平成6年1月31日判決，名古屋高裁・平成6年10月26日判決

3 合理的な理由による退職給与の増額と不相当に高額な部分の判定

(1) 【TAX CASE 12】のイースター事件は,会社の支配交替に際し経営不振を招いた前代表取締役に退職給与を支給しないことは公序良俗に反しないとしたものであるが,逆に最近の企業再編において会社の支配交替に際し取締役の勇退を促す観点から,退職金の増額支給を行う場合がある。たとえば社内の役員退職給与規程によれば6,000万円が相当なところ,円滑な新事業体制移行のために1億円の退職給与を役員に支給するケースである。

現行の法法36条,法令72条の規定によると,不相当に高額な部分の判定は,当該役員の退職の事情が考慮されるが,もっぱら同業他社比較基準による検証にプライオリティーがあり,M&Aにおけるいわば立退料的な退職給与の増額は,不相当に高額な部分と判定され,6,000万円を超える4,000万円は損金不算入ということになるのが通説的な見解であろう。

しかし,私見としてはあくまで増額した4,000万円部分は,それが円滑なM&Aに対し正当な評価額である限りその支出の有効性を認め,会社にとっては合理的な支出として損金算入を認めるべきであると考える。したがって,このような点に柔軟に対処すべく法整備が行われることを期待する。

たとえば,M&A先進国のアメリカではわが国のような退職金制度はないが,M&Aに際し「ゴールデン・パラシュート」といって巨額の特恵的退任手当が支払われることがある。これについては税法上損金算入に関する形式基準が定められており,ゴールデン・パラシュートが当該退職役員の過去5年間平均年額報酬の3倍以上である場合には,その3倍を超える部分は不相当に高額であるとして法人では損金不算入となる。また,受け取った個人ではその超過部分に対し通常の所得税の他に税率20%のEXCISE TAXが課税される。私見としてはこのようなアメリカのゴールデン・パラシュートに対する税制は1つのケースとして検討の価値があると考えている[8]。

(2) 次に本件コーエーカメラ事件は保険金を原資とした退職給与に関する事件であるが、ここでは具体的に役員退職給与の相当額が争われていないが、これも画一的に法法36条、法令72条を従来どおり適用するのではなく、たとえば保険金に加入することに伴って社内の退職給与規程においてその受けるべき退職給与の額を定めている等の措置があれば（たとえば死亡の際の生命保険金の50％は被保険者の退職給与に充当するといった内容のもの。）、税法もこれを相当額として認めるといったような対応が必要であると考える。

いずれにしても、業績連動型報酬の導入に伴い、役員給与に対する課税は全面的な見直しが必要であると考える[9]。

---

8) 拙稿「ゴールデン・パラシュートと役員退職給与課税」（『産業経理』（財）産業経理協会・Vol.62. No.1. 2002, 27～34ページ）
9) 拙稿「アメリカにおける役員報酬の税務評価」（『総合政策論集』東北文化学園大学総合政策学部紀要、第1巻第2号2002年3月、17～37ページ）

TAX CASE 9

海外の子への生前贈与
〔相　続　税〕

❀皆川事件（納税者逆転敗訴）

第1審：東京地裁平成13年（行ウ）第231号，平成14年4月18日判決，
　　　　TAINS判例検索→Z888－0619
第2審：東京高裁平成14年（行コ）第142号，平成14年9月18日判決，
　　　　TAINS判例検索→Z888－0645

【内　容】
　アメリカ合衆国国籍を有し同国に住所を定める相続人に対し，被相続人が外国為替により電信送金した金員が，日本国内にある財産権の取得であるとして相続税法19条（相続開始前3年以内に贈与があった場合の相続税額）の規定により相続税の課税価格に加算されるか否かが争われた事件

　第1審では納税者の主張を認めたが，第2審では逆転判決がだされ，証拠に照らすと事前に贈与契約が成立したとみるべき事実関係が認められるとし，本件送金に先だって被相続人と相続人との間で，本件送金の原資にあたる邦貨による金額に相当する金銭につき贈与契約が成立し，その履行のために本件送金手続がとられたとみることができ，相続人は贈与契約締結時に日本国内に有していた金銭の贈与を受けたものとされた。

事実関係

(1) 本件は，平成9年9月9日に死亡したMに係る相続税に関し，平成11年7月9日，Mの子である納税者S（原告，被控訴人）とPが，アメリカ在住のPがMから送金を受けた金員を相続税の課税価格に算入して申告したのは誤りであった旨の更正の請求をしたところ，立川税務署長（被告，控訴人）が平成11年8月27日，更正をすべき理由がない旨の通知処分をしたため，Sにおいてこれの取り消しを求めた事件である。

(2) Mは平成8年12月3日，遺言公正証書（以下，「当初遺言」という。）を作成した。その内容の概略は，Mが所有する不動産，預金，有価証券の全部をSに，現金及び上記不動産，預金，有価証券以外の財産をSとP（同公正証書には「OM」（日本名）と表記）に各2分の1ずつ相続させ，その結果Pの相続する財産が相続財産全体の4分の1を下回る場合には，その不足額をSが支払うことというものであり，当該遺言執行者として本件訴訟代理人が指定されていた。

(3) MはPに対し，平成9年2月4日，北海道拓殖銀行国分寺支店（現在は中央三井信託銀行国分寺支店，以下，「拓銀」という。）から1,000万円をアメリカ合衆国の「WACHOVIA BANK OF GEORGIA EAST MARIETTA BRANCH（以下，「ワコービア銀行」という。）」のP名義の預金口座に電信送金した。

MはPに対し，平成9年2月5日，第一勧業銀行国分寺支店（現在はみずほ銀行国分寺支店，以下，「第一勧銀」という。）から，送金日を同月7日として，1,017万5,275円をワコービア銀行のP名義の預金口座に電信送金した（前記の送金とを併せて，以下，「本件各送金」という。）。

(4) Pは，昭和61年3月19日，アメリカ合衆国の国籍を取得したため日本国籍を喪失した。Pは，昭和61年以前から現在に至るまで日本国内に住所を有したことはなく，Mから本件各送金を受けた当時アメリカ合衆国ジョージア州に居住していた。

TAX CASE ⑨ 海外の子への生前贈与

Mは，平成8年1月から平成9年9月9日までの間に，次のとおり拓銀及び第一勧銀からワコービア銀行のP名義の預金口座に電信送金した。

①	平成8年5月30日	宿泊料として54万6,250円
②	平成8年6月27日	旅行費として55万2,250円
③	平成8年7月17日	仕送りとして11万 350円
④	平成8年10月23日	生活費として11万3,400円
⑤	平成8年11月19日	仕送りとして11万2,450円
⑥	平成8年12月24日	仕送りとして11万5,350円
⑦	平成9年1月21日	仕送りとして11万9,150円
⑧	平成9年2月18日	仕送りとして75万3,000円
⑨	平成9年8月15日	仕送りとして71万2,200円
		合計 313万4,400円

(5) Mは，平成9年2月5日に遺言の一部取り消し・変更の公正証書（以下，「変更遺言」という。）を作成した。変更遺言には，「第参条（付記）この遺言の変更は，すでに長女OM（筆者注：Pのこと）には生計の資本として，相当額の生前贈与をなしたこと，その他諸般の事情を考慮してなすものであるから，OMもこの内容に異議をとなえることなく，この遺言に従うことを強く希望する。」と記載されていた。

(6) Mは，平成9年9月9日に死亡したが，相続税の申告においてPへの本件各送金に係る金員をMからの贈与により取得したものとして相続税法19条の規定により相続税の課税価格に加算して，相続人は納付すべき相続税額を2億6,245万5,800円として申告したが，本件各送金に係る金員を相続税の課税価格に加算して申告したことは誤りであったとして更正の請求を求めたのであった。

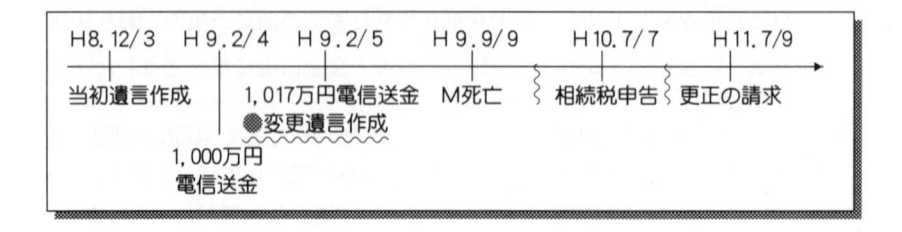

```
H8.12/3      H9.2/4   H9.2/5      H9.9/9      H10.7/7     H11.7/9
当初遺言作成   1,017万円電信送金   M死亡      相続税申告   更正の請求
             ●変更遺言作成
       1,000万円
       電信送金
```

当事者の主張

■ 税務当局の主張 ■

(1) 本件の争点は，相続又は遺贈により財産を取得した者がその相続開始前3年以内に当該相続に係る被相続人から贈与により財産を取得したことがある場合，その者が日本に住所を有しないときは，日本国内にある財産を取得した場合にのみ当該贈与により取得した財産の価額を相続税の課税価格に加算することができるとされていることから，本件でPが日本国内にある財産を取得したといえるかどうかである。そこで，税務当局は，次のとおり主張した。

(2) Pの取得した財産は，Mが日本国内に有していた現金であり，贈与契約成立時において日本国内に所在した財産として相続税の課税価格に加算すべきものである。

すなわち，本件各送金に係る金員は，平成9年2月4日及び同月5日にPに対する海外電信送金の依頼がなされたものであるが，前記変更遺言は同月5日の作成に係るもので「この遺言の変更は，すでに長女OMには生計の資本として，相当額の生前贈与をなした」との記載があり，当初遺言が作成されてから平成9年2月5日に至るまでの間に本件金員以外にMからPに対して「相当額の生前贈与」がなされた形跡が特段見受けられないことからすると，変更遺言にいう「相当額の生前贈与」とは本件金員を指すものというべきである。

そうすると，MとPとの間における本件金員の贈与契約は現金の贈与契

約であり，変更遺言がされた平成9年2月5日以前に成立していたものであって，Mは上記贈与契約に基づいて同人が日本国内で所持していた邦貨を外貨と交換し，拓銀又は第一勧銀から外国為替による電信送金によってPに送金したものと認められる。

ところで，相続税法上財産の所在の判定は，贈与により取得した時の現況によるとされているところ，「贈与により取得した時」とは民法の贈与契約の規定により，贈与契約成立の時と解すべきところ，本件贈与契約成立の時は平成9年2月5日以前と思料され，その当時の本件金員の現況は日本国内にある現金である。したがって，Pが贈与により取得した財産は日本国内に所在する財産であり，相続税法の施行地に所在する財産ということになる。

(3) Pが取得したのは預金払戻請求権ではなく本件金員であり，これを贈与により取得した時は贈与契約成立の時で，電信送金はその履行の問題にすぎないのであるから，電信送金の法的性質いかんによって「財産を取得した時」の解釈が変わるものではない。書面によらない贈与であっても贈与契約である以上財産を取得するのはあくまでも契約時であって，その後履行が終了すればもはや取り消しができなくなるというにすぎない。書面によらない贈与の課税時期については，相基通1・1の2共-7では，その履行の時とされているが，これは納税者の担税力を考慮して履行が完了した時を課税時期として取り扱っているもので，財産の所在の判定にまで用いられるべきものではない。

■■ 納税者の主張 ■■

(1) 本件各送金は，外国為替による電信送金の方法によるものであるところ，電信送金においては，送金依頼人と電信送金契約を締結した送金取組銀行（仕向銀行）は支払銀行に対して指図を行うが，支払銀行はこれに応じて直ちに受取人に支払をするものではなく，その指図が真正であること，支払資金の決済が確実であること等を確認し，受取人に支払う場合又は支払銀

行における受取人の預金口座に入金する場合のいずれにおいても，支払の停止などがないか，支払を請求した受取人は正当な受取人であるかなどを確認した後に支払に応じ又は口座への入金手続を行う。

したがって，受取人が電信送金に係る金員を取得するのは，支払銀行における受取人の預金口座に入金する場合は，当該入金手続の完了時であり，そうでない場合は受取人が支払銀行に支払を請求し実際に支払がされた時である。そして，電信送金は送金された金員が受取人に支払われ，又は支払銀行の受取人名義の預金口座に入金されるまでは，送金人は仕向銀行を通じて支払銀行に対し支払を停止するよう指示できるとされていることからすると，贈与の履行が電信送金によりされた場合の履行の終了は，支払銀行が受取人の預金口座に金員を入金したとき又は支払銀行から受取人に金員が支払われたときである。

以上からすると，Pが本件各送金により取得した財産は支払銀行に対する預金払戻請求権であり本邦に所在する財産ではないから，相続税の課税価格に加算されるべきではない。

(2) 税務当局は，Pは贈与契約成立時に本邦に所在する現金を取得した旨主張するが，MとPとの間に本件各送金とは別に贈与契約が締結されたことはなく，本件における贈与はいわゆる現実贈与[1]であり，Mがその意思により一方的にPに送金したものである。したがって，本件各送金が現実に行われる前に本邦に所在するM所有の現金を取得したとみる余地はない。

また，仮に本件各送金前にMとPとの間で贈与契約がされていたとしても，金銭の所有権は原則として占有の移転に従って移転するものであり，現実の占有を有しないPが本邦に所在する現金を取得することはできないし，Mも拓銀又は第一勧銀に対して預金払戻請求権を有していたにすぎず，当該預金に相当する現金を所有していたわけではない。

---

[1]「現実贈与」とは，あらかじめ贈与契約が存在するのではなく，いきなり物の引渡しあるいは権利の移転を伴う無償性の合意をすることをいう。

TAX CASE ⑨ 海外の子への生前贈与

判決の要旨

1 第1審の判断（納税者勝訴）

　Pはアメリカ合衆国国籍を取得しアメリカに居住する制限納税義務者であるから，PがMからの贈与によって得た財産が取得した時点において本邦に所在するものであった場合に限り，Pは相続税法1条の2の定める納税義務を負う。

　そこで，第1審では，はじめに本件各送金の性格は，外国為替による海外送金の性質上，Pは仕向銀行に対する支払請求権を有するにすぎず，送金の対象となっている金員について直接所有権を取得するものではないとし，MからPに対し本邦に所在する現金が贈与されたといえるのは，本件各送金以前にMとPとの間で本件各送金の原資に当たる邦貨に関する贈与契約が成立していたかどうかがポイントであるとする。そこで，次のとおり判示した。

　　本件各送金以前にMとPとの間の贈与契約に関する書面は残されていないから，本件各送金以前に，MとPとの間で贈与契約が成立していたとすれば，それは口頭によるものであったことになるが，被告は，MとPとの間の贈与契約は，平成9年2月5日以前に成立していたものと思料される旨主張するのみであって，それを裏付ける立証は何らできていない〔なお，遺言（一部取消・変更）公正証書中には，その作成日である平成9年2月5日以前にMがPに対し相当額の生前贈与をした旨の記載があるが，本件各送金が同証書の作成前にされていること，及び同証書がMの一方的意思によって作成されたものであることに照らすと，上記記載から贈与契約自体の存在を推認することはできない。また，本件各送金は，その金額が高額であることからして，仮にこれが親族以外の者との間でされたものならば，事前に黙示的にせよ何らかの合意があったものと推認できないでもないが，本件のように親子間における財産分けのためにされたものであり，しかも子が外国に定住して外国籍まで取得している場合には，何らの話合いもなく

親が子に対して一方的に送金することも不自然とはいい難く，上記のような推認が働く余地はないし，送金が2日に分けられているものの，互いに近接していることからして，2度目の送金のみに事前の合意を推認する余地もない。〕。

そうすると，前述のとおり，本件において，本件各送金に係る金員が相続税の課税価格に加算されるためには，MとPとの間で本件各送金に係る贈与契約が本件各送金以前に成立していたことが必要であり，本件各送金以前の贈与契約の成立は，相続税の課税根拠事実に当たるというべきである。したがって，この点に関する主張立証責任は被告が負担すると解すべきところ，前述のとおり，被告は自己の主張を裏付ける立証ができていないのであるから，本件各送金の手段である外国為替による電信送金の法律構成いかんにかかわらず，PがMから本件各送金により本邦に所在する財産を取得したものと認めることはできないというべきである。

すなわち，PがMから贈与を受けた財産は，取得した時点においてわが国に所在する財産であったとは認められず，相続税法19条により相続税の課税価格に加算されるべきものではないことになり，S及びPがした更正の請求には理由があるというべきであるから，これを更正すべき理由がないとした本件通知処分は違法なものであって取り消されるべきであるとした。

2 第2審の判断（納税者逆転敗訴）

(1) 第2審の東京高裁は，逆転納税者敗訴の判決を下した。

まずはじめに，納税者はMの拓銀及び第一勧銀に有する預金もあくまで預金払戻請求権で，現金を所有していたわけではないと主張するが，この点につき金銭贈与の本質を，次のように説示した。

一定の金額を表示してされる金銭の贈与は，贈与者の所持する現金

TAX CASE ⑨ 海外の子への生前贈与

について所有権を観念しその所有権を受贈者に移転するというものではなく，その特定の金額に相当する経済的価値を金銭をもって受贈者に取得させることをその本体とするものである。そして，贈与は契約であるから意思表示により成立し，贈与者の上記内容の意思表示とこれに対する受贈者の受諾の意思表示がされて意思表示の合致をみればここに贈与契約は成立し，受贈者は贈与者に対しその契約に基づき特定の金額に相当する経済的価値を金銭によって取得し得べき請求権を取得することになる。

そこで，本件の場合，Pはわが国に居住していなかったため現金が直接Pに交付されることはなく，外国為替による海外電信送金がされたが，Pが贈与によりわが国に所在する財産を取得したといえるのは，本件各送金の前に先だってMとPとの間で本件各送金の額に相当する金銭に関し贈与契約が成立した場合，換言すれば本件各送金手続がとられたのはその履行のためであると認められる場合でなければならないとした。この点についての認識は第1審も同様である。

(2) 次に，贈与契約の成立の有無について，第1審とは全く反対に，仮に本件各送金がMからの一方的な送金であったとしても，Pが受領を拒否したとの事実がうかがわれない本件においては，贈与契約が存在すること自体は否定できないし，また，その辺りの事情についてはPを尋問すれば直ちに明らかになると考えられるのであるが，SはPの証人申請をしようとせず，陳述書の提出もないことから，次のとおり判示した。

　　Pがアメリカ合衆国で生活しているとはいえ，親子の間であればこそ連絡を取るのは簡単で，電話でひとこと送金の趣旨と金額を伝えれば足りること，本件各送金は1,000万円及び1,017万5,275円と高額であり，相続に関連する重要な問題であるから事前に何の説明もなしにいきなり送金されるということは考えにくいこと，平成9年2月5日

175

作成の変更遺言には「この遺言の変更は、すでに長女OMには生計の資本として、相当額の生前贈与をなした」との記載があり、変更遺言が作成された平成9年2月5日に至るまでの間に本件各送金に係る金員以外にMからPに対して「相当額の生前贈与」がされた形跡が特段見受けられず（送金状況は前提事実(6)記載（筆者注：本書では事実関係(4)）のとおりであり、宿泊料、旅行費、生活費、仕送りであり、これらも贈与とみる余地はあるとしても、遺言を変更する契機となるほど高額なものではなく「相当額の生前贈与」というには当たらない。）、変更遺言にいう「相当額の生前贈与」とは本件各送金に係る金員の贈与を指すものとみることができること等からすると、本件各送金に先だってMからPに対し電話その他の方法により本件各送金をすることを連絡するとともに贈与であることの説明をしたとみるのが自然であり、一方、Pにおいて異存のあろうはずもなく謝意を表したことも十分あり得るところである。したがって、両者間に各送金額の金銭について贈与契約が成立したと考えるのが合理的である。

(3) さらに、納税者は電信送金の法的性質に基づいた贈与の時期を争うが、この点については、次のように判示した。

　　電信送金の法的性質いかんによって「財産を取得した時」の解釈が変わるものではない。すなわち、被控訴人はPが取得するのは支払銀行に対する預金払戻請求権であると主張するが、これは贈与契約の履行過程における別個の法律関係から生ずるものであって、贈与契約によりPがどのような権利をいつ取得したかという見地からすれば上記のような被控訴人の立論を是認するのは困難である。以上のとおりであるから、本件贈与によってPが取得した財産については、相続税法10条が相続、遺贈又は贈与に因り取得した時の現況によると規定している財産取得時とは、契約締結時をいうものと解すべきであり、仮に

そうでなくても日本国内の前記各銀行において電信送金による送金手続を了した時ということができる。そうすると，いずれにしてもＰは本邦に所在した財産を取得したというべきである。

解　説

1　相続税・贈与税の制限納税義務者

(1)　相続とは，原則として死亡した者（被相続人）の生前にもっていた財産上の権利義務を他の者（相続人）が包括的に承継することをいい，相続の中心は「物」としての相続財産である。ただし，被相続人の財産上の地位を包括的に承継するのは相続人であり，相続人は自然人であることから，「人」としての身分上の諸問題も相続において当然重要となる。

ところで，相続税に関しこの「物」と「人」との関係はどのようになるかというと，わが国の課税権はわが国だけに及ぶものであり，わが国に住所を有する者（「人」）は人的にわが国の課税権に服する。しかし，わが国に住所を有さないがわが国に財産（「物」）がある場合は，その限りにおいていわば物的にその財産にわが国の課税権が及ぶことになる。この考え方から，相続税及び贈与税において，次のとおり，無制限納税義務者と制限納税義務者の取扱いが定められている。

(2)　相続税法では，相続又は遺贈（贈与者の死亡により効力を生ずる贈与を含む。）により財産を取得した個人で，その財産を取得した時において日本国内に住所を有している者については，その相続又は遺贈により取得した財産のすべてに対し相続税を納める義務がある（相法1一，2①）。すなわち，わが国に住所を有している「人」に着目し，その人が相続によりわが国にある財産はもちろんのこと，全世界財産に対してまでもわが国の相続税法が適用されるので，当該「人」を相続税の「無制限納税義務者」という。

同様に，贈与税は相続税の補完税であるが，贈与（贈与者の死亡により効

力を生ずる贈与を除く。）により財産を取得した個人で，その財産を取得した時において日本国内に住所を有している者については，その贈与により取得した財産のすべてに対し贈与税を納める義務がある（相法1の2一，2の2①）。したがって，当該「人」は贈与税の「無制限納税義務者」となる。

(3) 一方，相続又は遺贈により財産を取得した個人でその財産を取得した時において日本国内に住所を有していない者については，その相続又は遺贈により取得した財産のうちわが国にある財産のみに対して相続税の納税義務を負う（相法1二，2②）。すなわち，今度はわが国にある財産「物」に着目し，その「物」についてはわが国の相続税法が適用されることととした。したがって，人に対する相続税の納税義務は制限を受けるので，当該「人」を相続税の「制限納税義務者」という。贈与税についても同様である（相法1の2二，2の2②）。

本件はアメリカ国籍をもちアメリカに住所を有するPへの送金が問題となっているが，P自身が相続税・贈与税の制限納税義務者であることに争いはない。

本件はさらに相続開始前3年以内に贈与があった場合の相続が問題となっているが，この点についても法は，上記「無制限納税義務者」と「制限税義務者」の別に規定を整備している（相法19）。

(4) なお，相続税法10条は，財産の所在について，動産若しくは不動産又は不動産の上に存する権利についてはその所在により判定し（相法10①一），その財産の所在の判定は当該財産を相続，遺贈又は贈与に因り取得した時の現況によると規定している（相法10④）。

本件は電信送金された金員が問題となっているが，たとえば預貯金の所在については，「金融機関に対する預金，貯金，積金又は寄託金で政令で定めるものについては，その預金，貯金，積金又は寄託金の受入をした営業所又は事業所の所在」（相法10①四）により判断するが，本件は被相続人Mの預金口座がアメリカにあるわけではなく，相続人Pの預金口座への送金が問題となっているので，単純な問題ではない。

なお，平成12年の改正で**相続税の納税義務者の特例規定**が創設され，相続又は遺贈により国外にある財産を取得した個人で，その財産を取得した時において「国内に住所を有しない者のうち日本国籍を有する者」（その者又はその相続等に係る被相続人がその相続の開始前5年以内に国内に住所を有したことがある場合に限る。）は，相続税を納める義務があるものとされた（旧措法69）。これは贈与税についても同様である。この制度の創設の趣旨は『**平成12年度　改正税法のすべて**』によると，次のような問題点の克服にあると説明されている。

> 経済のグローバル化・ボーダーレス化等に伴い，国境を超えた「人」や「財産」の移転が活発化している中で，このような制度（筆者注：従来の「住所」を基点とした課税の考え方）のままでは課税の公平を確保し難い状況となってきました。また現に，我が国と外国との間での相続税・贈与税の課税方法や課税対象等の違いを利用し，たとえば，イ．相続発生の直前に財産を国外に移転し，国外に住所を有する子供に相続させる，ロ．子供が国外に住所を移した直後に国外へ財産を移転し，その国外財産をその子供へ贈与することによって，我が国の相続税や贈与税の負担を回避し，更には，いずれの国の負担も免れるという節税方法が一般に紹介され，税制に対する信頼を損ねかねない状況も生じていました。[2]

実は本件第1審において判決ではこの旧租税特別措置法69条の創設は，従前の相続税法に立法上の不備があったことを意味し，少なくとも本条の創設により日本国籍を有する者については，租税回避行為を防止することができるようになったとし，このような規定が存しない以上，またＰはアメリカ国籍を有する以上，本件送金についてわが国で課税されないことはやむを得ないものという考え方に立っている。

なお，平成15年度税制改正により，この特例は租税特別措置法から相続税法本法に移った（相法1の3②，1の4②）。

---

[2] 『平成12年度　改正税法のすべて』（(財) 大蔵財務協会）372ページ

2　書面によらざる贈与

(1)　贈与とは，当事者の一方が自己の財産を無償で相手方に与える意思を示し，相手方もそれを受諾することによって成立する契約である（民549）。贈与契約の法的な性質は，特殊な形態の贈与である定期贈与（民552），負担付贈与（民553），死因贈与（民554）を除き，諾成（契約当事者の合意だけで成立する契約）・片務（当事者の一方が対価的債務を負担しない契約）・無償（対価的給付をしない契約）・不要式（一定の方式に従わなくとも不成立又は無効とならない契約）の契約であり，契約自由の尊重を基調とした全く自由な契約がとられる。したがって，必然的に第三者間で行われるよりも，親子間を中心とした親族間で行われるのがほとんどである。

(2)　ところで，上記のとおり贈与契約は不要式契約であるから，書面による贈与を必要とせず，書面によらない贈与すなわち口頭による贈与も法的に有効である。民法はこの点につき550条に，「書面ニ依ラサル贈与ハ各当事者之ヲ取消スコトヲ得但履行ノ終ハリタル部分ニ付テハ此限ニ在ラス」と定め，書面によらない贈与の拘束力をゆるめ，軽率な贈与があればいつでも贈与者が撤回できることとした。なお，履行が終わったものについては贈与者の意思は完結されたのであるからその撤回はできないことになる。

次に税法の観点から贈与をみれば，贈与が"いつ"あったかというその時期の確定がまず問題となる。すなわち，贈与税の納税義務の発生時期，財産評価の時期，申告の時期等が不明確であれば課税関係が整理できないからである。そこで，**相続税基本通達**では，次のとおりこの点を明らかにしている。

> **（財産取得の時期の原則）**
> 1・1の2共－7　相続若しくは遺贈又は贈与による財産取得の時期は，次に掲げる場合の区分に応じ，それぞれ次によるものとする。
> (1)　相続又は遺贈の場合　相続の開始の時（失そうの宣告を相続開始原因とする相続については，民法（明治29年法律第89号）第31条に規定する期間満了の時又は危難の去りたる時）
> (2)　贈与の場合　書面によるものについてはその契約の効力の発生した時，書面によらないものについてはその履行の時

また，財産取得の時期の特例として，次の通達がある。

> **（財産取得の時期の特例）**
> 1・1の2共－10　所有権等の移転の登記又は登録の目的となる財産について1・1の2共－7の(2)の取扱いにより贈与の時期を判定する場合において，その贈与の時期が明確でないときは，特に反証のない限りその登記又は登録があった時に贈与があったものとして取り扱うものとする。ただし，鉱業権の贈与については，鉱業原簿に登録した日に贈与があったものとして取り扱うものとする。

(3)　上記通達では，贈与税は受贈者に課税される関係上，書面によるものについては，その契約の効力の発生時とし，書面によらないものについては民法上いつでも贈与者による贈与の撤回が可能なところから，受贈者の地位の不確実性が考慮され，履行のあった時に納税義務を負うものとしている。これら通達の取扱いについては，現在では十分合理性があるものとして判例においても支持されている（たとえば，那覇地裁・平成7年9月27日判決）。

しかし，過去の判決では，書面によらない贈与についても，課税権者にとって申告ないし登記等がなければ贈与の事実を了知することが困難であるとしても，それは書面による贈与の場合も同じであり，課税関係に至るべき事実の了知は贈与税のみに特有のこととはいえないとして，民法の一般理論に従って，贈与による財産の取得の時とは，贈与契約（意思表示の合致）が成立した時であるとした山内事件[3]もある。しかし，この山内事件第1審は例外的判決で，第2審においては，不動産の所有権移転登記がされる日に贈与する旨の契約であったとしても，登記原因の日付けではなく，登記がされた日に贈与税の納税義務が成立したものとして逆転判決がでている。そこで，私見としては，課税の問題としては課税の除斥期間との関係上，贈与契約だけを成立させその履行や登記等を遅らせることで不当に

---

3) 第1審：京都地裁・昭和52年12月16日判決，第2審：大阪高裁・昭和54年7月19日判決，第3審：最高裁・昭和56年6月26日判決

課税を免れることも十分考えられ，書面によらない贈与はもとより書面による贈与の場合も単純に贈与契約の成立が直ちに課税適状となる贈与による取得にはならないものと考える。この意味で相基通1・1の2共－10の特例は，一定の意義があり，むしろ贈与契約一般について贈与財産の実際の引渡しや登記等が行われたことをもって，取得の時点を判断すべきである。

　この点に関し，実際に親から子への不動産贈与につき，贈与契約公正証書を作成し，その8年後に所有権移転登記を行った加藤事件[4]がある。判決では当該不動産の使用状況や管理状況，当事者間の贈与の動機等を総合勘案し，当該公正証書は単に租税回避を目的として作成された仮装の行為であるとする税務当局の主張を支持し，租税法上，当該公正証書の有効性を否認し，本件は書面による贈与がなされたものではなく，書面によらない贈与であり，したがって，当該不動産の所有権移転登記が行われたときに当該不動産を贈与により取得したものであると判断した。細部の点については，事実認定においてかなり問題を含んだ判決であり，公正証書の作成後，納税者は当該不動産を単独で使用し，引渡しも完了しているのに，その公正証書の証明力による贈与契約の成立を事実認定の作業で否認することは租税正義の確保という使命があったとしてもなかなか苦しい判断であるといわざるを得ない。したがって，上記のとおり，書面の有無にかかわらない課税上の原則を明定する必要があると考える。

3　本件の問題点

(1)　本件はすでにみたとおり，相続税・贈与税の制限納税義務者であるPがその親である日本在住のMの相続開始7か月前に送金された本件金員が，相続開始前3年以内に贈与があったものとして相続税の課税価格に加算さ

---

[4]　第1審：名古屋地裁・平成10年9月11日判決，第2審：名古屋高裁・平成10年12月2日判決，第3審：最高裁・平成11年6月24日判決

TAX CASE ⑨ 海外の子への生前贈与

れるかどうかといったきわめて特殊な事件である。

　本件贈与自体については書面によらない贈与であるが，Mによる遺言公正証書が作成されており，特に本件送金が行われた日に当該遺言公正証書の変更が行われ，その内容が贈与契約存在の有無を判断させるものとして重要な要素となっている。

　なお，納税者は電信送金の法的性格から，それは単なる銀行に対する預金払戻請求権であって，わが国国内にある財産の取得ではないから，そもそも制限納税義務者にとってこの預金払戻請求権はわが国相続税の課税対象ではないと主張する。しかし，本件各送金は単なる現金の"移転"の問題であり，Mがアメリカに有するM名義の預金口座に送金し，それをPがアメリカで贈与されたというのであれば格別（ただし，前述のとおり，Pが日本国籍を有する場合はわが国の相続税の対象となる（相法1の3②）），P名義の預金口座に入金がある以上，電信送金の法的性格いかんにかかわらず，その入金の本質が争点となるのは事件の性質上当然である。

　事実関係からは，本件各送金が履行されPの預金口座にすでに入金されたことはうかがわれるが，Pが支払銀行から実際に払い出しを行ったかどうかは不明である。ただし，当該預金口座の設定，管理はPがもっぱらこれを行う立場にある唯一の者であるところから，当該預金払戻請求権は実質的に金銭に実現した状態にあるといえる。

(2)　本件は他の贈与の時期をめぐる事件と同様に事実認定の問題であり，判決文からは必ずしもその全容が明らかでないが，本件第1審はMとPとの間において平成9年2月5日の送金以前に贈与契約が成立したという立証責任を税務当局に求めているだけで，私見としては，第1審はきわめて常識外れな事実認定が行われたものと考える。すなわち，社会通念上，2回にわたり1,000万円を超える金銭が親子間で何らの説明もなく，一方的に送金されること自体が不自然なことであり，第2審が認定したとおり，当事者間で何らかの意思確認があったことは十分推認される。筆者は本書において租税事件の解釈にあたっては，一般納税者の常識的な判断とそれに

従った立法措置が必要であると繰り返すが，本件においても第2審の判断が一般納税者の理解し得る常識的な判断であろう。まして，本件では2回目の送金日付けの変更遺言に，「相当額の生前贈与をなした」という記載があり，本件各送金につき直接変更遺言には明記されていないが，「相当額」とは国語的に普通を超えているさま（「広辞苑」）を指すところから，過去の送金額と比べ本件各送金が「相当額」にあたり，贈与者の意思としても「生前贈与」であることをうたっている。したがって，「遺言」がMの一方的かつ単独の意思表示であるとしても，本件各送金について受贈者Pがその後拒否する等の反応を示していないことからすると，あくまで推測の域をでないが，Pは遺言の内容につきある程度の説明を受けた上で，本件贈与を承諾し，Mは念のためこれを遺言公正証書の変更としてその遵守を希望したものと考えられる。したがって，書面によらない贈与契約は2月5日前に成立しており，本件各送金はわが国にある現金を移転させただけであり，移転のための電信送金をしたことをもってその贈与の履行も完了しているのである。第2審の現金の移転の本質が贈与であるとした結論に，私見としても賛成する。

TAX CASE 10

土 地 評 価
〔相 続 税〕

❦西片事件（納税者逆転勝訴）

第1審：東京地裁平成10年（行ウ）第26号，平成12年2月16日判決，
TAINS判例検索→Z888－0435

第2審：東京高裁平成12年（行コ）第108号，平成13年12月6日判決，
TAINS判例検索→Z888－0581

【内 容】

路地状敷地という特殊な形状をもつ宅地の相続税評価額をめぐり，第1審では財産評価基本通達に基づいた税務当局の評価に不合理な点はないとして納税者の請求を斥けたが，第2審では逆転判決がだされ，高裁における鑑定人の鑑定評価が一般的基準にはなじみにくい特性を含む土地の評価にあたり，その個別的要因，特殊性を十分考慮して，土地価格比準法等に基づく個別格差率だけでなく，路地状敷地の取引事例分析，土地残余法による効用格差分析に基づく検討も加えており，適正な評価方法であるといえ，その鑑定評価額に基づき，税務当局の課税処分及びこれを支持した1審判決を取り消した事件

事実関係

1 争いのない事実（第1審から）

(1) 本件の原告は4人いるが，その原告ら及び訴外Y（Yは被相続人の妻，以下，原告らと訴外Yを「本件相続人ら」という。）は，平成5年2月2日（以下，

「本件相続開始日」という。）に死亡した被相続人Ｎ（以下，「亡Ｎ」という。）の相続人である。本件相続人らは，亡Ｎに係る相続について，平成5年10月18日，相続税の確定申告を行った。各原告の相続税額は，原告Ⅰ，Ⅱがそれぞれ1,755万900円，原告Ⅲが2,233万7,500円，原告Ⅳが638万2,100円であった。

(2) 本件相続人らは，平成6年7月5日，被告四谷税務署長に対し，本件相続に係る相続財産を構成する東京都新宿区所在の宅地603.50㎡（以下，「本件土地」という。）を時価評価に基づいて相続税の評価額を算定したところ2億6,460万円となり，申告書記載の評価額4億266万4,462円を下回ったものとして更正の請求を行った。

これに対し被告は平成7年3月17日，本件土地は相続税評価額が時価を上回っているとは認められないとして，本件相続人らに対しそれぞれ更正をすべき理由がない旨の通知処分を行った。

(3) 本件相続人らは，平成7年5月3日，本件各通知処分を不服として，被告に対し異議申立てをしたが，被告はその異議申立てに対し，異議申立てをした日の翌日から起算して3か月を経過しても決定を行わなかったことから，本件相続人らは同年9月4日，国税不服審判所長に対し，審査請求を行った。

(4) 被告は，平成7年12月1日，本件土地の評価額を3億8,850万3,837円として原告らに対しそれぞれ減額更正処分を行った。

(5) 国税不服審判所長は，平成9年11月10日，訴外Ｙに係る審査請求を却下し，原告らに係る審査請求を棄却する旨の裁決を行った。

そこで，これを不服とした原告らは，被告が原告らに対しそれぞれ平成7年3月17日付けでした平成5年2月2日相続開始に係る原告らの相続税の更正の請求に対する更正をすべき理由がない旨の各通知処分（ただし，いずれも平成7年12月1日付けの原告らに対する減額更正処分後のもの）をいずれも取り消すことを請求し，本訴に及んだ。

2 本件土地の状況

本件土地は南北に延びる幅員約5.7mの舗装区道の東側に位置し、間口約2.1m、奥行き約17mの路地状部分を有する袋地状の画地である。有効宅地部分の形状は、路地状部分に接続する部分（北側）の奥行きが約33m、反対側（南側）が約31m、幅約18mのほぼ台形の画地であり、地積は603.50㎡であって、亡Nの持分は10分の9であった。

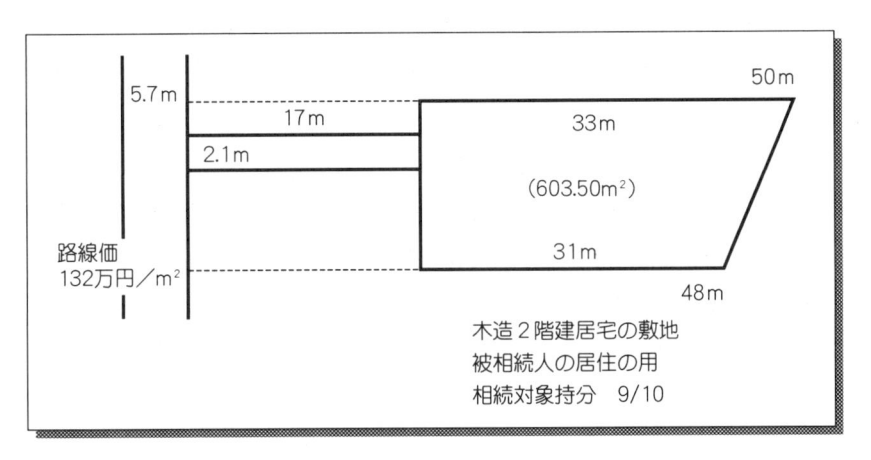

```
         5.7m                           50m
              ┌─── 17m ───┬─── 33m ───┐
              │ 2.1m      │           │
              │           │ (603.50m²) │
  路線価      │           │           │
  132万円／m² └───────────┴─── 31m ───┤
                                      48m

              木造2階建居宅の敷地
              被相続人の居住の用
              相続対象持分　9/10
```

本件土地の存する地域は、第2種住居専用地域で、建ぺい率は60％、容積率は300％であり、本件相続開始日現在の利用状況は、木造2階建居宅の敷地として利用されていた。また、本件土地は路地状部分の長さが約17mであるにもかかわらず、その幅員が約2.1mしかないため、本件相続開始日現在は東京都建築安全条例（昭和25年東京都条例第89号。ただし、平成5年3月31日付け改正前のものをいい、以下「建築安全条例」という。）3条の定める接道義務を充足しておらず、そのままではその地上に建物を新築することができない土地であり、右接道義務を充足するためには、路地状部分の幅員が3m以上である必要があった。

3 本件各通知処分の前提となった本件相続土地の評価

被告が本件各通知処分の前提とした本件相続土地の評価は、次に示す評価明細書のとおりである。この資料は、実務家においては評価明細書の記入に基づ

く方が分かりやすいものと考え、被告の主張に基づき筆者が独自に現行の様式に合わせて記入したもので、判決資料にはないものである。

　なお、不整形地補正については、当時、課税実務上、不整形地評価の公平・簡便化の観点から、不整形地の評価上勘案すべき各要素を盛り込んだ補正率が設けられ（「**不整形地補正率について**」（平成４年３月３日付け資産評価企画官情報）、以下、「**本件情報**」という。）、これを財産評価基本通達（以下、「評価通達」という。）20項(1)のイからハまでに掲げる価額に乗じて不整形地の価額を算定することができることとされていたが、この点は後述のとおり、１つの争点となっている。

　また、本件土地はその形状に基因して建築安全条例３条の接道義務を充足していないため、そのままでは建物の新築ができないことから、不整形地補正の範囲内において、建物の新築ができない場合の斟酌として、無道路地の評価〔評価通達20項(2)〕に準じて、接道義務を充足するために必要な土地（以下、「不足土地」という。）に相当する評価額が控除されており、本件土地に係る不足土地の面積は15.30㎡である。この点が減額更正された点で、その計算は次のとおりである。

TAX CASE ⑩ 土地評価

計　　算　　過　　程
① 本件宅地の措置法69条の3適用前の価額 　　　（路線価）　（奥行価格補正率）（間口狭小補正率）（奥行長大補正率） 　　1,320,000円×　　0.89　　×　　0.90　　×　　0.90　　＝951,588円 　　　　（地　積）　（持　分） 　　951,588円×603.50㎡×9／10＝516,855,022円 　　　（安全条例に基づく最小限の幅員）（本件土地の路地状部分の幅員）（不足幅員） 　　　　　　3ｍ　　　　　　－　　　　　2.1ｍ　　　　　＝　0.9ｍ 　　　　（本件土地の路地状部分の長さ）（不足面積） 　　0.9ｍ×　　　17ｍ　　　　＝　15.3㎡ 　　1,320,000円×15.3㎡×9／10（持分）＝18,176,400円 　　∴　516,855,022円－18,176,400円＝498,678,622円 〔不整形地補正割合以内かの判定〕 　　1,320,000円×0.89＝1,174,800円 　　1,174,800円×603.5㎡×9／10＝638,092,620円 　　（638,092,620円－498,678,622円）÷638,092,620≒0.218＜0.3 　　　　　　　　　　　　　　　　　　　　　　　　【金額】　498,678,622円
② 措置法69条の3適用により減額される金額 　　498,678,622円×$\dfrac{200㎡}{543.15㎡}$×0.6＝110,174,785円 　　　　　　　　　　　　　　　　　　　　　　　　【金額】　110,174,785円
③ 本件宅地の措置法69条の3適用後の価額 　　498,678,622円－110,174,785円＝388,503,837円 　　　　　　　　　　　　　　　　　　　　　　　　【金額】　388,503,837円

土地及び土地の上に存する権利の評価明細書（第1表）

局(所)	署
年分	ページ

(住居表示)	( )	所有者	住所(所在地)		使用者	住所(所在地)	
所在地番			氏名(法人名)			氏名(法人名)	

地目	地積	路線価				地形図及び参考事項
宅地 原野 田 雑種地 畑 山林 [ ]	603.50 m² × 90%	正面 1,320,000 円	側方 円	側方 円	裏面 円	

間口距離 18 m	利用区分	自用地 貸家建付借地権 貸宅地 転貸借地権 貸家建付地 転借権 貸借地 借家人の有する権利	地区区分	ビル街地区 普通住宅地区 高度商業地区 中小工場地区 繁華街地区 大工場地区 普通商業・併用住宅地区
奥行距離 33 m		私道 ( )		

地形図: 17m / 33m / 50m / 2.1m / 18m / 31m

		(1㎡当たりの価額) 円	
自用地1平方メートル当たりの価額	1 一路線に面する宅地 （正面路線価）　　　　　（奥行価格補正率） 　　1,320,000 円 ×　　　0.89	1,174,800	A
	2 二路線に面する宅地（A） 　　　　　円 + (　　　円 × ．　　　× 0.　　　) [側方/裏面 路線価] [奥行価格補正率] [側方/二方 路線影響加算率]		B
	3 三路線に面する宅地（B） 　　　　　円 + (　　　円 × ．　　　× 0.　　　)		C
	4 四路線に面する宅地（C） 　　　　　円 + (　　　円 × ．　　　× 0.　　　)		D
	5-1 間口が狭小な宅地等（AからDまでのうち該当するもの） 　　　　　円 × (　．　×　．　) [間口狭小補正率] [奥行長大]		E
	5-2 不整形地（AからDまでのうち該当するもの）　不整形地補正率※ 　　1,174,800 円 ×　0.81 ※不整形地補正率の計算 （想定整形地の間口距離）（想定整形地の奥行距離）（想定整形地の地積） 　18 m　×　50 m　=　900 ㎡ （想定整形地の地積）（不整形地の地積）（想定整形地の地積）（かげ地割合） (900 ㎡ − 603.5 ㎡) ÷ 900 ㎡ = 32.9 % （不整形地補正率表の補正率）（間口狭小補正率）（小数点以下2位未満切捨て） 　0.96　×　0.9　=　0.86 ① （奥行長大補正率）（間口狭小補正率）　不整形地補正率（①、②のいずれか低い率、0.6を限度とする。） 　0.9　×　0.9　=　0.81 ②　　0.81	951,588	F
	減額更正部分 ※1 （安全条例に基づく　（本件土地の路地 　　最小限の幅員）　状部分の幅員）　（不足幅員） 　　3 m　−　2.1 m　=　0.9 m 　　　（本件土地の路地状部分の長さ）　（不足面積） 　　0.9 m ×　17 m　=　15.3 ㎡ 　　1,320,000 円 × 15.3 ㎡ × 9/10 (持分) = 18,176,400 円 　　∴ 516,855,022 円 − 18,176,400 円 = 498,678,622 円 ※2 措置法69条の3適用により減額される金額 　　498,678,622 円 × 200 ㎡ / 543.15 ㎡ × 0.6 = 110,174,785 円		G H I J

| 自用地評価額 | 自用地1平方メートル当たりの価額
（AからJまでのうち該当記号）
(F)　951,588 円 | 地積
603.50 × 90% ㎡ | 総額
（自用地1㎡当たりの価額）×（地積）
516,855,022 − 18,176,400（※1）
− 110,174,785（※2） = 388,503,837 円 | K |

(注) 1　5-1の「間口が狭小な宅地等」と5-2の「不整形地」は重複して適用できません。
　　2　5-2の「不整形地」の「AからDまでのうち該当するもの」欄の金額について、AからDまでの欄で計算できない場合には、（第2表）の「備考」欄等で計算してください。

(資4−25−1−A4統一)

TAX CASE ⑩ 土地評価

不整形地補正率算定書

1. 評価する不整形地（以下「評価対象地」という。）の地区及び地積を裏面の別表1「地積区分表」に当てはめ、「A」、「B」又は「C」のいずれかの地積区分に該当するかを判定します。

地区区分（該当箇所により判定します。）	①	ビル街地区　高度商業地区　繁華街地区　普通商業・併用住宅地区　(普通住宅地区)　中小工場地区　（該当を〇で囲む）
評 価 対 象 地 の 地 積	②	603.50 ㎡ （× 90 %）
地積区分（①の地区区分と②の地積を裏面の別表1に当てはめて求めます。）	③	A　　(B)　　C　　（該当を〇で囲む）

2. 評価対象地の画地全域を囲む、正面路線に接するく形又は正方形の土地（以下「想定整形地」という。）の地積を算出します。
   想定整形地の取り方は、記載例の裏面を参考にしてください。

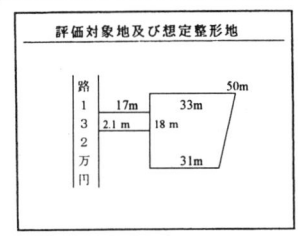

　　評価対象地及び想定整形地

　　路　　　　　　　　50m
　　線　17m　33m
　　1　2.1m
　　3　　　　18m
　　2
　　万　　　　31m
　　円

　　想定整形地の地積　④

　　④　　　900　　㎡
　　――――――――――――
　　18m × 50m = 900 ㎡

3. 蔭地割合

$$\text{蔭地割合} = \frac{④ - ②}{④} = \frac{900 - 603.50}{900} = \frac{296.5}{900} ≒ ⑤\ 32.9\ \%$$

4. 不整形地補正率

　　①、③、⑤を裏面の別表2「不整形地補正率表」に当てはめて求めます。

　　評価対象地の不整形地補正率　⑥ 0.96　　　1.0 - ⑥ = （イ） 0.04

◎ 次の図のような不整形地については、A．不整形地補正率を適用して評価する方法、B．間口狭小補正率と奥行長大補正率を適用して評価する方法のいずれかを選択して評価することができるものとされています。
ただし、下限は70％です。

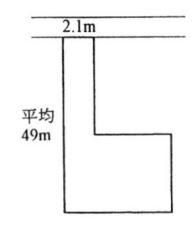

　　　2.1m
　　　
　　平均
　　49m

A．不整形地補正率を適用して評価する方法

　　不整形地補正率（⑥）×間口狭小補正率　　小数点第2位未満切捨て
　　　（　0.96　）×（　0.9　）=（　0.86　）

　　　　　　　　　　　　　　（ロ）0.86

B．間口狭小補正率と奥行長大補正率を適用して評価する方法

　　間口狭小補正率×奥行長大補正率　　小数点第2位未満切捨て
　　　（　0.9　）×（　0.9　）=（　0.81　）

　　　　　　　　　　　　　　（ハ）0.81

※ 上記で求めた（イ）（ロ）（ハ）の補正率を、「土地及び土地の上に存する権利の評価明細書（第1表）」の6の不整形地・無道路地欄に転記して計算します。

当事者の主張

■■ 税務当局の主張 ■■

1 評価通達に基づく評価の合理性

　税務当局は，後述のとおり，納税者が評価通達の不合理性を主張するので，はじめに(1)間口狭小補正，(2)不整形地補正について，評価通達に定める内容の合理性を縷々主張した。この点については，第１審判決の内容に現れているので省略する。

2 本件情報の合理性

　評価通達は，不整形地について100分の30の範囲内において相当と認める金額を控除して補正を行うこととしているが，これは評価の対象となる不整形地の形状が多種多様であり，一律にその経済的価値の減少割合を見積もることが困難であることから，個々の不整形地についてその価値の減少していると認められる範囲内で補正を行うこととしているものである。しかしながら，具体的な基準が定められていなかったことから，課税実務上は経験則に従い個別的に不整形地補正率を決定していた側面があったため，課税の公平・簡素化の観点から，従前の経験則を集約した上，不整形地の評価上勘案すべき不整形の程度，位置及び地積の大小の各要素を盛り込んだ補正率を求める指針として本件情報を公表し，不整形地補正率の算定を画一的に行うこととしたのであって，補正率の算出方法をいわば確認的に定型化したものにすぎない。本件情報を適用し，不整形地補正率を決定することは，むしろ恣意性を排除し，画一的に評価することによって課税の公平を確保できることとなる。

　なお，本件情報における不整形地補正率として考慮されることとなるのは，あくまで蔭地割合のいかんという不整形地の形状の斟酌だけであって，不整形地の間口の状況は斟酌されていないから，間口狭小補正率の適用がある場合には，不整形地補正率を算定するにあたり，間口狭小補正率を斟酌するものとして扱っている。この評価方法は合理的であるとともに，評価通達における「不

整形」が，間口狭小をも含む広い概念であることからすれば，このような評価方法は，評価通達と矛盾して許されないというものではない。

3 建物の新築ができない土地の評価方法について

建物の新築ができない土地の評価方法について，被告は不整形地補正の範囲内において建物の新築が法令上できない場合の斟酌として，無道路地の評価〔評価通達20項(2)〕における実務上の取扱いに準じて，不足土地に相当する評価額を相続税路線価によって算出し，これを控除する方法をとっているが，この方法は不動産鑑定の実務における方法に照らしても合理的であり，この評価方法によって算定した本件相続土地の価格は時価として合理的なものである。

また，本件土地が建築安全条例3条の接道義務を充足しないため，本件土地上に建物の新築ができないことは，直接その土地に付された法令上の建築制限ではなく，評価すべき土地の形状に起因して発生したものであって，接道義務を充足した場合には解消され得るものであるから，原告らが引用した区分地上権に準ずる地役権の目的となっている土地や，都市計画道路予定地等の法令上の建築制限のある土地とは制限の内容が異なるものであり，不整形地補正の規定により考慮され得るものである。したがって，評価通達が法令の規定によって建物の新築ができないという行政的条件についても不整形地補正でその斟酌を行うこととし，間口距離及び路地状部分の長さを考慮しながら，無道路地の評価に準じて不足土地に相当する評価額を控除することとしていることは合理的であるとともに，課税の公平を確保するために画一的な評価方法として妥当である。

4 本件相続土地の評価が時価を超えていないこと

原告らは不動産鑑定士Mの鑑定（以下，「本件鑑定評価」という。）によれば，本件土地の時価は2億9,400万円であることをもとに，本件相続土地の時価が2億6,460万円であると主張するが，本件鑑定評価は，不動産鑑定士の資格を有するMにより行われたものであるところ，同人は税理士資格を有し，本件鑑定

評価前に本件相続に係る申告書を作成していたものであり、その後、更正の請求、異議申立て、審査請求における本件相続人らの代理人でもあったものであるから、依頼人である訴外YとM不動産鑑定士との間には、特別な利害関係がないとは到底いえるものではなく、本件鑑定評価が、中立・公正に行われたかは甚だ疑わしい。

なお、社団法人東京都宅地建物取引業協会が発行した平成5年3月1日現在の東京都地価図によれば、本件土地が面する路線に接する土地の地価が、1㎡当たり175万円（1坪当たり580万円）であるから、本件鑑定評価における時点修正率0.96で割り戻した価格は182万円となり、また評価基準に定められた路線価は、地価公示価格等の80％程度を目途として付設されていることから、平成5年1月1日現在の本件路線価132万円を0.8で割り戻した金額である165万円が地価公示価格等の価格であると認められ、この時点修正率0.96を乗じた価格は158万円となる。以上の各価格が本件相続開始時点の価格であることからすれば、本件鑑定評価で平成5年2月2日現在の1㎡当たりの標準画地の更地価格として評定された145万円は、妥当な価格とはいえない。

■■ 納税者の主張 ■■
1　評価通達の不合理性

本件相続土地の評価上問題となる間口狭小補正と不整形地補正に関する評価通達の各規定は、以下に述べるとおり、準正確性（画一性の要請の範囲内で評価の正確性が確保されているか）、公平性（評価規定相互間に致命的矛盾がないか）、合法性（時価を超えていないか）の3点において、合理性を欠くものである。

(1)　準正確性の欠缺（けんけつ）

建築基準法43条1項、建築安全条例3条等は、間口が2m未満の土地上における建物の建築を禁止している。その結果、合法的に建物を建築することのできない間口2m未満の土地の経済価値は当然に大きく下落する。実際、取引市場では、同じく間口が狭い土地であっても、間口が2m確保されてない土地はそうでない土地の取引価格の半値ほどであり大きな差が

ある。それにもかかわらず，評価通達においては，間口が2mしかない土地が一般の整形地に比べてわずか1割程度しか減額されていない。間口が2m未満の土地はきわめて多数存在しているにもかかわらず，このように接道義務についての考慮が全く欠落している間口狭小補正に関する規定は，合理性を欠いている。

　被告は，接道義務を充足しないために土地上における建物の新築が禁止されるような土地の評価に関しては，不整形地補正の中で，接道義務を充足するために必要な不足土地の購入費用を控除することによってその評価を行っているから合理性を失うものではないと主張するが，このような土地の評価について，被告は常に不足土地の購入費用を控除する評価を行っているものではなく，ただ，審査請求に及んだきわめて限られた者のみが，はじめてそのような不足土地の控除という取扱いを受けることができるにすぎず，課税の公平に著しく反した取扱いがされている[1]。

　なお，不整形地補正における減額幅を3割までに制限するという規定についても，何らの必然性・合理性はなく，適正な評価を行う上に必要な範囲で，評価減を行うべきである。

(2)　公平性の欠缺

　評価通達25項(4)は，高圧送電線の直下の土地のような区分地上権に準ずる地役権が設定されている場合の承役地について，その制限によって家屋の建築が全くできない承役地の価額は，その土地の借地権割合（最低で100分の50）を控除し，その制限が家屋の構造・用途等に関するだけのものであれば100分の30を控除することとしている。ちなみに東京地区の借地権割合の大半は6割か7割であることから，前者にあっては事実上評価額を6ないし7割減額することとなる。すなわち，間口狭小補正に関する規定では，建物の建築が可能か否かにつき評価額に全く格差がないが，他方で区分地上権に準ずる地役権の承役地に関する規定では，建物の建築不可能

---

[1]　現行制度では，財産評価基本通達20-2に明記されている（平11課評2-12追加）。

な場合には5割超という大幅な減額が行われる。したがって，評価通達の規定間に明らかな不均衡・不公平が生じているから，間口狭小補正規定は公平性の観点からも不合理である。

(3) 合法性の欠缺

平成4年から路線価は公示価格の8割水準に設定され，評価の安全性に基づく誤差の許容範囲はわずか2割しかないこととなった。すなわち，評価の画一性の面から，大量に生ずる評価の誤差は，すべて2割の範囲に抑えなければならない。ところが，間口狭小補正や不整形地補正の2つだけでも3割ないし5割の誤差が容易に発生する。このように恒常的に違法評価が出現する構造となっている評価通達は，最も重要な合法性の基準にも反する。

2 本件情報の不合理性

被告が課税実務上不整形地補正を行う上で適用することとしている蔭地割合方式は，本件情報という形で国税庁の資産評価企画官が取りまとめたものを各税務署等へ参考のために送付したものにすぎず，評価通達のように規範性を有するものではなく，不整形地補正に関する評価通達の規定は，本件情報によって何ら変更されていない。

3 建物の新築が禁止されている土地であることの評価方法の不合理性

被告は，建築安全条例3条により建物の新築が禁止されている場合の土地評価について，現実には存在しない不足土地があると仮定した評価を主張するが，評価通達1項(2)によれば，それぞれの財産の現況に応じて評価するとされていることに照らしても，この被告の評価方法は不合理であり，明らかに評価通達の適用を誤っている。

仮にその評価方法を肯定するとしても，評価時点では不足土地をその所有者から路線価評価額で購入することが確定しておらず，また，現実には買うこと

のできる確率がきわめて低いのであるから，買い進み等を前提とした適正な不足土地の取得費用を見積もり，それを想定評価額から控除すべきであり，不整形地補正の最高限度である3割減が適用されるべきである。

4 本件相続土地の評価が時価を超過していること

本件相続土地の評価は時価を超えないことが必要であるが，本件鑑定評価によれば，本件土地の時価は2億9,400万円であり，したがって，本件相続土地の価額は2億6,460万円とすべきところ，被告主張の評価額はその2倍に近い水準にある。これは，すでに述べた評価通達の建物の新築が禁止されている土地に対する間口狭小補正及び不整形地補正の規定の欠陥によるものである。したがって，被告主張の評価額が時価を超えることは明らかであり，被告の行った本件各通知処分は違法である。

判決の要旨

1 第1審の判断（納税者敗訴）

1-1 評価通達の合理性

(1) 間口狭小補正規定の合理性の有無

原告らは，間口4m未満の土地を一律に評価していること及び1割の評価減しか行われないことから，この規定は不合理であると主張するが，この点については，次のとおり判示した。

> 間口4m未満の土地については，土地の地積，形状，奥行距離等によって間口の狭小であることによる利用効率の低下の程度が相当に異なり，一定の基準を設けることが困難であること，法令上，接道義務を充足しないためにそのままでは建物の新築ができないことによる土地の評価の低下は，本件相続土地については，不足土地に相当する評価額の当該土地の評価からの控除によって別途に斟酌されていることからすれば，間口4m未満の土地を一律に評価することとする間口狭

小補正の規定によって本件相続土地を評価したとしても，不合理であるとは解されない。
　　また，右のように接道義務を充足しないためにそのままでは建物の新築ができないことによる土地の評価の低下は，本件相続土地については別途に斟酌されていることも勘案すれば，間口の狭小による宅地の利用効率の低下割合が，右規定の定める低下割合を超えるものであることを認めるに足る確たる証拠もない本件においては，間口の狭小による評価減が1割にとどまることが不合理であるとも認め難い。

　次に，原告らは区分地上権に準ずる地役権が設定されている場合の承役地についての評価通達の定め〔評価通達25項(4)〕との不均衡を主張するが，この点については，次のとおり判示した。

　　地役権が設定されている場合の承役地は，地役権設定を行ったことによって既に権利の一部が移転し，貸宅地などと同様であることから，家屋に対する建築制限の内容によって，土地の評価上控除すべき割合を定めたものであるのに対し，間口狭小補正は，土地の形状の1つとして間口が狭小であることに基づく利用効率の低下割合を評価するものであり，また，本件相続土地については，接道義務に反するために建物の新築ができないことによる減価は，不足土地の取得費を控除することによって評価しているのであるから，間口狭小による補正だけを取り上げ，これと地役権が設定されている土地の評価の方法とを比較して，公平性を欠いているとするのは相当ではない。

(2)　不整形地補正規定の合理性の有無
　原告らは不整形地補正規定が不整形地の場合の補正の範囲を100分の30の範囲内に限定したことは合理性を欠くものと主張するが，この点については，次のとおり判示した。

> 国土利用計画法の適正な施行を図るため，不動産鑑定評価基準の理論を基礎に，不動産鑑定士等の鑑定評価の専門家の参画を得てその実践面における成果も採り入れて作成された国土庁の比準表においては，不整形地補正の最大格差は0.70とされており，右の格差率等については不動産鑑定士等による全国的な実地検証の結果を経ていることが認められることに照らせば，評価通達が不整形地補正を100分の30の範囲内において相当と認める金額を控除して行うとしていることが合理性を欠いているとは認め難い。

1－2 本件情報の合理性

本件情報の合理性については，次のように判断した。

> 本件情報の定める不整形地の評価方法は，不整形地の評価上勘案すべき不整形の程度，地積の大小の各要素を主に，一部位置による修正も織り込んだものということができ，不整形地評価の公平・簡素化という目的に照らしても，特に不合理と認められる点は存しない。

1－3 建物の新築ができない土地についての評価の合理性の有無

本件土地のように道路に路地状部分で接道し建築安全条例上の接道義務を充足していない土地の評価方法については，次の3つの方法等が考えられる。

① 他の同種の土地の売買実例と比較してその価額を算定する方法
② その近傍の整形地との格差を経験的に修得した達観的な数値で修正する方法
③ 費用性の観点から接道義務を充足するために必要な隣地（不足土地）の買収を想定する方法

今回の税務当局がした③の不足土地の買収価格を単に路線価によって評価し，これを控除する方法によることは，接道義務を充足していない土地の客観的時価を評価する方法としては必ずしもすべての土地に妥当しないが，本件については，次のとおり判示し，特に不合理な点はないと判断した。

> 　不足土地の購入を想定することが社会通念上不可能な場合を想定しているとは解されないこと（本件鑑定評価に係る鑑定書には，本件土地の所有者が，右不足土地の買い取りを打診したが，いい回答は得られなかったとの記載があるが，どのような条件提示がされたか等が明らかではなく，これをもって，不足土地の買い取りが社会通念上不可能であるとはいえない。），不足土地の面積は，15.3㎡（0.9m×17m）であるのに対して，本件土地の面積は603.50㎡と極めて大きな差があり，相続税の路線価が評価の安全性の観点から，地価公示価格と同水準の価格の8割を目途に低目に評定されていること，平成5年1月1日から本件相続開始日までの時点修正率が0.96であり，建物の新築ができないことについての減価以外の被告の評価方法に不合理なところがないことをも考慮すれば，被告が本件相続土地について前記の算定方法を用いることが，右評価誤差の許容範囲を超えて不合理であるとは認められない。

1－4　本件相続土地の評価が時価を超えているかどうか

　本件鑑定評価は，取引事例比較法によって鑑定評価を行っているが，各取引事例に係る土地の所在が具体的に明らかにされていないばかりか，その形状についても不明であり，さらに，本件鑑定評価は，建物の新築ができないことによる減価を40％とするが，本件土地全体に対して40％の減価を行うことは過大な減価であるというべきであるとし，納税者の主張を斥け，次のとおり判示した。

> 　本件鑑定評価を行ったMは，本件相続に係る申告書を作成し，更正

の請求，異議申立て，審査請求においても本件相続人らの代理人でもあった者であることを考えると，本件鑑定評価による鑑定評価額が本件土地の時価を適正に評価したものであるとは認め難い。

2　第2審の判断（納税者逆転勝訴）

(1)　第2審では第1審と異なり，正面から評価通達の合理性は議論されず，もっぱら東京高裁の選任した鑑定人Hの鑑定（以下，「当審鑑定」という。）に基づき，相続開始日である平成5年2月2日時点における本件土地の時価が争われた。

当審鑑定によると本件土地の時価は4億1,300万円と評価されている。その評価の概要は，次のとおりである。

①　当審鑑定における評価は，まず，取引事例比較法を採用して，近隣地域及び同一需給圏内の類似地域から，価格時点である平成5年2月2日に近い時点での取引事例を収集，選択し，平成4年5月から平成5年2月までの間に取引された新宿区内の具体的な4件の取引事例の土地価格について個別的要因に基づく標準化補正を施し，本件土地との地域要因の比較を行って1㎡当たり162万円から171万円の試算値を得，この試算値のほぼ中庸値である1㎡当たり168万円を標準的な画地の比準価格と査定した。

②　また，地価公示価格を基準として，同様の補正を加え，標準画地の価格を1㎡当たり150万円とした。

③　そして，現実の取引価格を基礎として実証的に導かれた取引事例比較法による価格を重視して，これと地価公示価格とをほぼ7対3で加重平均し，近隣地域における標準的画地の更地価格を1㎡当たり163万円とした。

④　さらに，本件土地の個別的要因について，本件土地が公道から幅員約2.15m，長さ約17mの専用通路を経由して有効宅地部分に接続する路地

状敷地であること及び敷地が隣接画地に比し603.50㎡と過大であることから，まず，土地価格比準表等に基づき，路地状敷地であることによる減価率17％，再建築不可による減価率23％，地積過大による減価率10％として，これらによる減価率総乗積42％を算出した。他方，取引事例分析，土地残余法による効用格差分析等に基づき，路地状敷地であることによる減価率につき，取引事例分析による35％と収益価格比較による32％とを関連づけて34％とし，再建築不可による減価率につき35％とし，地積過大による減価率につき15％として，これらによる減価率総乗積64％を算出した。これらを総合して，最終的に，路地状敷地による減価率30％，再建築不可による減価率30％，地積過大による減価率15％として，総合減価率を58％として，本件土地の1㎡当たりの更地価格を68万5,000円とし，これに地積603.50㎡を乗じて，本件土地の時価を4億1,300万円と評価した。

(2) 以上の鑑定評価額について，東京高裁は，次のように判断した。

> 弁論の全趣旨によれば，本件土地の評価上の特性としては，路地状敷地であること，再建築が不可能なこと，規模が大きいことであるところ，当審鑑定は，これら一般的基準にはなじみにくい特性を含む本件土地の評価にあたり，その個別的要因，特殊性を十分考慮して，土地価格比準表等[2)]に基づく個別格差率だけでなく，路地状敷地の取引事例分析，土地残余法による効用格差分析に基づく検討も加えており，適正な鑑定方法と評価することができる。よって，本件土地の相続時点での時価は，当審鑑定に基づき4億1,300万円であると認めるのが相当である。

したがって，本件相続土地は本件土地の持分10分の9であること，相続開始の直前において亡Nが居住の用に供していた宅地であるから租税特別措置法69条の3（平成6年法律第22号による改正前のもの）により，200㎡までの部分についてはその金額の100分の60に相当する金額が相続税の課税価

TAX CASE ⑩ 土地評価

格から減額されることを考慮すると，本件相続土地の相続時点における時価は2億8,957万9,039円になるとした。

$$413,000,000円 \times 0.9 = 371,700,000円$$
$$371,700,000円 \times \frac{200㎡}{543.15㎡} \times 0.6 = 82,120,961円$$
$$371,700,000円 - 82,120,961円 = 289,579,039円$$

(3) 結論として，控訴人らの各申告における本件相続土地の価額（4億266万4,462円）は，平成7年12月1日の減額更正処分後においても，3億8,850万3,837円であったから，申告書に記載した課税標準等の計算が相続税法の規定に従っていない誤りがあり，納付すべき税額が過大であったということができるとし，控訴人らの更正の請求に対し，更正すべき理由がないとした本件各通知処分は違法であるとした。

解　説

1　土地の時価評価

(1) 相続税法22条《評価の原則》は，相続により取得した財産の価額は，特別の定めのあるものを除き，当該財産の取得の時における時価による旨を規定している。この場合の「時価」とは，相続による財産の取得の時において，それぞれの財産の現況に応じ，不特定多数の当事者間で自由な取引が行われる場合に通常成立すると認められる価額，すなわち客観的な交換価値をいう（「客観的交換価値説」）。この「客観的交換価値説」は多くの判例

---

2) 不動産鑑定士等が不動産の鑑定評価を行うにあたってそのよりどころとなる合理的基準として定められた不動産鑑定評価基準（平成2年10月26日土地鑑定委員会が国土庁長官に対してなした「不動産鑑定評価基準の設定に関する答申」に定められたもの）及び土地評価の適正化のために定められた土地価格比準表（昭和50年1月20日付国け土地第4号，国土庁土地局地価調査課長通達「国土利用計画法の施行に伴う土地価格の評価等について」により定められたもの）は，相続税法22条の「時価」を算定するにあたり準拠すべき合理的な基準であると解されている。

により支持されている。

　ただし，相続においてはたとえば被相続人が居住の用に供していた土地を相続人が引き続き生活のために居住し続けるといった場合に，常に処分価格を前提とした客観的交換価値説に基づく評価は適当ではなく，むしろこのような「生存権的財産」については，仮に当該土地が自己所有でなければ支払ったであろう賃借料等の額を資本還元し，当該価額をもって時価とする「収益還元価額説」が妥当であるとする見解がある[3]。

　この収益還元価額説は有力な説であるが，後述するとおり，資本還元利回りの問題点や独立当事者間においても生存権的財産を取引する場合も考えられ，「時価」としては通説どおり客観的交換価値説をとり，収益還元価額説は客観的交換価値説と対峙するものではなく，むしろ内包され，また，生存権的財産は評価における減額要因の１つとして区分して考える方が合理的である。現に租税特別措置法69条の４は小規模宅地等に係る課税の特例計算を設けており，制度的には生存権的財産に対し一定の配慮がなされている。

(2)　ところで，「時価」を客観的交換価値説により認識する場合でも，相続税の課税対象となる財産は多種多様であり，①各種財産の時価を客観的かつ適正に把握することは必ずしも容易ではないこと，②納税者間で財産の評価が区々になることは課税の公平の観点からみて好ましいことではないことから，国税庁は相続財産の評価の一般的基準として評価基本通達を定め，各種財産の時価の評価に関する原則及びその具体的評価方法を明らかにし，さらに，土地の価額については具体的に路線価を定めて，部内職員に示達するとともに，これを公開することによって，納税者の申告・納税の便に供している。

　判例でも，「通達は法規の性質を持たないものの，評価基本通達ならび

---

3)　北野弘久稿「相続税制論」『税法学の実践論的展開』（勁草書房，平５）所収・330ページ

4)　最高裁三小・平成９年２月25日判決

に評価基準による評価は，税務行政の適正，合理的処理，納税者間の公平性の観点からして，特別の事情がない限り，適正妥当なものというべきであって，かく解したところで何ら憲法84条に違反するものではない。」[4]とし，租税法律主義の観点からも財産評価基本通達により相続税の"時価"を定めることは基本的に問題はないとしている。

しかし，通達はもともと上級行政庁の下級行政庁に対する命令であって，法規たる性格を有さず，法源たり得ないもので，それ自体は納税者を拘束するものではない。したがって，納税者は通達に示されている行政庁の解釈に当然に従わなければならないものではないから，路線価による評価額が相続開始時におけるその宅地の価額を上回っているような特別な事情があるときには，路線価を適用しなくてもよいことはいうまでもない。

(3) 財産評価基本通達においては，市街地的形態を形成する地域にある宅地の価額は，路線価を基礎として評価することとされ，この路線価は毎年1月1日における地価動向をもとに毎年改定することとし，各年の1月1日を評価時点として，「売買実例価額」，「公示価格」及び「不動産鑑定士等の精通者意見価格」等をもとに，公示価格水準の80％程度の水準に評定されている。この路線価方式は昭和31年に導入され，平成4年分からその年の1月1日を基準にして公示価格の80％程度を目安に設定されることになったが，この80％の意味は，路線価は1年間変わることがないので，1年間の地価変動にたえられるアローワンスを20％もたせたということである。評価上の安全等を考慮しているのである。したがって，市街地的形態を形成する地域にある宅地を評価する場合，この路線価評価額が相続開始時におけるその宅地の価額を上回っているような特別な事情のない限り，路線価方式による評価方法は合理的なものであると認められる。

判例でも，次のように判示している。

> 課税対象となる土地は全国に大量に存在し，個々の土地についてすべて個別の鑑定を行うことは著しく困難であり，不動産鑑定士による

鑑定評価額についても，原告ら鑑定の評価額と被告鑑定の評価額との相違をみても明らかなように，同一の土地の同一時点における鑑定評価額であっても，鑑定評価を行う者が異なれば，異なる鑑定評価額となる可能性が存するのであるから[5]，市街地的形態を形成する地域にある宅地の評価につき，路線価方式により，客観的な規準に基づき算定することを予定している評価通達の定めによって評価した価額をもって，相続財産の時価とすることを原則とすることは，全国に大量に存在する課税対象土地について，相続財産の評価方法の規準化を図り，評価に関与する者の個人差に基づく評価の不均衡を解消するという観点から，法が予定する「時価」への接近方法として合理性を有するものということができる[6]。

(4) ところが，いわゆるバブル崩壊後の地価の急落に路線価が追いつかず，実勢価格が路線価を下回る逆転現象が発生した。これに対し国税庁は，平成4年4月に路線価が時価を上回る場合は，時価による申告を認め，また，いったん路線価で申告した後に時価との逆転現象が明らかになったときは更正の請求を認める旨の事務連絡を行った。

　本件は平成5年2月2日相続開始の事件であり，平成4，5年分に相続の開始があった事案では次の類似事件で述べるとおり，この事務連絡に基づき土地の評価額を争って更正の請求をした事件が少なくないのである。

2　類似事件
2－1　平成12年6月27日裁決
本件のように，納税者と税務当局の土地鑑定額が争われた事件は少なくない。

---

[5] 東京地裁・平成4年7月29日判決では，相続税法22条にいう「時価」の認定に，ある程度の幅があると解することは，租税法律主義に反するものではないとしている。
[6] 東京地裁・平成9年9月30日判決

TAX CASE ⑩ 土地評価

　最近の裁決例に，たとえば，次のものがある（平12.6.27裁決，裁決事例集No.59，297ページ）。

　本裁決例は，平成6年6月27日に死亡したＨの共同相続人が相続により取得した土地の評価額について，財産評価基本通達14（当時）の路線価方式による評価額か，不動産鑑定士等の鑑定評価額のいずれによるべきかが争われた事件である。

　請求人は，Ｒ町の宅地評価額につき，株式会社ＬのＭ不動産鑑定士の平成8年2月9日付けの鑑定評価書（以下，「Ｍ鑑定評価書」という。）に記載された鑑定評価額2億9,490万円（1㎡当たり703,500円）によるべきであると主張し，原処分庁は3億9,230万円（1㎡当たり936,000円，以下，「原処分庁Ｒ町算定額」という。）と算定し，当該価額は路線価評価額を上回っていると認められるから，Ｒ町の宅地の価額については路線価評価額とするのが相当であると主張した。また，同様にＴ町の宅地の更地価額についても争われている（Ｔ町分は省略）。

　Ｍ鑑定評価額の鑑定根拠は，次のとおりである。

---

①　取引事例比較法……取引事例比較法による比準価格（以下，「比準価格」という。）を1㎡当たり680,000円とする。

②　収益還元法……収益還元法による価格（以下，「収益価格」という。）を1㎡当たり512,000円とする。

③　公示価格規準法……公示価格を規準とした価格（以下，「規準価格」という。）を1㎡当たり893,000円とする。

④　鑑定評価額……上記3つをそれぞれ算定し，比準価格を重視し収益価格も参考にしてさらに規準価格との均衡にも留意して標準地の価格（以下，「標準地価格」という。）を1㎡当たり670,000円と決定し，標準地価格に個別的要因による格差100分の5を加算した額，すなわち1㎡当たり703,500円を鑑定評価額とした。

　一方，原処分庁は，Ｒ町の宅地の価額を①比準価格を1㎡当たり912,000円（5件の平均値），②規準価格を1㎡当たり892,000円とそれぞれ算定し，標準地

価格を1㎡当たり900,000円と決定し，標準地価格に個別格差100分の4を加算した額，すなわち1㎡当たり936,000円としたのである。

これに対し国税不服審判所は，特に両鑑定評価額の算定における「取引事例比較法」の実際取引事例に着目し，いずれの鑑定においても本件R土地の比準価格算定における取引事例は適当でないとし，審判所の独自の認定額として，原処分庁R町算定における取引事例d及びf並びにQ市R町2丁目の公示地（Q-3）の所在する地域を，R町の宅地と同一の地域区分である標準住宅地域に属するものと認め，上記取引事例d及びf並びに上記公示地（Q-3）についてそれぞれ時点修正を行い，さらに土地価格比準表に準じて地域要因等の格差補正を行って比準価格及び規準価格を算定し，これらの価格をもとにR町の宅地の価額を算定したところ，1㎡934,000円となり，この金額は路線価評価額（1㎡当たり794,500円）を上回るものとして，R町宅地の評価額を路線価評価額とすることは相当であると判断した[7]。

なお，通常不動産鑑定士が土地の鑑定評価を行う場合，鑑定評価額の決定については，次の4つの方法等により試算価格を算定し，各試算価格を調整して鑑定評価額を決定する。

---

[7] ① 同様に，請求人と原処分庁の鑑定額につき，特に「取引事例比較法」の実際取引事例の妥当性をめぐり不服審判所が独自の鑑定額により判断を下した事例に，平成9年12月11日裁決（『裁決事例集』No.54, 420ページ）がある。この裁決例では請求人の主張が一部認められている。

② 東京地裁・平成11年8月10日判決（第2審：東京高裁・平成12年9月12日判決）では，平成5年相続の土地（東京都中央区日本橋蛎殻町）につき，納税者は実勢価格が路線価を下回る逆転現象が現れているとして独自の鑑定額に基づき更正の請求をしたが，税務当局は路線価方式の妥当性を主張した。判決は二審とも納税者の敗訴で，裁判所は両者の鑑定額を比較検討し，路線価の逆転現象はないと判断した。

③ 平成13年3月5日裁決（『裁決事例集』No.61, 759ページ）は，請求人，原処分庁ともに路線価は時価を上回っているものとし，評価基本通達に定める路線価方式を採用しないで，それぞれ鑑定評価額を示し争われた事例であるが，この事例もそれぞれの鑑定額における「取引事例比較法」の検討を行い，結果として不服審判所の下した鑑定評価額が請求人の鑑定評価額を下回ることになり，請求人の主張を認めている。

TAX CASE ⑩ 土地評価

> ① 原　価　法
> ② 取引事例比較法
> ③ 収益還元法
> ④ 規準価格法（公示価格，規準地価をベースとする。）

　ただし，①の原価法は造成宅地用に用いられる方法で，既成市街地には適用されない。したがって，既成市街地については，②③④の総合勘案となるが，通常は②の取引事例比較法が中心となる。

2－2　平成9年12月11日裁決（収益還元法を重視した裁決）

　収益還元法は一般的には取引事例比較法ほど重視されないが，次のような場合には，収益還元法が重視されるものとした裁決例がある（平成9年12月11日・東京国税不服審判所裁決，未公表）。

　請求人の相続に係る宅地の上には，鉄骨鉄筋コンクリート造陸屋根，地下1階付10階建ての借地権付分譲マンションが建設されており，同マンションには相続開始日現在84名により区分所有されており，本件宅地には同マンションの賃借権，敷地権の登記がされていた。請求人は相続にあたり本件宅地を鑑定評価額2億円で申告したが，原処分庁は評価基本通達に基づき7億2,494万4,665円と評価した。本件宅地に係る平成4年分の受取地代は年額840万円，固定資産税等諸経費658万4,600円，差引純収益は181万5,400円であった。そこで，不服審判所の判断の要旨は，次のとおりである。

> 　本件は，借地権の登記及び区分所有権建物の敷地としての敷地権登記のある借地権付マンションに対応する底地であり，多数の借地権者が存在するので，借地権と底地とが併合される可能性は著しく低く，また，名義変更料の授受も期待できないこと及び借地権と底地は別個の市場を有していること等から，更地価額から借地権価額を控除した残余の部分が底地価額となるとは限らないこととなる。すなわち本件

> の場合は，①底地と借地権とが併合されて完全所有権が復活する可能性が著しく低く，また，②契約更新等に係る一時金の取得の可能性がないなど，底地が，地代徴収権に加えて将来底地と借地権とが併合されて完全所有権となる潜在的価値に着目して価格形成されていると認め難い特別の事情があることにより，借地権価額控除方式によって評価することが著しく不適当と認められる。したがって，これらのことを総合勘案すれば，割合方式による価格と収益還元方式による価格の双方を調整の上評価した日本不動産研究所鑑定評価額は相当と認められるので，同鑑定評価額に基づき，本件宅地の本件相続開始日の価額は，6,000万円（純収益181万5,400円÷標準的投資利回り3.5％を参考価格）であると認めるのが相当である。

　このように本件では収益還元法が認められたが，収益還元法の最大の問題点は利回りの妥当性であり，たとえば，福島地裁・平成10年9月28日判決では，収益還元法につき次のように判示し，必ずしも収益還元法を評価していない。

> 収益還元法による評価をするには，対象不動産が将来生み出すと期待される純収益を算定するために予測される諸要素を的確に把握すること及び収益還元率を正しく定めることが不可欠の要件であるが，これらについては，①土地の価額に見合う収益の算定が困難であること，②経営者の能力，財産の状態により収益の額が左右されること，③還元利回りの算定が困難なこと等の問題があると認められ，これらの問題によれば，収益還元法を本件土地の評価基準として採用していないことをもって不相当とまで認められない。原告の右主張は失当である。

　ただし，この福島地裁判決と本裁決例では基本的な条件が異なっており，マンションの敷地には収益還元法が認められるという本裁決例はリーディング・ケースになる注目すべき事件であると考える。
　なお，最近では不動産の証券化等，土地・建物一体の複合不動産の収益性を

重視する取引が増大する中で，これに的確に対処する鑑定評価の手法として，収益還元法が見直されてきた。平成14年7月3日に全面的に改正された不動産鑑定評価基準でも，収益性を重視した鑑定評価の充実が図られ，直接還元法[8]に加え，ＤＣＦ法（Discounted Cash Flow）[9]が導入されている。このような流れを受けて，東京地裁・平成15年2月26日判決の永江事件では，公示価格が大幅に下落した場合の土地評価については，従来重視されてきた取引事例比較法と収益還元法は双方を同等に用いるべきであると判示している。

3 本件西片事件に対する私見

　本件西片事件をはじめとし，土地評価に関する類似事件を数例みたが，いずれもこれらは平成4，5年のバブル崩壊に伴う地価の急速な下落が問題となった時期の事件である。最近は地価の下落傾向も下げ止まりとなり，以前のような路線価と時価の逆転現象は騒がれないところである。

　ところで，本件西片事件はたまたま担当税理士が不動産鑑定士であり，その専門的知識を相続税の評価に生かし，むしろ戦略的に評価を行った結果，第2審で逆転判決を勝ち取った。しかし，第2審の判決文からは土地評価の事実認定にかかる詳しい資料が明らかにされておらず，きわめて技術的な観点から裁判所の鑑定結果のみが示されて，財産評価基本通達の合理性など第1審の争点はネグレクトされ，ただ鑑定評価額の合理性に基づき納税者勝訴としている。いささか読み手にとっては消化不良な判決である。

　しかし，私見としてはこの西片事件により路線価方式に対する信頼感は失わ

8）　直接還元法とは，対象不動産から得られる一期間の純収益を一定率で割り戻して現在価値を算出する方法をいう。
9）　ＤＣＦ法とは，対象不動産の保有期間中に発生する純収益と期間満了後の売却によって得られるであろう価格をその発生時期に応じて現在価値に割り戻し，それぞれ合計する方法をいう。
10）　本件M不動産鑑定士，税理士は，『納税通信』第2723号（2002年5月27日，エヌピー通信社）で，「不動産取引の実態などから見て，国税庁通達の評価方式に合理性がないことを裏付ける証拠などが揃って争いに勝てると踏めた場合に（法廷闘争に）挑戦する」と述べている。

れたと解すべきではなく，むしろ安易な鑑定評価は納税者にとって依然として危険な面を含んでいる点は注意すべきであると考える[10]。すなわち，鑑定評価は恣意的に流れる場合があり，本件第1審においても，「本件鑑定評価を行ったMは，本件相続に係る申告書を作成し，更正の請求，異議申立て，審査請求においても本件相続人らの代理人でもあった者であることを考えると，本件鑑定評価による鑑定評価額が本件土地の時価を適正に評価したものであるとは認め難い。」としているところから，納税者にとってはオールマイティなカードではないのである。ただ，同時に，国税庁はたとえば「資産税関係質疑応答事例集」で個別的な事例につきその計算方式を明らかにするのではなく，平成14年6月にセットバックを要する土地の評価方法が通達で明らかにされたように，情報公開は納税者の利益のため統一的処理を図る観点から，迅速に財産評価基本通達で公けにすることを怠ってはならない。また，画一的評価方法は評価額の計算における公平性を確保できるが，路線価を決定する上でも斟酌しきれないような，騒音問題，日照問題，墓地・ゴミ処理場等の近接問題といった個別事例をある程度のアローワンスで減額することも今後認めるべきである。

　相続税法22条は「時価」について積極的な規定を持たないが，従来からの評価実務は納税者においても是認されてきており，ことさら鑑定評価方式がコストパフォーマンスの面から納税者及び税務当局にとって有利なものではない。まして，訴訟において納税者，税務当局，裁判所がそれぞれの鑑定につき多大な時間とコストを費やすことは，それぞれにとって不経済であり，納税者，国家にとって有意義な論争であるかどうかは検討されるべきである。この意味で前出の永江事件は，東京地裁民事3部のいわゆる藤山判決であるが，税務当局の鑑定による取引事例比較法の比準価格と納税者の鑑定による収益価格を足して2で割るといった単純平均をして土地評価額を算定しており，シニカルで印象的な判決である。

TAX CASE 11

簡易課税制度
〔消　費　税〕

❀八千代冷熱工業事件（納税者敗訴）

千葉地裁平成12年（行ウ）第82号，平成13年11月30日判決，ＴＡＩＮＳ判例検索→Ｚ888－0604

【内　容】

簡易課税制度選択不適用届出書の提出がない場合は，すでに行われた簡易課税制度選択適用届出書の効力は継続しており，これは消費税の納税義務者でなくなった旨の届出書の提出があっても打ち消されるものではなく，納税者に消費税法37条5項のやむを得ない事情はないとして，税務当局の更正処分等が妥当とされた事件

消費税法37条5項について初めて裁判所の判断が下されたという意味で意義がある。

事実関係

原告八千代冷熱工業（以下，「Ｙ社」という。）は，建物賃貸業を営む有限会社であるが，消費税法に定める簡易な算定方法である簡易課税制度の選択をやめようとしてその特例の承認申請をしたところ，被告千葉西税務署長により却下された。また，Ｙ社は消費税等の修正申告が簡易課税制度を前提に算定したため，納付すべき税額が過大であるとして更正の請求をしたところ，被告からその更正をすべき理由がない旨の通知処分を受けた。そこで，Ｙ社はそれらの取り消しを求めて本訴に及んだ。

争いのない事実関係は，次のとおりである。
(1) Y社は，平成元年9月30日，昭和63年9月1日から平成元年8月31日までを課税期間として，課税事業者届出書及び簡易課税制度選択適用届出書を被告に提出した。
(2) ところが，平成4年9月1日から平成5年8月31日までの基準期間におけるY社の課税売上高が3,000万円以下であったことから，Y社は平成5年10月28日，平成6年9月1日から平成7年8月31日までを課税期間として，消法57条1項2号の届出書（以下，「納税義務者でなくなった旨の届出書」という。）を被告に提出した。
(3) Y社は，平成9年8月22日，平成9年9月1日から平成10年8月31日まで（以下，「本件課税期間」という。）を課税期間として，消法9条4項の届出書（課税事業者選択届出書）を被告に提出した。
(4) Y社は，平成10年11月1日，平成9年9月1日から平成10年8月31日までを課税期間とする消費税等について，本則課税の方式により計算した確定申告書を被告に提出した。
(5) 以上のとおり，Y社は平成元年9月30日，簡易課税制度選択適用届出書を被告に提出しており，その後簡易課税制度選択不適用届出書の提出がなかったので，被告係官はY社の関与税理士に対し電話により，本件課税期間における仕入に係る消費税額の計算について本則課税は適用できず，簡易課税制度を適用すべきである旨の説明を行い，これに基づいて修正申告をするように促した。

これを受けてY社は，簡易課税制度の適用があることを前提として消費税額の計算を行い，平成10年11月17日付けで本件課税期間に係る消費税等の修正申告をした。

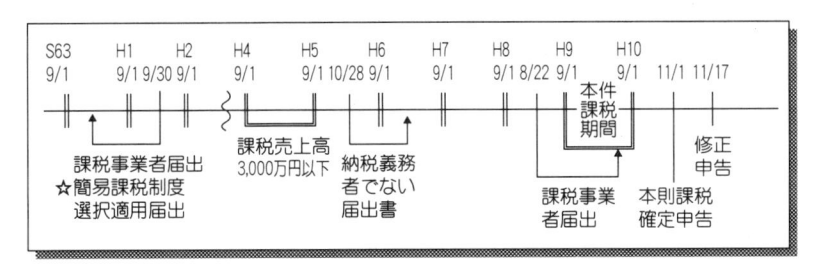

TAX CASE ⑪ 簡易課税制度

```
S63    H1        H2    H4    H5       H6    H7    H8    H9       H10
9/1    9/1 9/30  9/1   9/1   9/1 10/28 9/1   9/1   9/1 8/22  9/1     11/1 11/17
 │      │   │    │     │       │    │    │     │    │       │        │    │
                                                          本件
                                                          課税
                                                          期間
 課税事業者届出  課税売上高  納税義務         課税事業  本則課税    修正
 ☆簡易課税制度   3,000万円以下 者でない         者届出   確定申告    申告
 選択適用届出            届出書
```

(6) その後，Y社は簡易課税制度選択不適用届出書を提出できなかったことについて，消法37条5項に規定するやむを得ない事情があったとして，被告に対し，平成11年1月12日，簡易課税制度選択不適用届出に関する特例承認申請（以下，「本件特例承認申請」という。）をし，また同日付けで，本件課税期間の消費税等の修正申告書には，簡易課税制度を適用して消費税の計算をした誤りがあるとして，消費税等の更正の請求（以下，「本件更正請求」という。）をした。

(7) これに対し被告は，平成11年3月31日付けで，本件特例承認申請には「やむを得ない事情」がないとしてこれを却下し，また本件更正請求に対しても，更正の理由がない旨の通知を行った。

（単位：円）

		確定申告	修正申告	更正の請求
消費税	課 税 標 準 額	15,018,000	15,018,000	15,018,000
	消 費 税 額	600,720	600,720	600,720
	仕入税額控除額	5,227,619	301,028	5,227,619
	納付すべき税額	△4,626,899	299,600	△4,626,899
地方税	地方消費税の課税標準となる消費税額	△4,626,899	299,600	△4,626,899
	譲 渡 割 額	△1,156,724	74,900	△1,156,724

(注)1 「納付すべき税額」欄及び「譲渡割額」欄の△印は，還付金に相当する税額を示す。
    2 「地方消費税の課税標準となる消費税額」欄の△印は，控除不還付税額を示す。

当事者の主張

税務当局の主張

　消法37条5項は，災害等の場合における宥恕規定として創設されたものであり，やむを得ない事情の解釈としても同様に解すべきである。すなわち，消費税は，転嫁を予定した税であり，本来簡易課税制度選択の有無については課税期間の開始前に届出書を提出しなければならないが，例外として災害又はそれに準ずるような自己の責めに帰することが困難な事情が発生した場合，課税期間開始前に届出書を提出できないことが想定され，しかも簡易課税選択の有無は事業者の記帳内容に影響を及ぼすため，このような事情が発生した場合にまで届出書の提出期限を原則どおりとするのは事業者に酷である。

　本件で，原告が簡易課税制度選択不適用届出書を期限までに提出できなかった事情は，①免税事業者の期間が長期であったこと，②途中で関与税理士を変更したこと，③納税義務者でなくなった旨の届出書を提出したことにより，簡易課税制度選択適用届出書の効力が消滅したと解していたことであるが，①及び③は税法の不知又は誤解であり，②は原告の個人的事情であるから，いずれもやむを得ない事情に該当しないことは明らかである。

納税者の主張

　消法37条5項は，「やむを得ない事情」がある場合の特例について政令で定めるとしながら，同法施行令によってもこのやむを得ない事情の範囲を具体的に規定しておらず，かなり広範な内容をもつものといえる。このやむを得ない事情についての裁量は，税務署長の宥恕規定として創設されたものであり，弾力性のある幅広い取扱いをすべきであって，納税者の主観的事情も十分考慮されるべきである。

　そして，原告は，免税事業者の期間が長期であったことや途中で関与税理士を変更したことに加え，消費税に関する豊富な知識を有しておらず，納税義務者でなくなった旨の届出書を提出すれば，従前の届出書はすべて効力を失うも

のと考えたのであって，これらの事情によれば原告にはやむを得ない事情があったといえる。

判決の要旨

　裁判所は次のように判示し，本件特例承認申請書には「やむを得ない事情」がないとしてこれを却下した本件却下処分及び本件更正請求に対して更正の理由がない旨通知した本件通知処分は，いずれも適法であるとした。

　　この「やむを得ない事情」の意義について検討するに，消費税は，各取引段階の事業者に負担をもとめるのではなく，その事業者の販売する物品等の価格に転嫁されるものであるから，納税義務者になるかどうかや，簡易課税制度を選択するかどうかは，課税期間の開始前にあらかじめ決まっている筈のものである。したがって，課税期間開始前にそれらの届出書を提出することについて何ら支障はない。しかしながら，このような場合であっても，災害等により課税期間開始前に届出書を提出できないときにまでこの原則を貫くことは事業者に酷にすぎることとなるから，災害またはそれに準ずるような自己の責めに帰することのできない客観的事情があり，課税期間開始前に届出書を提出できない場合には，「やむを得ない事情」があるものとして，事前提出の特例を認めた趣旨のものというべきである。そうすると，「やむを得ない事情」とは，災害又はそれに準ずるような自己の責めに帰することのできない客観的事情があり，租税に関する知識不足や誤解などの主観的事情はこれにあたらないというべきである。

　　これに対し，原告は「やむを得ない事情」の解釈にあたっては，主観的事情も考慮し，ある程度広範囲に認めるべきであるなどと主張するが，上記の諸点に加え，簡易課税制度は，中小事業者の事務負担を考慮し，原則である本則課税の例外として簡易な算定方法を認めたも

のであって，原告主張のように「やむを得ない事情」の範囲を広範に解することはできない。

解　説

1　届出書提出制度

(1)　周知のとおり簡易課税制度は，本来すべての事業者がいわゆる「本則課税」に基づき納付すべき消費税額を算定しなければならないところ，消費税法の創設時に，消費税の累積排除のための前段階税額控除法がわが国の事業者にとって全く新しい経験であることに配慮し，特に中小事業者の納税事務の簡素化と納税コストの軽減を図るために設けられた制度である。

したがって，簡易課税制度は「本則課税」に対する「特例課税」として位置づけられるため，その特例措置を適用するにあたっては，当該事業者の意思を確認する必要性から，厳格な手続要件が法において定められている。すなわち，簡易課税制度を選択適用する事業者は，簡易課税制度の適用課税期間の開始の日の前日までに所轄税務署長に対し「消費税簡易課税制度選択届出書」（第24号様式）を提出しなければならない。この選択届出書の提出による効力は，提出日の翌課税期間から発生するものとする（消法37①）。

なお，いったん選択届出書の提出があった場合は，事業を廃止する場合を除き，2年間は本則課税事業者に戻ることはできない点に注意を要する（消法37③）。その理由は，簡易課税制度が本則計算と特例計算を比較し，事業者が有利な方を選択できるという趣旨のもとに設けられた制度ではなく，あくまで中小事業者の事務処理能力を考慮して設けられたものであるから，一定の継続要件が必要であると考えたからである。

ところで，簡易課税制度をいったん選択した事業者であっても，これを取りやめ本則課税に戻ることは自由である（ただし，上記の2年間の拘束はあ

る。)。しかし、その際にはやはり事業者の意思を確認する必要性から手続要件として、「消費税簡易課税制度選択不適用届出書」(第25号様式)の提出が必要となっている(消法37②)。この不適用届出書は、簡易課税制度をとりやめる課税期間の開始の日の前日までに提出しなければならないことになる。

(2) ところで、簡易課税制度については、実際に消費税導入後は、いわゆる「益税」の問題から、事業者が簡易課税を選択するのは事務処理能力の問題よりも、実際の仕入率とみなし仕入率とを比較考量し、「益税」をいかに取り込むかといった傾向がみられるとして批判を受けている。また、上記の2年の拘束期間がある関係上、たとえばビルを建設し、そのビルに係る消費税を実額で控除又は還付を受けるという必要があるときに、簡易課税制度の継続期間中にある場合は、本来の本則計算を行っていたならば取り戻すことができた分を取り戻せなかったとして"損税"が発生するといった事態も実務上生じている。この点につき争われた裁決例があるので次に簡単に紹介する。

裁決例　平成4年5月6日裁決(『裁決事例集』第43, 383ページ)

① 事実関係

　納税者は建売・土地売買業を営む同族会社であるが、平成元年9月28日付で「消費税簡易課税制度選択届出書」を提出し、昭和63年10月1日から平成元年9月30日までの課税期間以後の課税期間について簡易課税制度の適用を受けることとしており、平成元年10月1日から平成2年9月30日までの課税期間(本件課税期間)は、簡易課税制度の適用を受けることとなって2年目であった。しかし、本件課税期間において納税者は、仕入税額控除の算出は本則計算によることが原則であるから、本則計算を認めるべきであるとして、控除不足還付税額を412万441円とする確定申告をした。

これに対し所轄税務署長は，本件課税期間は簡易課税制度の適用期間であるとし，簡易課税制度によって納付すべき税額604万9,700円とする更正処分及び過少申告加算税88万1,000円とする賦課決定処分をなした。

② 　裁決の要旨

　「消費税法第37条第1項の規定によれば，簡易課税制度の適用を受けようとする事業者が，その基準期間における課税売上高が5億円（筆者注：現行5,000万円）以下である課税期間について，「消費税簡易課税制度選択届出書」を所轄税務署長に提出した場合には，その届出書を提出した日の属する課税期間の翌課税期間以後の課税期間については，簡易課税制度が適用されることとされている。また，同条第3項の規定によれば，いったん簡易課税制度の適用を受けることとなった場合には，2年間は継続しなければならない。

　したがって，課税庁が納税者の本件課税期間分の消費税について，簡易課税制度を適用して更正を行ったのは当然というべきである。」

　すなわち，条文の定めに従って手続要件は厳格に守られなければならず，本裁決は文理解釈上，妥当な裁決である。

2　やむを得ない事情

(1)　上記のとおり，簡易課税制度を選択適用する事業者は，事前届出として「消費税簡易課税制度選択届出書」又は「消費税簡易課税制度選択不適用届出書」を提出しなければならないことになっている。しかし，「やむを得ない事情」がある場合には，事前届出に対する宥恕規定が設けられている。すなわち，**消法37条5項**は次のとおり規定している。

TAX CASE ⑪ 簡易課税制度

> 第37条（中小事業者の仕入れに係る消費税額の控除の特例）
> 5　やむを得ない事情があるため第1項又は第2項の規定による届出書を第1項の規定の適用を受けようとし，又は受けることをやめようとする課税期間の初日の前日までに提出できなかった場合における同項又は前項の規定の適用の特例については，政令で定める。

　これを受けて，消令57条の2は，課税期間の開始前に各届出書を提出できなかった事情等を記載した申請書を提出し，所轄税務署長の承認を受けた場合には，当該届出書が課税期間の開始前に提出されたものとみなすとしている。したがって，この宥恕規定に適用については，「やむを得ない事情」が必要となる。

(2)　ところで，一般に「やむを得ない事情」とは，致し方なしと認められる事情をいい，ある一定のことをなし又はしないことについて経験上仕方がないという事情である。本条はじめ消法9条5項（免税事業者）にも「やむを得ない事情」の宥恕規定があり，税法上比較的多く用いられる用語で，例えば法人税法には，42条4項（国庫補助金の圧縮記帳），45条4項（工事負担金の圧縮記帳），47条4項（保険差益の圧縮記帳），52条4項（貸倒引当金），53条3項（返品調整引当金），59条3項（資産整理に伴う私財提供益等），68条4項（所得税額の控除）等々にみられる。

　なお，「やむを得ない事情」は，「著しく」，「不当に」，「相当に」，「正当な」といった不確定概念の1つである。これら不確定概念については租税法律主義の観点から，課税要件明確主義に反するといった批判があるが，規定上明確な表現をとったのでは，実情に合致しないため，抽象的な表現によって，一定の事情に適合する事柄を包括的に表現しているという意味において，基本的には立法上是認されている表現である。ただし，これら不確定概念の解釈については，特に宥恕規定に関しては，税務署長の自由裁量を認めるものではなく，あくまですべて羈束(きそく)裁量である点はいうまでもない。

(3)　本件では「やむを得ない事情」の1つとして，原告Y社は「納税義務者

でなくなった旨の届出書」を提出すれば，従前の届出書はすべて効力を失うものと考えるべきであり，このような解釈をしたことは「やむ得ない事情」に当たるものと主張した。

　このように消費税の納税義務者でなくなった旨の届出書の提出と簡易課税制度選択届出書の効力については，実はすでに裁決例が存在し，裁判所も当該裁決例を前提に本件は原告Y社の税法の不知又は誤解であると判断している。この点の判断は文理解釈上正しいものである。

　なお，当該裁決例は平成8年6月27日裁決の事案で，その裁決の要旨は，次のとおりである[1]。

　消費税法第57条（小規模事業者の納税義務の免除が適用されなくなった場合等の届出）第2項の規定に基づく「消費税の納税義務者でなくなった旨の届出書」は，事業者が基準期間の課税売上高が3,000万円（筆者注：現行1,000万円）以下となった場合に対応する課税期間において消費税の納税義務がなくなった旨を届けるもので，簡易課税の特例の適用を受けることをやめようとするとき又は事業を廃止したときは，その旨を記載した届出書を提出しなければならない旨規定されていることからすると，消費税の納税義務者でなくなった旨の届出書が提出されたとしても，簡易課税制度選択届出書の効力は失効しないものと解するのが相当である。

---

(4) 消法37条5項が予定する「やむを得ない事情」については，**消費税基本通達**に次のとおり定めがある。

（「やむを得ない事情」の範囲等）
13－1－5の2　法第37条第5項《届出書の提出時期に係る特例》に規定する「やむを得ない事情」の意義については，1－4－16による。（後略）

(「やむを得ない事情」の範囲)

1－4－16　法第9条第8項《届出書の提出時期に係る特例》に規定する「やむを得ない事情」とは、次に掲げるところによる。（平成10課消2－9追加）

(1) 震災、風水害、雪害、凍害、落雷、雪崩、がけ崩れ、地滑り、火山の噴火等の天災又は火災その他の人的災害で自己の責任によらないものに基因する災害が発生したことにより、法第9条第4項及び第5項《課税事業者の選択及び選択不適用》の届出書（以下1－4－16において「届出書」という。）の提出ができない状態になったと認められる場合

(2) (1)に規定する災害に準ずるような状況又は当該事業者の責めに帰することができない状態にあることにより、届出書の提出ができない状態になったと認められる場合

(3) その課税期間の末日前おおむね1月以内に相続があったことにより、当該相続に係る相続人が新たに法第9条第4項の届出書を提出できる個人事業者となった場合

　この場合には、その課税期間の末日にやむを得ない事情がやんだものとして取り扱う。

(4) (1)から(3)までに準ずる事情がある場合で、税務署長がやむを得ないと認めた場合

　本通達は本件係争事件の後に出されたものであるが、本通達がなくとも、上記のとおり「やむを得ない事情」という用語は、他の税法においてもおよそ共通的概念のもとに使用されており、天災、人災その他納税者の責めに帰さない事情をいうものであることは容易に想像がつく（たとえば、旧法基通318）。したがって、本件においてやむを得ない事情があったものとする納税者の主張に理由はない。

　ただし、立法論的には、簡易課税の選択につき事前届出制度を廃止するといった議論は可能であり、申告時に本則課税か簡易課税の選択を認めて

---

1) 『裁決事例集』第51号（国税不服審判所），731ページ
2) 日本税理士会連合会は、『平成15年度の税制改正に関する建議書』で、この点につき次のとおり要望する。「納税義務の免除制度を申告不要制度に改めるとともに、申告不要及び簡易課税制度の判定については、基準期間による制度を改め、当該課税期間の課税売上高に基づいて判定する制度とすること。また、簡易課税制度の適用については、届出制を廃止し、その選択は申告書の記載要件とすること。」

も差し支えないものと考える[2]。これによりいわゆる"損税"は解消される。なお，申告時選択制を認める場合，簡易課税による「益税」問題解消のため，基準期間の課税売上高の適用上限は引き下げる必要があることはいうまでもないが，この点については，平成15年度税制改正により，平成16年4月1日以後開始する課税期間について，従来2億円であった適用上限が5,000万円に引き下げられ，一応の対策は講ぜられた。ただし，ＥＵ型インボイス制度の導入が予定されれば，これは全く別の議論となり，およそ簡易課税制度自体が廃止となろう。

なお，立法論的には原告Ｙ社が主張したとおり，「納税義務者でなくなった旨の届出書」を提出すれば，従前の届出書はすべて効力を失うものと考え，そのように立法することは可能である。仮にそのような立法がなじまないとするならば，本件のようないわゆる"うっかりミス"を税法の不知と切り捨てることは簡単であるが，たとえば「消費税課税事業者選択届出書」の「参考事項欄」に，当該届出書が2度目以降の届出の場合は，過去における簡易課税制度適用の有無等を確認できるチェック欄を設け，本件のようなことが起こらないように注意を喚起する欄があっても差し支えないものと考える。以上，本件は消法37条5項の宥恕規定について，はじめて裁判所の判断が下されたという意味において意義のある判決である。

TAX CASE 12

役員退職慰労金
〔商　　法〕

🌱 イースター事件

東京地裁平成8年（ワ）第13364号，平成9年8月26日判決，判例検索→判例タイムズNo.968（1998.6.1）

【内　容】

本件は，直接税法に関係しない退職慰労金請求事件であるが，株主総会の退職慰労金決議の否決が公序良俗に反しないことを理由に同請求権を否決した事件である（商269）。

事実関係

被告I社は，繊維製品の製造，加工及び販売を目的として，昭和39年4月21日に設立した会社であり，原告HはI社の創立者で設立時から常勤役員（代表取締役，取締役）として平成7年6月30日に退職するまで31年2か月余り経営に携わってきた。

ところで，平成6年1月頃，原告Hは被告の経営が困難となってきたため旧知のKにI社の代表者として経営に協力することを要請し，Kはこれに応じI社の株式を取得して同年4月1日（同月21日登記）代表取締役に就任するとともにI社の債務につき連帯保証をしてI社の経営に積極的に取り組むこととなった。

ところが，Hの退職にあたり平成8年5月21日開催のI社の株主総会におい

て，Ｉ社の定款には退職慰労金に関する規定はなく，Ｉ社の役員退職慰労金規程５条，同附則１条には，役員退職慰労金の支給額は退職時の最終報酬月額に役員在職通算年数を乗じた額と定められていたところ，Ｈに対する退職慰労金支給に関する議案は否決されてしまった。

そこで，これを不服としたＨはＩ社に対し，退職慰労金規程及び不法行為に基づき，5,000万円の支払を求めて本訴に及んだ。

当事者の主張

原告の主張

(1) Ｉ社は平成５年３月決算，平成６年３月決算において赤字計上となったが，これはいわゆるバブル崩壊という全日本的な経済崩壊のため，主力取引先の経営ないし営業状態が急激に悪化した影響を受けたものであり，これを原告の責に帰することはできない。

(2) 新代表取締役Ｋは原告をＩ社から排除すべく新取締役にはたらきかけ，原告を退職に追い込んだ上，退職金不支給の決議をさせたものであり，株主総会といえども正当な理由なく，退職者の権利を侵害できないのは当然であり，本株主総会決議は違法，無効なものである。

(3) Ｉ社には従前から本件退職慰労金規程が存在し，過去の退職慰労金の支給はその規程によって処理され，一定の支給基準が確立していたものであって，退職慰労金支払は職務執行の対価である以上，正当な理由あるいは特段の事情が存しない退職慰労金の不払いは，権利の濫用であり許されないものであり，Ｉ社が主張する取締役会及び株主総会決議理由は，事実に反しかつ正当な理由がない。

被告の主張

被告は退職慰労金の支給が株主総会で否決された事情について次のとおり主張し，原告に対する退職慰労金の支給を否決したことは有効かつ適法であると

主張した。

(1) Hは被告の代表取締役に就任していたころから，役員報酬とは別に毎月約30万円の金員を被告から借入れ，平成6年10月まで続け，現在被告のHに対する貸付金の残高は元本1,700万1,142円，利息384万2,089円の合計2,084万3,231円に及んでいるところ，被告の金融機関に対する融資の申入れに際し，金融機関からHのこの借入金の存在により，融資金がHに対する貸付金に使用され，事業資金に使用されないのではないかとの指摘をたびたび受け，新規の借入れが次第に困難になり，Hは被告の金融機関への信用を喪失させた。

(2) 被告はT銀行から短期借入金があるところ，平成6年7月，1億円の借入金の返済期間が到来するので同行と新規の借入契約を再度締結する必要があった。この被告の借入れに際し，Hは連帯保証人であったため同行から新規の借入れに際しても連帯保証人として新代表取締役K及び旧代表取締役のHの両名がなるように要求されたところ，Hはこれを拒否した。

(3) 被告は平成5年3月決算・経常損失約6,400万円，平成6年3月決算・経常損失約1億5,600万円という危機的経営状況に陥った。しかし，Hはこれに対し経営改善の処置をとるべきであったのに，平成6年当時約1,900万円の役員報酬を削減しなかった。また，H在任中の被告の売掛金のうち，E社に対する債権6,000万円，F社3,100万円は不良債権となっている。

(4) これらの事情から，被告の取締役会においてHの被告設立及び発展への貢献度を最大限考慮したとしても，被告を倒産直前までにしたHの経営責任は重大であり，かつ被告の経営状況からみても退職慰労金の支給は相当でないと決議され，平成8年5月28日の定時株主総会において，取締役会の多数意見を述べて，株主間でも議論をつくしたところ，Hに対する退職慰労金支給の議案は否決されたものである。

判決の要旨

(1) 本件では原告Hが退職慰労金の法的性質は職務執行の対価であり、本件退職慰労金規程により当然に原告Hの被告I社に対する退職慰労金支払請求権が発生すると主張しているが、この点につき判決では次のように判断した。

> 退職慰労金の法的性質が職務執行の対価あるいは功労に対する報償金の性質を有するとしても、商法269条に定める報酬に含まれると解されるところ、同条によれば、定款にその額の定めがない場合には株主総会決議によりその額を定めることとされているから、退職慰労金の支給の有無、相当性は、株主総会の自主的判断に委ねられているというべく、株主総会がその与えられた権限を著しく逸脱して公序良俗に反するような決議をした場合を除いて、右決議がない場合には、原告の被告に対する退職慰労金支払請求権は発生しないものといわざるを得ない。
>
> なお、会社と取締役の法的関係が委任ないし準委任関係にあり、明示または黙示的に報酬を与える特約が存在するとしても、報酬額が定款または株主総会の決議により定められない限り、具体的報酬請求権は発生しないと解されるが、右株主総会が公序良俗に反するような場合には、右報酬請求権が発生すると解する余地がある。

(2) そこで本件について公序良俗に反する判断が行われたかどうかという点につき裁判所は、被告の主張を認め、次のように判示した。

> 右の事実によれば、被告の経営状況は依然として悪化しており、原告の経営方針の誤りないし経営改善策が十分になされていなかったことがその原因であると窺われる以上、原告が現在経済的に困窮しているとしても、本件決議が公序良俗に反するものであるということはで

きない。

解説

1 退職慰労金に関する動向

　商法では退職給与を退職慰労金と呼んでいるが、その性質については学説、判例は分かれている。しかし、多数説では役員退職給与は在職中の職務執行の対価と在職中の功労に対する支給の性質を合わせもつものとして考えられており、最高裁判例でも功労金を在職中の職務執行に対する対価に含めて考え、退職給与は商法269条の報酬に該当し、定款にその額の定めがない以上は、株主総会の決議によりその額を定めることを要求するものとしている[1]。本判決も多数説によっている。

　ただ、わが国の実際においては、個々の役員の退職給与の額を株主総会の決議で明らかにすることをしないで、取締役会に委任することが一般的であり、このことは最高裁においても退職給与の額を取締役会に無条件で一任することは許されないが、会社の業績、当該役員の勤続年数、担当業務、功績の軽重等から割り出された一定の基準に従って退職給与の額を決定すべきことを取締役会に委任することは適法であるとし[2]、一定の基準として多くの企業では「最終月額報酬×勤続年数×功績倍率」といった算式に基づく内規を定めているのである。

　なお、この点については、平成14年の商法改正により**商法269条**が次のとおり改正された。

---

　[1]　たとえば、最高裁二小・昭和39年12月11日判決、最高裁三小・昭和44年10月28日判決、最高裁二小・昭和48年11月26日判決、最高裁二小・昭和56年5月11日判決
　[2]　最高裁二小・昭和39年12月11日判決

> **第269条【報酬の決定】**
> ① 取締役ガ受クベキ報酬ニ付テノ左ニ掲グル事項ハ定款ニ之ヲ定メザリシトキハ株主総会ノ決議ヲ以テ之ヲ定ム
> 　一　報酬中額ガ確定シタルモノニ付テハ其ノ額
> 　二　報酬中額ガ確定セザルモノニ付テハ其ノ具体的ナル算定ノ方法
> 　三　報酬中金銭ニ非ザルモノニ付テハ其ノ具体的ナル内容
> ② 株主総会ニ前項第二号又ハ第三号ニ規定スル報酬ノ新設又ハ改定ニ関スル議案ヲ提出シタル取締役ハ其ノ株主総会ニ於テ其ノ報酬ヲ相当トスル理由ヲ開示スルコトヲ要ス
>
> （下線は改正箇所）

すなわち，第269条の規定により定められるべき取締役の報酬については，①不確定金額を報酬とする場合においてはその具体的な算定方法を，②金銭以外のものを報酬とする場合においてはその具体的な内容を定めるものとする。③この場合においては，その議案を提出した取締役は株主総会においてその報酬を相当とする理由を開示しなければならないとされた[3]。

また，最近の動向として，外国人機関投資家が株主総会において役員に対する退職慰労金支給議案に対し「否」の反対票を投ずるケースが目立ってきたことが注目される。後掲資料は，『2002年版株主総会白書』[4]からの引用であるが，

---

3) この点につき，前田庸稿「商法等の一部を改正する法律案要綱の解説〔Ⅱ〕」（旬刊『商事法務』（(社)商事法務研究会）No.1622（2002.3／5），14ページ）は，次のとおり述べている。「①の具体的な算定方法としては，たとえばその期の利益の5分の1に相当する金額などというように定めることになろう。②の具体的な内容としては，社宅の割安な提供等の金銭以外のものが具体的に挙げられることになろう。①および②のいずれも，確定金額と異なって，その報酬としての相当性がそれだけでは明らかでないので，さらにそれを相当とする理由を開示することが要求されるのである。①および②のいずれの場合についても，確定金額の場合に取締役全員の総枠で定めればよいと解されているのと同様に，総枠として定めれば足りるものと解される（この点は，後述する委員会等設置会社において，報酬委員会が個人別に定めるものとされているのと異なる。）。なお，委員会等設置会社においては，報酬委員会が確定金額，不確定金額または金銭以外のものを報酬とする場合についてそれぞれ定めることになる。」

4) 旬刊『商事法務』（(社)商事法務研究会）No.1647（2002.11／30），71ページ

調査1,970社中議案に対し「否」等の指示をした外国人機関投資家がいたと回答した会社が585社あり，その「否」の指示があった議案の内容を調査したものである。「退任取締役の退職慰労金議案」に反対があったのは358社で，「退任監査役の退職慰労金議案」は211社である。他の議案と比較すると多いことは明らかであるが，これはたとえばアメリカでは，取締役，役員の報酬に関する事項は，株主総会の Proxy Statement（委任状説明書）において記載し，開示されるものとなっているが，わが国の場合，個々の退任取締役への退職給与の額の具体的な説明はなくとも支給基準の内容について説明すればよいのであり[5]，外国人機関投資家にとってみれば金額の具体的な判断ができない故の反対であろうことは想像に難くない。また，業績不振であっても報酬の後払いとして退職慰労金が支給され，また任期わずか1期だけでも退職慰労金が支給されるといったわが国の慣行は理解しにくいのも当然であろう。

　要するに，役員報酬・賞与・退職給与については今後ますます株主価値の最大化というコーポレイトガヴァナンスの観点から，そのディスクロージャーは当然のこととされる。

5）　東京地裁・昭和63年1月28日判決

【外国人機関投資家等から「否」の指示のあった議案(重複回答)】
(該当なし1,385社を除く。)

社数( )内%

資本金(円) \ 回答	利益(損失)処分案	取締役選任議案	監査役選任議案	退任取締役慰労金の議案	退任監査役慰労金の議案	取締役報酬の議案	監査役報酬の議案	その他	無回答	計
5億未満	—	—	—	—	—	—	—	—	—	—
10億以下	2	1	2	1	2	—	—	1	—	3
	(66.7)	(33.3)	(66.7)	(33.3)	(66.7)			(33.3)		(100)
20億以下	6	2	4	9	4	—	—	2	—	18
	(33.3)	(11.1)	(22.2)	(50.0)	(22.2)			(11.1)		(100)
30億以下	16	11	10	13	7	—	1	4	1	31
	(51.6)	(35.5)	(32.3)	(41.9)	(22.6)		(3.2)	(12.9)	(3.2)	(100)
50億以下	15	15	13	30	24	1	1	4	3	57
	(26.3)	(26.3)	(22.8)	(52.6)	(42.1)	(1.8)	(1.8)	(7.0)	(5.3)	(100)
100億以下	44	39	34	56	38	4	3	21	3	107
	(41.1)	(36.4)	(31.8)	(52.3)	(35.5)	(3.7)	(2.8)	(19.6)	(2.8)	(100)
300億以下	82	76	48	115	58	7	2	45	3	186
	(44.1)	(40.9)	(25.8)	(61.8)	(31.2)	(3.8)	(1.1)	(24.2)	(1.6)	(100)
500億以下	28	25	18	41	25	3	4	18	1	58
	(48.3)	(43.1)	(31.0)	(70.7)	(43.1)	(5.2)	(6.9)	(31.0)	(1.7)	(100)
1,000億以下	27	38	31	47	31	1	2	17	1	64
	(42.2)	(59.4)	(48.4)	(73.4)	(48.4)	(1.6)	(3.1)	(26.6)	(1.6)	(100)
1,000億超	32	31	26	46	22	3	1	29	2	61
	(52.5)	(50.8)	(42.6)	(75.4)	(36.1)	(4.9)	(1.6)	(47.5)	(3.3)	(100)
計	252	238	186	358	211	19	14	141	14	585
	(43.1)	(40.7)	(31.8)	(61.2)	(36.1)	(3.2)	(2.4)	(24.1)	(2.4)	(100)

2 本件事案の意義

　本件に類似するケースで，多くの判決がみられるものに，退任取締役の退職慰労金につき，定款に定めがなく株主総会決議も存在しない場合は(本件は当該議案自体が否決された点で異なる。)，退任取締役には退職慰労金支払請求権が具体的に発生しないというものがある。したがって，仮に同族会社において実際に

退職慰労金支給規程があったとしても，株主総会の決議がない以上はこれを支給しないことができるのである[6]。

ただし，学説には取締役と会社間には委任の規定が適用され法文上は取締役の報酬は原則として無償であるとする多数説に対し，「取締役報酬有償委任説」もあり，本件のようないわゆる支配交替があった場合に退任取締役の保護を重視すると，何らかの手当が必要であるという考え方も存する。

また，判例でも株主総会における退任取締役に対する退職慰労金支給の決議はないが，同族会社で株主総会及び取締役会がほとんど開催されておらず，退職慰労金について代表者から受給者に通知している等の事実から，会社は退職慰労金の支給を拒絶できないとした事件がある[7]。これは同族会社で兄弟が取締役をしており，兄弟の仲たがいにより一方が退任する場合に，退職慰労金を支給する旨の定款又は株主総会決議がないことを理由に，退任取締役が期待していた退職慰労金の支給を会社が拒んだ事件である。本来の通説的見解，判例からいえば株主総会の決議がないものは支給しなくて差し支えないという結論になるが，この事件では，次の理由から商法上の手続違反のみを理由にその支払を拒絶することは衡平の理念から許されるものではないとした。

① 被告は代表取締役Kを中心とした同族会社でいわゆるワンマン会社であり，株主総会や取締役会が開催されたことは一度もないこと
② 被告は代表取締役K名でしかも内容証明郵便という厳格な形式でもって，既に被告を退社し社外の人間となった原告に対し退職慰労金を金3,000万円と決定したこと及び右退職慰労金を計上している旨を通知した。これは右決定が単に内部的な決定にとどまることな

---

6) たとえば，最高裁二小・昭和56年5月11日判決は，従業員の地位（工場長）を兼任していた退職取締役の退職慰労金につき，退職慰労金規程によって従業員分の退職慰労金は支払われなければならないが，取締役として受ける退職慰労金部分は商法269条の報酬の対象となり，定款又は株主総会の決議によらないものは認められないとして原判決を支持した。
7) 京都地裁・平成4年2月27日判決

> く，外部的にしかも意思表示の相手方である原告に対して直接表示されたものであること
> ③ 被告は右未払退職金を被告の損益計算書に計上し，これに基づいて法人税の申告も行っており，公的にも右未払退職金の支給義務があることを表明していること

　しかし，本件イースター事件は退職慰労金支給議案自体が株主総会で否決されたケースで，上記に掲げた他の事件とは異なるところであり，さらにその否決自体が公序良俗に反しないものであれば当該株主総会における否決は有効かつ適切であったものとするという判断である。

　周知のとおり，公序良俗とは「公の秩序・善良の風俗」をいうが，要するに当該行為の社会的妥当性を意味する用語で，本件においては原告HのI社の業績悪化に対する責任，金融機関に対する信用失墜が退職慰労金を支給しないことの理由であり，たとえば上記の他の事件のように退任取締役が会社に何ら不利益を与えていないにもかかわらず株主総会の決議がないというだけで支払拒絶を行った場合とはケースが異なるのである。

　以上，本件においてはその判断に社会的妥当性を有する点は論を俟たないものと考え，私見としては本判決を支持する。なお，退職慰労金の支給が行われない以上，税法上は個人及び法人に課税上の問題が発生しないことはいうまでもない。

TAX CASE 13

消費税の負担者
〔民　　法〕

❦ホカマ事件

那覇地裁平成11年（ワ）第446号，平成12年4月25日判決，判例検索
→金融・商事判例1095号（2000．7．15）

【内　容】

本件は，課税処分が直接争われた事件ではなく，原告が被告に売却した建物の消費税分及びその消費税の延滞料分の支払に関する消費税請求事件，ならびに被告が契約書を変造したとする不法行為に対する損害賠償請求事件である（民555，消法4，5，28）。

事実関係

(1) 原告株式会社ホカマ（以下，「H社」という。）は被告T社との間に，沖縄県北谷町所在の建物（以下，「本件建物」という。）につき，次のような売買契約を締結した（以下，「本件契約」という。）。

契約日	平成10年3月31日
契約内容	原告は，その所有する本件建物を被告に売り渡す
代　金	金　8,000万円

(2) 本件契約締結に際して，原告H社と被告T社との間では，本件建物自体の価格について話し合われたが，消費税についての話は全くなかった。

(3) 本件契約については契約書（以下，「本件契約書」という。）を1通作成し，原本を被告T社において所有し，写しを原告H社が所持することになったが，被告T社は本件契約後，本件契約書第2条に「（売買代金は消費税込みの金額とする。）」との文言を追加記載した。

(4) 原告H社は，その後，本件建物について消費税の申告をしたところ，麹町税務署から納付期限を平成11年3月1日とする376万9,100円の消費税納税通知を受けた。原告は税務署に対し納付の延期を願い出たが，平成11年3月2日から同年4月30日まで年7.3%（45,229円），同年5月1日からは年14.6%の延滞金を負担した。

そこで，原告H社は被告T社に対し，消費税は買主であるT社が負担すべきであるとし，T社を相手にこの消費税額等の負担，および損害賠償金10万円をもとめて本訴に及んだ。

当事者の主張

■ 原告の主張 ■

(1) 消費税の負担につき，当事者に明白な合意が存しないときには，消費税法に基づき買主に消費税が課税されるものである。

特に本件の場合，本件契約を仲介した訴外R銀行と原告間において一貫して消費税を含まない建物自体の価格について交渉が行われ，最終的にその価格を8,000万円とし，同額にて売却することが合意されたこと，その際，原告の取り分がいくらとなるかが重要な争点として交渉されたこと，消費税が高額であり，その高額な消費税については，特段の合意が存しない限り消費者の負担となることが商取引の一般常識であること，本件契約書は，登記のために司法書士が作成したものであること等の事情からすると，本件の消費税については被告が負担すると解するのが相当である。

(2) 被告T社は，本件契約後，原告に無断で本件契約書第2条に「（売買代金は消費税込みの金額とする。）」との文言を追加記載して，あたかも原告

と被告間において消費税込で前記代金額が合意されたかのように本件契約書を変造した。

■ 被告の主張 ■

(1) 被告は，本件契約締結に際して，売買代金8,000万円の中には，当然に消費税も含まれていると理解していた。また，本件契約締結に際して同席していた原告代表者及び原告訴訟代理人らより，本件建物の売買に関する消費税は外税であるから同席上において支払うべきであるとか，後日別途請求するという趣旨の説明等は全くなかったのであり，本件建物の売買代金8,000万円は，消費税込の契約であったと解すべきである。

消費税法28条1項は，次のように定めている。

> **第28条（課税標準）**
> 課税資産の譲渡等に係る消費税の課税標準は，課税資産の譲渡等の対価の額（対価として収受し，又は収受すべき一切の金銭又は金銭以外の物若しくは権利その他経済的な利益の額とし，課税資産の譲渡等につき課されるべき消費税額及び当該消費税額を課税標準として課されるべき地方消費税額に相当する額を含まないものとする。以下この項及び次項において同じ。）とする。（略）

売買契約等に本体価格（税抜価格），消費税額とを区分して記載していない場合は，消費税を含んでいるものと解すべきというのであるから，本件契約書中に，本体価格と消費税額とを明確に区分した記載がない以上，本件売買は消費税込であったと認定すべきである。

(2) 被告が本件契約書に追加記載したのは，R銀行の担当者から，原告の税理士がその文言の追加記載を依頼しているとの連絡を受け，その後，本件契約書を作成した司法書士から追加記載を依頼されたことから記載したのであって，変造ではない。

判決の要旨

1 事実認定

判決でははじめに，次のとおり事実認定を行っている。

(1) 本件建物の敷地（以下，「本件土地」という。）は訴外株式会社外間ビル[1]の所有であり，本件建物は本件土地と一括して被告T社に売却された。売却価格は代金6億5,000万円で，本件土地の代金が5億7,000万円，本件建物の代金が8,000万円であり，被告はもっぱらR銀行と交渉し，原告とは話をしたこともなかった。

(2) 平成10年3月31日，R銀行本店において，原告代表者，原告代理人弁護士，外間ビル代理人弁護士，R銀行代理人弁護士，被告代表者，被告経理部長等が集まり，その席で本件契約を締結し，R銀行が依頼した司法書士の作成した本件契約書にそれぞれ押印した。本件建物の売買代金は，この席上で，被告から原告に交付された。また，同日付けで本件土地及び建物について，被告に所有権移転登記がなされた。

(3) 被告は，本件契約を締結する前，R銀行に対して本件契約の売買代金が消費税込の金額であることを確認したが，原告に対しては特に確認しなかった。本件契約の締結に際しても，消費税についての話しは全くされず，本件契約書にも消費税に関する記載はされなかった。

2 本件における消費税の負担について

原告が被告に請求した消費税の負担については，次のとおり判示した。

> 売買契約等において本体価格（税抜き価格）と消費税額とを明らかにしていない場合には，その課税資産の譲渡等の対価は，消費税を含んでいるものと解すべきであるところ，本件では，前記認定のとおり，

---

1) 判決文中，訴外株式会社外間ビルと原告株式会社ホカマとの関係は何ら示されていないが，両社は兄弟会社又は親子会社の関係にあろうことがうかがわれる。

> 本件契約に際して消費税についての話が何らされていないこと，本件契約書に消費税についての記載がされておらず，総額として代金が8,000万円である旨の記載があるにすぎないこと，本件契約締結日に被告から原告への代金の交付がされ，同日付で被告に対する所有権移転登記がされていること，本件契約締結前に被告はR銀行に対して本件契約の売買代金は消費税込の価格であることを確認していたことからすると，本件契約はその売買代金8,000万円に消費税が含まれていると解するのが相当であり，被告が本件契約の代金8,000万円とは別に消費税分を支払うという約束がされていたと認めることはできない。
> 　したがって，原告は，被告に対して，消費税分について支払いを請求することはできず，この点に関する原告の主張は採用することができない。

3　本件契約書の変造について

　本件契約書に第2条として文言が追加されたこと自体に争いはないが，それが変造かどうかについては，次のとおり判示した。

> 　本件契約の売買代金8,000万円には消費税が含まれているものと解されるから，本件の追加記載は，それにより契約の内容が影響を受けるものではなく，右趣旨を明確にする以上の効力はないといえるから，被告が原告の同意を得ずに右追加記載をしたとしても，それが変造であると認めることはできない。

以上により，原告の本訴請求は理由がないので棄却された。

解説

1 売買の成立条件

(1) 民法555条は売買につき，次のとおり規定している。

> 第555条　売買ハ当事者ノ一方カ或財産権ヲ相手方ニ移転スルコトヲ約シ相手方カ之ニ其代金ヲ払フコトヲ約スルニ因リテ其効力ヲ生ス

　すなわち，本条によれば，「売買」は売主が財産権を移転することと，買主がその対価として代金を支払うことについて，双方が合意することによって成立する。その際，「履行の時・場所や担保責任その他の効力についても合意をすることがあろうが，当事者がこれらの事項をその売買の要素としないかぎり，さような合意を欠いても売買の成立を妨げるものではない。」[2]。

　また，民法は代金の支払について当事者の契約に任せるものとし，契約自由の原則に従い，その代金の額の決定に際しては何ら制限を設けるものではない。ただその額が公序良俗に反する場合は，その売買は無効となる[3]。

　したがって，本件においては本件建物の売買代金は平成10年3月31日にR銀行本店において被告から原告に交付され，また同日付けで本件土地及び建物について，被告に所有権移転の登記が行われたのであるから「売買」は有効に成立，完了している。

(2) なお，本件において原告の主張にはみられないが，学説的には「契約締結上の過失」責任の観点からアプローチが可能かどうかという問題もある。

　「契約締結上の過失」とは，契約締結の過程において，一方の過失によって相手方が損害を受けたという場合に，その賠償責任を認めようという問

---

[2]　柚木馨，高木多喜男編集『新版注釈民法(14)』（有斐閣，平10），144ページ
[3]　代金が過大の場合に，いわゆる暴利行為として無効となった事例に，名古屋地裁・昭和57年9月1日判決がある。

題であり，ドイツの学説，判例によって発展した責任理論である。その類型には，次の3つがある。

① 契約が原始的不能により無効，不成立の場合に信頼利益を賠償させるもの
② 契約が準備交渉のみにとどまった場合に信頼利益を賠償させるもの
③ 契約が有効に成立した場合にも信頼利益を賠償させるもの

③の類型が最広義の展開型であるが，契約が有効に成立した場合においても，その締結の際の説明不足のために相手方が損害を受けたときは，給付義務に付随する義務違反（信義則上の義務違反）として，原則的に信頼利益の賠償責任を認めるというものである。

本件において，消費税の負担が本件契約書に盛り込まれなかった点を上記③の観点からみると，被告T社はわが国トップの自動車会社の子会社であるが，建物売買に関し消費税が課税されることが既知であることは十分推認されるところ，契約説明の際にその点を原告H社に説明しておらず，結果として本来本体価格としての建物の譲渡対価に課税されるべき消費税を免れることができたとして，信義則違反から損害賠償金を請求できるとするものである。

しかし，わが国では「契約が有効に成立した場面（③類型）では，その締結過程は，すでに契約責任規範の中に包摂して処理できるのであるから－具体的には，付随義務違反，保護義務違反として－，あえて契約締結（過程）の問題を論ずる必要はなく，むしろそうすることは有害であろう。」[4]との見解のもとに，これは否定的に考えられており，そもそも法人として経済活動を営んでいる両当事者間において消費税の課税問題はタックス・プランニング[5]として当然契約上検討されるべきことで，原告H社には顧問税理士もおり，契約書に消費税の記載が抜けていたことは被告の

---

4) 近江幸治著『民法講義V（契約法）』（成文堂・平11），34ページ

一方的な過失にはならない。したがって，当該理論が仮に受け入れられたとしても，本件において民法上，被告に原告主張の新たな消費税支払い義務は発生しないと考える。

2 消費税の総額表示方式

(1) 課税資産の譲渡等に係る消費税の課税標準は，課税資産の譲渡等の対価の額である（消法28①）。この場合，対価の額とは，対価として収受し，または収受すべき一切の金銭または金銭以外の物もしくは権利その他経済的な利益の額をいい，課税資産の譲渡等につき課されるべき消費税額及びその消費税額を課税標準として課されるべき地方消費税に相当する額は含まれない（消法28①カッコ書き）。すなわち，課税標準である対価の額は税抜価格である。

すると，本件においては，裁判所も判断したとおり，本件契約書に消費税の負担について特別な記載がなく，有効に成立した売買において，代金

5） 免税事業者であった法人が新たに賃貸用ビルの建替えに伴う消費税の還付（419万3,735円）を受けようとするときに，顧問公認会計士が所定の時期までに課税事業者選択届出書を提出しなかったため，還付金を受けられなかったとして当該還付金に相当する損害賠償を求めた事件につき，東京地裁は次のように判示し，事業者としてのタックス・プランニングの欠如が招いた結果として，公認会計士に損害賠償責任はないとした。

「原告が選択届出書を提出しなかったのは，新ビルを建築するに際して，事業者であれば，当然に考慮に入れているはずである税金対策に関する自らの判断を誤っていたというにとどまり，この点に関する知識は，前説示したとおり，敢えて専門家の指示・助言がなければ持ち合わせることができないというものではなく，事業者であれば知っていて当然の知識にすぎない。被告が新ビルの建築に伴う消費税に係る取扱いを進んで説明しなかったとして，被告の債務不履行をいうのは，当時，専門家である被告との間に本件顧問契約が締結されていたことを奇貨として，事業者として当然の検討を自ら怠った結果を被告に転嫁しようとするもの（被告の当時の会計処理が杜撰であったと主張するのも，結局，同旨）というほかなく，本件事案においては，原告の主張を採用する余地はない。」（東京地裁平成14年（ワ）第7687号，平成15年5月21日判決）

の支払も完了しているのであるから，本件建物の譲渡価額8,000万円はいわゆる"税込価格"であり，8,000万円の契約価格に消費税が含まれているものとする解釈は，もはや社会通念上当然である。

(2)　なお，本件は本件建物とその敷地の譲渡が同時に行われ，土地の譲渡については消費税が非課税となることから，原告において何らかの誤解があったのかもしれない。しかし，本件は事業者間における売買取引であり，一般消費者の保護に関する観点からこれを救うべき問題ではない。

　ただし，消費税額の表示に関しては，従来わが国の消費税法では何ら明らかにされておらず，実務上はいわゆる「税込表示」や「税区分表示」が行われてきたが，これらはいずれも許容されている表示にすぎないので，特に消費者保護に関する観点からは検討の余地があった。

　消費税（付加価値税）の先行国であるEU主要国でも同じく税法に付加価値税の表示についての定めはないが，特に消費者保護の観点から次のとおり価格表示に関する規制において，消費者に対する価格表示は消費者が購入決定後に表示価格を超える負担を求められることのないよう，付加価値税を含む総額を表示しなければならないこととされており，この場合，価格に含まれる税額相当分を合わせて示すことも可能であるとする。したがって，商品等の価格は税込方式で税額部分も合わせて表示する「総額表示方式」がスタンダードとなっている。

　なお，「総額表示方式」の類型には，次のようなものがある。

```
a．10,290円（本体価格9,800円，消費税等490円）
b．10,290円（うち消費税等490円）
c．10,290円（本体価格9,800円）
d．10,290円（税込）
e．10,290円
f．9,800円（税込10,290円）
```

	フランス	ドイツ	イギリス
根拠法令	・政府に経済分野の諸措置を講じることを授権する法 ・価格及び競争の自由に関するオルドナンス（委任立法権限に基づく緊急政令）	・価格提示法	・消費者保護法
価格表示に関する規制	価格についての消費者の情報に関する経済省令（経済財政産業省所管）	価格提示規則（経済省所管）	価格表示指導要綱（貿易産業省所管）

　そこで，わが国においても，一般消費者の保護及び表示の明瞭性の観点から，すでに総額表示方式をとっている事業者も多く，平成15年度税制改正において，平成16年4月1日から，事業者がその相手方である「消費者」（不特定かつ多数の者）に対して商品の販売，役務の提供等の取引を行う場合において，あらかじめその商品や役務の価格を表示するときは，その資産に係る消費税及び地方消費税の額を含む価格を表示することが義務付けられた（消法63の2）。

　なお，本件のような事業者間取引については，たとえばEU諸国でも「税抜価格」表示が通例であり，ことさら法令を整備する必要はない。

TAX CASE 14

財 産 分 与
〔民　　　法〕

🌿 熟年離婚事件

横浜地裁相模原支部平成9年（タ）第36号，平成11年7月30日判決，TAINS判例検索→Z999－5006

【内　容】

本件は離婚等請求事件で，課税処分が争われた事件ではないが，財産分与に関する課税問題も当然生じるので，参考として掲げるものとした（民768）。

なお，本件は，特に財産分与につき，共同財産の清算の他に，双方の年金受領額の差額の4割を妻の死亡まで毎月支払うことを認めた点が注目される。

事実関係

(1)　原告妻（昭和10年11月26日生）と被告夫（昭和10年4月11日生）は，昭和35年6月1日に，妻である原告の氏を称することにして婚姻の届出をした夫婦である。原告と被告との間には，長女（昭和36年3月25日生）と長男（昭和42年3月13日生）の2子がいる。長男は，平成4年2月4日に婚姻している。

(2)　被告は，昭和35年4月，大学卒業とともにX電器産業株式会社に入社し，その後永らくX通信工業株式会社に勤務していたが，平成4年からX電器産業株式会社に戻り，平成7年4月に同社を定年退職した。原告は，被告

との婚姻後専業主婦として生活してきた。

　原告と被告は，昭和42年から，別紙物件目録（省略）記載の土地建物（以下「本件土地建物」もしくは「自宅」という。）に居住してきた。

　被告は，結婚とほぼ同時に就職した会社での仕事に全力を注いできたものであり，早朝6時台に出勤し，夜9時半過ぎ，ときには11時以降に帰宅する日々で，平日帰宅してからも休日も仕事に関わる勉強をしていた。その家庭生活もこれに合わせたものとされ，朝は原告が被告のベッドまで朝食を運び，歯ブラシを用意し，立っている被告に背広を着させ，靴下をはかせるというものであり（これは平成5年4月ころまで続けられた。），原告は被告の帰宅時には必ず家にいてこれを迎えることとなっていた。

(3)　ところで，原告は昭和37年に卵巣腫瘍のため左卵巣切除の手術を受けた。また，原告は，昭和41年から約16年間椎間板ヘルニアの治療を受けていた。

　昭和55年4月に結婚20年を記念してヨーロッパ旅行に行った。

　被告は，その仕事ぶりが評価されて順調に栄進し，昭和56年に技術部長，昭和61年に情報システム事業部長となった。

(4)　原告は，昭和61年に胃ガンの手術を受けた。原告は，その手術から自宅に戻り，しゃがむことに苦痛を伴うためトイレを和式から洋式に替えたかったが，被告はこれに賛成しなかった。また，原告は，この手術後重い物が持てなくなるなど体力が低下したが，被告は会社の仕事，原告は家事という生活状況には変化はなかった。

　原告は，手術時の輸血が原因で，昭和62年にＣ型肝炎に罹患（りかん）した。

　被告は，平成元年6月に取締役となった。

　平成2年に結婚30年を記念してハワイ旅行をした。しかし，原告は，手術を重ねた身体の具合から移動することがかなり辛かった。

(5)　平成4年1月に長男が結婚式を挙げ，独立した。原告は，平成4年6月ころから，自宅居間にソファーベッドを置いて寝るようになり，食事も被告と別にとるようになり，さらに，同年12月には2階からベッドを持ってきて寝るようになった。被告は，これらの原告の行動に対し，なぜそのよ

うなことをするのかと尋ねることもなかった。原告は，平成6年に右変形性股関節症のため人工骨置換手術を受け，被告は，平成7年4月に定年退職した。

(6) 原告は，平成8年4月に左股関節臼蓋手術のため入院した。被告は見舞いに行くこともなかった。原告は，平成8年8月19日に手術入院を終えて帰宅したが障害をもった身体では家事をこなすことも困難と自覚し，離婚の決意で同日から原告は2階で，被告は1階でと別れて生活するようになった。ただし，原告は，その後も被告の食事の支度だけはしていた。なお，原告は，その手術後歩行に両側杖を必要とし，日常生活行動にきわめて制限を受けており，身体障害者4級と認定されている。

(7) 原告は，平成9年6月，横浜家庭裁判所相模原支部に家事調停の申立てをしてしたが，その調停は，同年9月9日，調停の成立する見込みがないとして事件終了した。

原告は，平成9年10月11日，長女と共に自宅を出て，以後被告と別居を続けている。

(8) 原告は，平成9年10月28日，横浜家庭裁判所相模原支部に婚姻費用分担の調停を申し立てた。同裁判所は，平成10年7月17日，被告は原告に対して毎月24万円の婚姻費用分担金の支払を命ずる審判を下した。

当事者の主張

■ 原告の主張 ■

(1) 離婚原因の存否

原告にとって被告との結婚生活は，原告自身の感情や望みは押し殺して，趣味を楽しむことも許されず，ひたすら被告の意を迎えることのみに心を砕く生活であり，原告は，子供が一人前になるまでは必死で我慢してきたが，被告の余りの思いやりのなさに耐えられず，これ以上被告との婚姻生活を継続する意思を喪失した。民法770条[1] 1項5号の事由が存する。

(2) 財産分与

財産分与対象財産は，本件土地建物の被告の持分（2分の1），被告名義の預貯金6,500万円，退職金1,650万円，年金6,558万円（もしくは年額520万円）及び保険金受領権であり，原告は各2分の1について分与を求める。

■ 被告の主張 ■

(1) 離婚原因の存否

原告が，その感情や望みを押し殺して，趣味を楽しむこともなく，ひたすら被告の意を迎えることのみに心を砕く生活をしてきたということは全くない。原告は，C型肝炎，変形性股関節症等を罹患し，また，定年退職した夫である被告間には離婚原因は存しない。

(2) 財産分与

本件土地建物に課された固定資産税，保全費用はすべて被告が支出してきたからその2分の1は原告が負担すべきものである。預貯金は原告主張の被告名義のもの以外に原告が蓄えているもの（いわゆるへそくり）が4,880万円程度あるはずである。退職金は年金方式の部分を途中解約した場合には低額となる。年金，保険金受領権は財産分与の対象となるものではない。

---

1) **民法770条【離婚原因】**①夫婦の一方は，左の場合に限り，離婚の訴を提起することができる。
　　一　配偶者に不貞な行為があったとき。
　　二　配偶者から悪意で遺棄されたとき。
　　三　配偶者の生死が3年以上明かでないとき。
　　四　配偶者が強度の精神病にかかり，回復の見込がないとき。
　　五　その他婚姻を継続し難い重大な事由があるとき。

TAX CASE ⑭ 財産分与

判決の要旨

1 離婚原因の存否

判決では，次のとおり説示し，原告の離婚請求を容認した。

> 被告が原告に対し暴力を振るったり，不貞行為に及んだりしていないことは前記のとおりである。しかし，被告は，自分は会社の仕事に全力を注ぐから，妻である原告は家庭でそれを支えるべきである，これは普通の考えであるとして原告に接し，これに応じた原告の行動を求めてきたものであるところ，原告はその様な考えを当然と受け入れることができず，被告の右考えに基づく行動に同調できず，特に幾度となく入院手術を受けることで体力が衰え，障害を抱えた身体では家事を十分にこなすこともできないと思うようになり，また，そのような原告の状態に十分な配慮をしてくれない被告と共に暮らしていく意思を失っていってしまったものである。これは，夫である被告が定年退職したことによる一時的なものではない。被告が平成7年に退職する前の，長男Iが結婚して独立した平成4年から家庭内別居が始まっているのである。その家庭内別居が始まってから7年，原告が自宅を出て別居してから2年近くが経過している。その間には家庭裁判所での調停もあった。しかしながら，離婚を求めている原告はもちろんのこと，これに反対している被告も夫婦関係を修復するための行動を取ろうとしてこなかった。
>
> 以上によれば，現時点において，原告は被告との婚姻継続意思を完全に喪失しているといわざるを得ず，今後夫婦関係が修復する見込みはなく，もはや原告と被告との婚姻を継続しがたい事情があるというほかない。

2 慰謝料

前記認定の原告と被告との婚姻が破綻に至った経緯その他諸般の事情を考慮すると，原告の被告に対する離婚慰謝料は200万円とするのが相当である。

3 財産分与

(1) 本件土地建物

原告と被告は，婚姻後の昭和42年3月，自宅である本件土地建物を330万円で購入した。代金は各自が2分の1ずつ出し合い，原告と被告の各2分の1の共有名義で登記をしたのであるが，原告は婚姻時に持参したその父から譲り受けた株券を処分し，被告は勤務会社の共済組合と住宅金融公庫から借入れをして資金を作った。また，昭和49年頃には自宅の改築もしたが，その際も原告と被告それぞれ2分の1ずつ費用負担し，その際も被告は金融機関から資金を借り入れた。被告のこの借入金については，その後被告の給料から返済を続け，現在返済は終わって抵当権も抹消されている。

そうすると，本件土地建物のうち被告持分（2分の1）が原告被告が共同して形成したものとして財産分与の対象になる。本件土地建物の評価額は4,612万円である。

(2) 預貯金等

被告名義の預貯金，株式，転換社債があり，その評価額は合計約6,500万円である。被告は，被告本人尋問において，これ以外に原告が相当額の預金（いわゆるへそくり）をしているはずだと供述するが，原告は，原告本人尋問において，被告から受け取っていた金員は家計に費消しており，その中から貯め込んだ金員はないと供述しており，そのような預貯金の存在を認めるに足りる証拠はない。

(3) 退職金

被告は，会社を退職するにあたり，一時金として約600万円の支給を受け，その後年金として年に約230万円（健康保険料を含む。）を20年間支給さ

TAX CASE ⑭ 財産分与

れることになった。この退職金については，被告がいったん選択した企業年金として受け取る方式を途中解約した場合は，すでに支払った年金と元金の差額に市中金利相当分を計算して払い戻されることになっている。平成11年3月の支払を含めた支払総額は8,015,000円（1,145,000円〔半年分〕×7回，健康保険料を含む。）である。そうすると，平成11年3月以降解約したとすると，その場合の受取金額は，元金19,971,900円と既払分との差額11,956,900円となる。

(4) 年 金

被告は，①老齢厚生年金，②Ｘ電器厚生年金基金の基本年金及び加算年金，③Ｘ電器福祉年金を受給している。その税引後の支給年額は，①が2,150,660円，②が基本年金と加算年金と合わせて2,358,292円，③が901,252円である。

原告の年金は，原告の65歳からの年金支給見込額は年額468,335円である。この内訳は，厚生年金期間（婚姻前の就業期間）6月，1号納付（自分で保険料を納付）期間131月及び3号納付（配偶者の加入している年金制度から納付）期間108月となっているが，その大半が婚姻後のものであり，その間は被告の収入から保険料が納付されたものと認められるから，この年金見込額全額を財産分与算定の考慮事由とする。

被告の受給する年金額5,410,204円から原告の受給する年金額468,335円を控除すると4,941,869円となる。なお，原告は，神戸市灘区内に相続した所有土地があり，駐車場として賃貸しており，経費等を控除して月約14万円余りの収入がある。

(5) 保険金受給権

被告は，①Ｘ電器共済会グループ生命保険，②住友海上火災傷害保険等に加入しているが，①は1年ごとの清算型で年間の配当金は1万数千円であり，②の解約返戻金については明確ではない。結局この保険金受領権等は財産分与算定において考慮するものとはならない。

(6) 結　論

以上のとおり，財産分与について原告から請求のあった項目について検討した結果，結論として，次のとおり判示した。

> 以上の本件土地建物の持分2分の1相当額2,306万円，預貯金等約6,500万円及び退職金の年金方式部分を解約した場合の受取金額約1,195万円の合計額は約1億1万円となる。右財産形成についての原告被告の生活状況等諸般の事情を考慮すると，原告の請求しうる財産分与請求額はその5分の2とするのが相当である。そうすると原告が請求しうる財産分与は4,000万円となる。原告は，本件土地建物の現物分与を求めていること，原告は本件土地建物に2分の1の固有の持分を有していること等を考慮すれば，本件土地建物の被告の持分の2分の1を原告に分与することが相当である。
>
> なお，原告は，被告に対し，本件建物からの退去明渡しを求めているが，現在共有持分2分の1を有する被告に対し本件建物からの退去を求めることはできない(その求める趣旨が財産分与の結果本件建物の所有権が全部原告に帰することになってからのこととすると，現時点でこれを求める必要性は認められない。)。本件土地建物の被告の持分全部（2分の1）を原告に財産分与すると，その評価額は2,306万円となるから，その他一括的財産分与として被告から原告に1,694万円を支払わせることとする。さらに，扶養的財産分与として，今後被告の受領する年金（退職年金は除く。)の内前記原告受領額との差額の4割相当額について被告から原告に支払わせることが相当であるから，原告死亡まで月額16万円を支払わせることとする。
>
> よって，原告の請求は被告に対し，離婚及び慰謝料200万円の支払を求める限度で理由があり，財産分与として，被告から原告に，本件土地建物の被告持分（2分の1）の分与，1,694万円の一括支払，原告死亡まで月額16万円の支払をさせることが相当である。

解　説

1　慰謝料と課税関係
1－1　慰謝料の意義

(1)　慰謝料とは，生命，身体等の人格的利益が侵害され，精神的損害を受けたときに，その賠償として一般に金銭で支払われるものをいう。民法710条は，不法行為（民709）があった場合に精神的損害を賠償しなければならない点につき，次のとおり規定している。

> **第710条【非財産的損害の賠償】**　他人ノ身体，自由又ハ名誉ヲ害シタル場合ト財産権ヲ害シタル場合トヲ問ハス前条（筆者注：不法行為）ノ規定ニ依リテ損害賠償ノ責ニ任スル者ハ財産以外ノ損害ニ対シテモ其賠償ヲ為スコトヲ要ス

したがって，離婚原因に不法行為が成立したときは同条が根拠規定となり慰謝料を請求できるのである。なお，判例では，相手方の有責・不法な行為によって離婚することがやむを得なくなった場合には，710条規定の身体，自由，名誉に対する侵害がなくとも，相手方に対し離婚することのやむなきに至ったことについて慰謝料を請求することができるものとしている（最高裁・昭和31年2月21日判決）。

(2)　ところで，慰謝料が請求できる場合はあくまで不法行為の成立が前提となるが，不法行為の一般的要件・効果については，民法709条に「故意又ハ過失ニ因リテ他人ノ権利ヲ侵害シタル者ハ之ニ因リテ生シタル損害ヲ賠償スル責ニ任ス」と規定されている。すなわち，次の4要件が不法行為の成立要件である。

> ①　加害者に故意又は過失があること
> ②　権利侵害があること（行為に違法性があること）
> ③　加害行為と損害発生との間に相当の因果関係があること
> ④　加害者に責任能力があること

これを離婚の場合に当てはめると、離婚には裁判外の離婚で夫婦の合意によってなされるいわゆる「協議離婚」（民763）と、裁判上の離婚（家庭裁判所における「調停離婚」、「審判離婚」、地方裁判所における「判決離婚」）とがあるが、民法では判決離婚ができる場合として、次の5つを離婚原因としている（民770）。したがって、その離婚原因により不法行為が成立するかどうかにより、慰謝料請求が認められるかどうかの関係も成り立つといってよい。一般的には次のとおり考えられる。

a．配偶者に不貞な行為があったとき

　この場合、夫婦の一方が故意に配偶者以外の者との性的関係を持つことで不法行為が成立し、一方の配偶者は精神的損害を受けたことは明らかであるから、慰謝料の請求が認められる。

b．配偶者から悪意で遺棄されたとき

　この場合の悪意の遺棄とは、正当な理由なくして民法752条に定める夫婦としての同居及び協力扶助義務を継続的に履行せず、夫婦生活というにふさわしい共同生活の維持を拒否することをいい（新潟地裁・昭和36年4月24日判決）、悪意の遺棄があったときは不法行為にあたり、慰謝料の請求が認められる。

c．配偶者の生死が3年以上明らかでないとき

　この場合、生死不明となるに至った原因いかんは問われない（大津地裁・昭和25年7月27日判決）。そこで、この生死不明のときは故意又は過失があるという要件を欠くことになり、不法行為は成立せず、慰謝料請求はできないことになる。

d．配偶者が強度の精神病にかかり、回復の見込みがないとき

　この場合の強度の精神病とは、民法752条の同居、扶養の義務が十分に果たされない程度の精神障害を意味し、必ずしも禁治産宣言の理由となる精神障害ないしは精神的死亡に達していることを要しない（長崎地裁・昭和42年9月5日判決）。精神病にかかるということ自体は本人に責任のないところであり、不法行為は成立し難く、慰謝料の請求は認められ

TAX CASE ⑭ 財産分与

ないと考える。なお，精神病ではないが，夫が身体障害者となったことが離婚の原因として認定されたケースにおいて，慰謝料の請求については，夫に不法行為はないとしてその請求が認められなかった事件がある（高知地裁・昭和27年6月23日判決）。

　e．その他婚姻を継続しがたい重大な事由があるとき

　　この離婚原因はケース・バイ・ケースで，その判断は裁判官の自由裁量に委ねられている。したがって慰謝料の請求もケース・バイ・ケースとなる。

1－2　慰謝料の課税関係

　慰謝料とは不法行為に基づく損害賠償金であるから，受領者には課税関係は生ぜず非課税となる。すなわち，所得税法9条は非課税所得につき規定しているが，同条1項16号は，「損害保険契約に基づき支払を受ける保険金及び損害賠償金（これらに類するものを含む。）で，心身に加えられた損害に基因して取得するものその他の政令で定めるもの」は非課税とし，政令では「心身に加えられた損害につき支払を受ける慰謝料その他の損害賠償金」(所令30一)は非課税であると明示しており，慰謝料について所得税は課税されない。したがって，本件における離婚慰謝料は200万円であるが，その全額が非課税となる。

2　財産分与と課税関係

2－1　財産分与の意義

　離婚をした者の一方は，相手方に対し財産の分与を請求することができる。これを「財産分与請求権」という（民768①[2]）。この財産分与の請求は，離婚後2年以内に行わなければならない（民768②）。

　ところで，財産分与の法的性質については次の2つがあり，(1)が中心的な考

2）民法768条1項は，「協議上の離婚をした者の一方は，相手方に対して財産の分与を請求することができる。」として協議離婚を前提として規定しているが，この規定は民法771条により，裁判上の離婚についても準用される。

え方で，(2)が補完説である。
(1) 共同財産清算説

　わが国民法は，夫婦間の財産の帰属について夫婦財産契約を認め，夫婦が婚姻届出前に任意の契約を締結して登記したときは，これによるものとしている（民756）。したがって，それ以外は法定財産制に従うことになり，夫婦別産制を認め，婚姻費用の分担（民760），日常の家事による債務の連帯責任（民761）を負うほかは，夫婦のそれぞれの財産は各人の特有財産であり，夫婦のいずれに属するか明らかでない財産は共有財産となる（民762）。

　したがって，「共同財産清算説」とは，財産分与の対象となる財産は特有財産を除いた共有財産であり，離婚に際し共有財産の清算を行うことが財産分与であるとする説である。

　ただし，「婚姻中自己の名で得た財産」は特有財産となるが（民762①），これを形式的に解すると，夫だけに収入があり妻はもっぱら家事を行う夫婦間においては，婚姻後に取得した夫名義の預貯金，有価証券，不動産等はすべて夫の特有財産となり，離婚に際し夫婦共有財産は存在しないことになる。しかし，名義の決定は対外的な第三者抗弁権として重要性はあっても，夫婦間の財産の帰属を判定する際にもっぱら名義だけが重要視されるのは適当ではなく，むしろ夫婦間の財産の蓄積に対する妻の貢献度，寄与度が評価されて初めて夫婦間の財産の真の清算が行われることになるのである。したがって，実際の離婚の現場においては，名義による財産の特有性ではなく，夫の名義で存在する財産（夫婦財産契約に基づく婚姻前の財産，相続財産を除く。）も財産分与の対象とし，妻の貢献度の評価をいくらとして夫婦間の清算を行うかがもっぱら争点となっている[3]。本件の場合も財産分与の対象として，不動産，預貯金，株式，転換社債，退職金，年金，保険金受給権が挙げられているが，妻の請求し得る財産分与請求権はその5分の2としている。

(2) 扶養的財産分与説

　財産分与は夫婦間の財産の清算がその主たる法的性質であると考えられ

るが，補完的に離婚後の一方の扶養という側面も重視される。すなわち，生活能力の弱い配偶者に対しては，離婚後の生活を一定期間保証する必要があり，その扶養を約束することによって婚姻関係の解消がスムーズに行われると考えるのである。

本件は，年金の財産分与について扶養的財産分与説を重視し，夫の年金と妻の年金の差額の4割を妻の死亡まで支払うことを命じた点が特徴的な判決である。なお，この他に扶養的財産分与説が特徴的にあらわれた事件に，精神病の妻との離婚にあたり夫に離婚後の生活を扶養するに必要な限度で財産分与をなす義務があるとして，妻に死亡まで毎月2万円の支払を命じた事件[4]や，夫の将来の退職金の2分の1を財産分与として清算に含めたほかに，扶養的財産分与として妻の死亡時まで月額15万円の支払を命じた事件[5]がある。

2－2 財産分与と慰謝料の関係

慰謝料と財産分与の関係については，慰謝料が財産分与に含まれるか否かにより，次の2説に分かれる。

(1) 包 括 説

離婚に伴う財産分与においては，当事者間において有責原因の有無や財産所有の状況等が個別事情とともに総合的に斟酌され，その金額的判断が

---

[3] ただし，国税不服審判所の裁決例に次のような事件がある（平11. 7. 23裁決）。請求人Gは妻であったHに対し，その婚姻中にGの名義で取得した不動産を離婚に際し財産分与して平成7年分の所得税の確定申告をした。ところが，Gは平成9年にその不動産は取得の経過からして自分とHの共有財産であり，Hへ分与した財産は本件不動産の半分となるので，分離長期譲渡所得金額及び納付すべき税額に誤りがあったとして更正の請求をした。原処分庁は共有財産であることにつき確認ができないとして，更正をすべき理由がない旨の通知処分をなした。この件につき国税不服審判所は，次のとおり判断した。「夫婦が婚姻中に相互の協力，寄与によって得た資産であっても，いずれか一方の名義となっている場合には，その取得資金の拠出等の事実に基づき，他方の特有財産であることが明らかであるとき若しくは夫婦の共有財産であることが明らかであるときなど，当該名義が単なる名義貸しによるものであることが明らかである場合を除き，その名義人を当該資産の所有者として取り扱うのが相当である。」
[4] 札幌地裁・昭和44年7月14日判決（『判例時報』578号，74ページ）
[5] 横浜地裁・平成9年1月22日判決（『判例時報』1618号，109ページ）

なされる。したがって、包括説では、有責配偶者に対する慰謝料請求は、財産分与のなかに含まれると解する。

(2) 限　定　説

限定説は、そもそも慰謝料と財産分与の性質は異なるところであり、両者は別個の請求権であり区別されるべきであるとする。

なお、最高裁・昭和46年7月23日判決では、「財産分与の請求権は、相手方の有責な行為によって離婚をやむなくされ精神的苦痛を被ったことに対する慰藉料の請求権とは、その性質を必ずしも同じくするものではない。したがって、すでに財産分与がなされたからといって、その後不法行為を理由として別途慰藉料の請求をすることは妨げられないというべきである。」とし、原則として限定説をとるが、さらに続いて、「もっとも……財産分与によって請求者の精神的苦痛がすべて慰藉されたものと認められるときには、もはや重ねて慰藉料の請求を容認することはできないものと解すべきである。」とし、完全なる限定説をとっていない。そこで結論として、両者の関係を次のように判示した。「財産分与がなされても、それが損害賠償の要素を含めた趣旨とは解せられないか、そうでないとしても、その額および方法において、請求者の精神的苦痛を慰藉するには足りないと認められるものであるときには、すでに財産分与を得たという一事によって慰藉料請求権がすべて消滅するものではなく、別個に不法行為を理由として離婚による慰藉料を請求することを妨げられないものと解する。」

なお、きわめて実務的な対応としては、慰謝料として不動産移転の登記をする場合と、財産分与として不動産移転の登記をする場合とでは、登録免許税の税率が異なり、上記2説にかかわらず、税率が有利な財産分与の名目で取得することが行われている。すなわち、登録免許税法別表第一によると、慰謝料による不動産移転登記の税率は5％（別表1－㈡ニ）、財産分与は2.5％（別表1－㈡ロ）である。さらに、後述する問題であるが、財産分与を共有物の分割によるものと考えれば、その税率は0.6％となる（別表1－㈡ハ）。ただし、この0.6％は現行制度上、財産分与の解釈として認め

TAX CASE ⑭ 財産分与

られていないので実際の適用はないが，離婚に伴う財産の移転につき，その税率が異なるのは税制の中立性の観点からも問題なしとはいえない。

次の『司法統計年報3家事編』（最高裁判所事務総局編）では，以上のような事情があるかどうかは不知であるが，財産分与と慰謝料が区別されていない婚姻期間別の支払額の統計が示されている。

【「離婚」の調停成立又は24条審判事件数
－財産分与の支払額別婚姻期間別－全家庭裁判所】

婚姻期間	総数	うち財産分与の取決め有り								
		総数	100万円以下	200万円以下	400万円以下	600万円以下	1,000万円以下	2,000万円以下	2,000万円を超える	算定不能・総額が決まらず
総　数	24,018	8,878	2,349	1,357	1,562	794	755	567	291	1,203
6月未満	224	59	35	11	9	1	－	－	－	3
6月以上	654	168	95	39	21	4	3	－	－	6
1年以上	1,909	551	289	103	88	27	18	5	1	20
2年以上	1,922	577	271	121	94	25	15	8	1	42
3年以上	1,872	592	228	132	120	29	17	6	2	58
4年以上	1,681	523	193	99	103	40	24	10	6	48
5年以上	1,556	515	181	81	118	50	32	12	2	39
6年以上	1,362	467	133	98	93	43	36	15	2	47
7年以上	1,239	433	117	80	104	30	29	13	5	55
8年以上	1,088	389	98	49	92	40	30	17	5	58
9年以上	973	316	78	57	58	30	29	18	8	38
10年以上	874	324	80	55	65	29	28	17	2	48
11年以上	708	253	62	34	45	28	23	19	6	36
12年以上	746	275	67	38	52	30	23	11	8	46
13年以上	699	243	48	35	45	26	23	23	6	37
14年以上	597	238	48	40	46	22	17	21	2	42
15年以上	563	216	33	23	34	35	20	12	16	43
16年以上	482	210	36	28	36	24	24	20	10	32
17年以上	484	199	31	19	42	19	25	18	7	38
18年以上	447	173	31	21	32	20	17	17	4	31
19年以上	394	163	21	12	34	23	15	19	10	29
20年以上	1,481	765	87	88	101	101	110	74	61	143
25年以上	2,052	1,228	86	94	130	118	197	212	127	264
不　詳	11	1	1	－	－	－	－	－	－	－

（注）「離婚」の調停成立又は24条審判事件とは，調停離婚，協議離婚届出の調停成立又は家審法24条による審判離婚の事件をいう。

出典：最高裁判所事務総局編『司法統計年報3家事編平成13年』（法曹會）42ページ

2-3 財産分与の課税関係

(1) 受領者の課税関係

離婚による財産分与は，法律上の原因に基づく請求権で（民768），当事者の一方が他の者に対して任意に恩恵的に与えることを目的とする贈与とは異なる。したがって，財産分与により財産を取得した者には贈与税の課税関係が生じないのが原則である。この点につき**相基通9-8**は，次のとおり定めている。

> **（婚姻の取消し又は離婚により財産の取得があった場合）**
> 9-8 婚姻の取消し又は離婚による財産の分与によって取得した財産（民法第768条《財産分与の請求》，第771条《協議上の離婚の規定の準用》及び第749条《離婚の規定の準用》参照）については，贈与により取得した財産とはならないのであるから留意する。ただし，その分与に係る財産の額が婚姻中の夫婦の協力によって得た財産の額その他一切の事情を考慮してもなお過当であると認められる場合における当該過当である部分又は離婚を手段として贈与税若しくは相続税のほ脱を図ると認められる場合における当該離婚により取得した財産の価額は，贈与によって取得した財産となるのであるから留意する。

同上通達のただし書は，税法の実質課税の原則を適用するもので，民法上の財産分与であっても社会通念上相当な額（配偶者の法定相続分が1つの基準となる。）を超える部分又は財産分与を利用して不当に財産の移転を企てた者については，贈与税の課税があることを確認的に宣言したものである。

なお，この点につき興味深い事件がある。財産分与をした夫が自らに課せられる譲渡所得税課税を免れるため，当該分与は財産分与としての実質を欠くので贈与であると主張した事件である。第2審判決では，「本件財産分与の総額は，前記認定のとおり時価にして，18億円を超えるものであって，極めて高額であることは事実であるが，控訴人の総資産からすれば，半分以下にとどまるものであり（配偶者の相続分が2分の1以上であることを想起すべきである。），このことに控訴人とKとの婚姻期間，婚姻中の生

TAX CASE ⑭ 財産分与

活状況，離婚に至る経緯及び離婚後の子供の養育関係等（この点の原判決の認定は，挙示の証拠によって十分認められ，控訴人の論難は採用できない。）を総合勘案すれば，本件財産分与に係る財産の譲渡が財産分与として過当なものとはいえないこと，引用に係る原判決の理由欄記載のとおりであり，本件財産分与が財産分与に仮託した財産処分（贈与）と認めることはできない。」とした（東京高裁・平成9年7月9日判決）。

以上，財産分与の受領者については原則として課税関係は生じない。なお，当該受領者が将来財産分与によって取得した資産を譲渡した場合，その取得資産の取得費は，実務上，財産分与時の時価となるので注意を要する。すなわち，財産分与は上記のとおり贈与と異なるので，その取得価額の引き継ぎは認められず，分与時の時価による。

(2) 分与者の課税関係

① 財産分与譲渡所得課税説

財産分与における課税問題は，分与者にとって重要である。すなわち，財産分与の対象が金銭である場合には分与者に課税関係は生じないが，金銭以外の資産による給付があったときは，現行所得税法上，譲渡所得の対象となる資産の譲渡が行われたものとされ，譲渡所得の課税関係が生ずることになる（所法33①）。すなわち，**所基通33－1の4**は，次のとおり定めている。

（財産分与による資産の移転）
33－1の4　民法第768条《財産分与の請求》（同法第749条及び第771条において準用する場合を含む。）の規定による財産の分与として資産の移転があった場合には，その分与をした者は，その分与をした時においてその時の価額により当該資産を譲渡したこととなる。
　（注）1　財産分与による資産の移転は，財産分与義務の消滅という経済的利益を対価とする譲渡であり，贈与ではないから，法第59条第1項《みなし譲渡課税》の規定は適用されない。
　　　　2　財産分与により取得した資産の取得費については，38－6参照[6]。

この取扱いは最高裁・昭和50年5月27日判決[7]を受けて制定されたも

のであるが，最高裁は財産分与によって給付者に譲渡所得が発生する理由を，次のように説示した。

> 財産分与に関し右当事者の協議等が行われてその内容が具体的に確定され，これに従い金銭の支払い，不動産の譲渡等の分与が完了すれば，右財産分与の義務は消滅するが，この分与義務の消滅は，それ自体一つの経済的利益ということができる。したがって，財産分与として不動産等資産を譲渡した場合，分与者は，これによって，分与義務の消滅という経済的利益を享受したものというべきである。してみると，本件不動産の譲渡のうち財産分与に係るものが上告人に譲渡所得を生じるものとして課税の対象となるとした原審の判断は，その結論において正当として是認することができる。

すなわち，財産分与に基づく債務の履行としての不動産の分与は，不動産の時価相当額の分与義務の消滅による経済的利益が，分与者に帰属する資産の譲渡にあたり，所法33条1項の資産の譲渡概念，所法36条1項の経済的な利益の収入概念に合致するものであるとした。

② 共有財産分割非課税説

上記最高裁の判断は，最高裁として示されたはじめての判断で，以後，わが国の判例はこれに従うことになるが，財産分与譲渡所得課税説には多くの反対意見があり，筆者もその一人である。

たとえば，上記理論に基づくと，純粋な慰謝料として特有財産の移転があった場合は，当該財産の時価の範囲内で慰謝料という債務は消滅するので，時価による資産の移転が所得税法上「譲渡」としてして取り扱われることは合理的である。筆者もその限りにおいて反対しない。しか

---

6) **所基通38-6（分与財産の取得費）**
民法第768条《財産分与の請求》（同法第749条及び第771条において準用する場合を含む。）の規定による財産の分与により取得した財産は，その取得した者がその分与を受けた時においてその時の価額により取得したこととなることに留意する。
7) 大森事件・第1審：名古屋地裁・昭和45年4月11日判決，第2審：名古屋高裁・昭和46年10月28日判決，第3審：最高裁三小・昭和50年5月27日判決

TAX CASE ⑭ 財産分与

し，前記限定説に基づき慰謝料を除く狭義の財産分与が行われた場合，その財産分与の性質は，夫婦間の実質的共有財産を単に分割しただけであり，この財産の分割に資産の譲渡はなかったものとみるべきである。ただし，最高裁は当事者間における経済的利益の移転については，一方の受領者に経済的利益が移転している以上，他方の分与者には必ず当該経済的利益を失った事実が認識され，たとえば共有財産の2分の1を妻に分与した場合，妻は当該財産に対し婚姻中は潜在的に有していた持分を財産分与により顕在化され，その所有権又は共有持分を取得することになる。ここに財産分与は資産の譲渡と目される実質があるというのである（最高裁・平成7年1月24日判決）。しかし，仮に財産分与により妻の所有権が顕在化し，実現したとしても，それは当初取得価額にとどめるべきであり，その取得価額を引き継ぎ，課税の繰り延べの方策をとることで足り，ことさら財産分与時の時価を認識し，キャピタル・ゲインを実現させる理由はない。

　また，最高裁・昭和50年5月27日判決は分与者に経済的利益が発生しているとするが，分与者は財産分与の実行によりその債務を消滅させるが，それは単に共有財産を分割するという契約を完結しただけであり，債務の履行として財産の権利を移転しても，何ら分与者は享受すべき経済的利益を得ていない。すなわち，分与義務という債務が本件のような無償行為によって生じる場合は，反対給付を伴う有償行為に基づく場合と異なり，時価による経済的利益は測定できず，収入金額はゼロとみるのが適当である。このような認識は一般納税者としての当然の感覚で，筆者は納税者の常識を重視すべきであると考える。

　たとえば，ここに興味深い判決例がある。事件の内容は，協議離婚に伴いなされた財産分与において，分与者（夫）が自己に課税されることを知らなかった場合に，分与者はその錯誤を理由に財産分与契約の無効を主張できるかどうかというものである。すなわち，分与者（夫）は夫婦が現に居住している建物及びその敷地の全部を財産分与として妻に贈

与する契約を結び，妻は財産分与を原因とする所有権移転登記を行った。しかし，後日，夫は自らに約2億2,224万円の課税関係が生じることを知り，財産分与によって課税がなされることを知っていたならば財産分与の意思表示はしなかったとして，本件財産分与契約は要素の錯誤により無効であると主張したのである。第1審，第2審とも分与者たる夫の敗訴であったが，最高裁は次のように判示し，夫の上告を聞き入れ，逆転勝訴となった[8]。

> 本件財産分与契約の際，少なくとも上告人において右の点を誤解していたものというほかないが，上告人は，その際，財産分与を受ける被上告人に課税されることを心配してこれを気遣う発言をしたというのであり，記録によれば，被上告人も，自己に課税されるものと理解していたことが窺われる。そうとすれば，上告人において，右財産分与に伴う課税の点を重視していたのみならず，他に特段の事情がない限り，自己に課税されないことを当然の前提とし，かつ，その旨を黙示的には表示していたものといわざるをえない。そして，前示のとおり，本件財産分与契約の目的物は上告人らが居住していた本件建物を含む本件不動産の全部であり，これに伴う課税も極めて高額にのぼるから，上告人とすれば，前示の錯誤がなければ本件財産分与契約の意思表示をしなかったものと認める余地が十分にあるというべきである。

この事件は夫の特有財産の財産分与であったが，共有財産であればなおさらのこと，一般納税者は取得者に課税されることは想像できても，分与者に課税関係が生じることはまでは理解できない。

この判決によって直ちに現行税法の解釈が覆されることはないが，税法の無知を指摘することは簡単であるが，一般納税者の常識の範囲を超えた課税関係を是正することが，あるべき税制の構築という観点から望

---

8) 第1審：東京地裁・昭和62年7月27日判決，第2審：東京高裁・昭和62年12月23日判決，第3審：最高裁一小・平成元年9月14日判決

ましいものと考え,筆者は共有財産分割非課税説を支持する[9]。

---

9) 東京大学金子宏名誉教授はこの点につき次のとおり述べている。「狭義の財産分与も有償の資産の譲渡に当たるとしている原因の1つとしては,当事者の協議や家庭裁判所の調停・審判等において,分与財産を慰謝料に該当する部分と協議の財産分与に該当する部分とに区分する慣行がないことがあるものと思われる。協議や調停において,それぞれの部分をはっきりと区別し,それを協議書や調停書に明確に記載する慣行が将来定着すれば,それが通達や判例に影響を与える可能性はあると考える。」(金子宏稿「総説-譲渡所得の意義と範囲-」(「譲渡所得の課税」『日税研論集』Vol.50(平14)所収,12ページ)

TAX CASE 15

医療法人出資持分払戻請求事件
〔医 療 法〕

❖八王子事件

第1審：東京地裁平成9年（ワ）第1338号，平成12年10月5日判決，
　　　TAINS判例検索→Z999－5013
第2審：東京高裁平成12年（ネ）受150号，平成13年2月28日判決，
　　　未掲載
第3審：最高裁平成13年受850号，上告中

【内　容】

医療法人社団Yの社員の死亡によりその出資払戻請求権の全部を相続した妻が，当該医療法人に対し純資産価額（時価で約37億4,000万円）による払戻しの請求をしたところ，すでに定款変更により出資額限度方式を採用したとして，当初の出資額（1,087万1,469円）しか払戻しができないとしたことが，妥当であるとされた事件

従来の判例を覆し，医療法人制度の趣旨である医療法人の継続性に着目し，巨額な払戻しによる医療法人の崩壊を防ぐため，定款変更の妥当性，変更後定款の有効性を是認し，払戻額は当初出資額によるべきであるとした画期的な判例である（ただし，現在上告中である。）。

事実関係

医療法人社団Y（被告，被控訴人，被上告人）は社員であったBによって昭和31年に設立された医療法上の医療法人社団であるが，平成8年6月27日にBが

死亡し、同人の相続人である妻X（原告，控訴人，上告人）が遺言によりBのYに対する出資持分払戻請求権の全額を相続した。

そこで、Xは出資持分払戻請求権をYに対し行使すべく、Yの純資産額に出資持分割合を乗じた37億4,900万円のうち内金として13億円の支払を求めた。

Bの相続人は、次のとおりである。

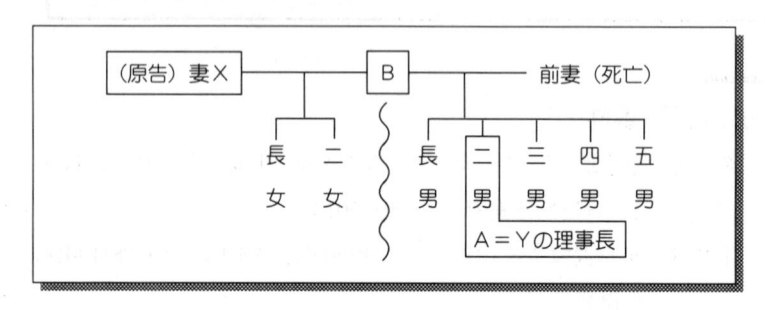

```
(原告) 妻X ─┬─ B ──── 前妻（死亡）
            │   〰〰
   ┌──┬──┤        ┌──┬──┬──┐
   長  二  長  二  三  四  五
   女  女  男  男  男  男  男
                  A＝Yの理事長
```

これに対しYは、平成8年6月20日付けでYの定款は変更されており、社員資格を喪失した者は出資額を限度として払戻しができるものとなっており、Bの出資額1,087万1,469円の払戻しにとどまるとした。これを不服としたXは本訴に及んだのである。

本件（以下、「八王子事件」という。）の争点は2つあり、(1)平成8年6月20日付東京都知事認可に係る定款変更がされる前のYの定款（旧定款）9条（社員資格を喪失した場合の出資の払戻し）の意義、(2)定款変更後（新定款）の効力である。

当事者の主張

1 旧定款9条（社員資格を喪失した場合の出資の払戻し）の意義について

(1) Xの主張

旧定款9条[1]は退会した社員は「出資額に応じて」払戻しを請求することができるとしている。したがって、Yの純資産額にXの出資持分割合を乗じた額が出資払戻額となる。

TAX CASE ⑮　医療法人出資持分払戻請求事件

(2)　Ｙ の 主 張

「出資額に応じて」の文言は，比例的な数量変化をあらわすために用いる場合には，比例の対象を明確にする必要があるところ，旧定款9条においては比例の対象は明示されておらず，出資額そのものを払い戻すことを意味する。

また，医療法の趣旨に照らせば，医療法人設立後の病院経営による余剰金は医業継続のために使用されるべきであり，巨額の払戻しは医療法人の医療遂行に必要な法人資産の解体を意味し医業継続と相反するものである。したがって，旧定款9条は自己の出資額の払戻請求権を認めたものと解さなければならない。

2　新定款の効力について

(1)　Ｘ の 主 張

新定款の変更は，持ち回り方式による社員総会決議により行われたが，このような定款変更は旧定款規定の総会の社員出席条項，定款変更の決議条項に違反し，そもそも社員総会は不存在であったので新定款の効力はない。

また，Ｙの出資者にはＢが代表者であるＣ合名会社が含まれているが，この定款変更はＣ合名会社にも重大な影響を与える。すなわち，営利を目的とした社団たるＣ社はＹに5,000万円の出資をしており，Ｙの出資総額の約82％を占めている。そのＣ社が時価数十億円の価値のある資産を何らの対価もなく5,000万円の価値しかないものにしてしまうのは明らかにＣ社の営利目的に反する。合名会社が会社の目的の範囲外の行為を行うには総社員の同意が必要であるが，その同意がＣ社においてとられていない。したがって，出資持分の約82％を占めるＣ社の賛成の意思表示が無効であ

---

1)　旧第9条「社員資格を喪失した者は，その出資額に応じて払い戻しを請求することができる。」
　　新第9条「社員が出資持分の払戻請求をなし得る額は，出資額を限度とする。」

る以上，定款変更決議自体も無効である。
(2) Yの主張

本件定款の変更については，まず平成8年5月20日の定時総会においてC合名会社を含む社員総会の決議があり，これを踏まえて改めて選任された新社員6名を含めて全員の個別承認を持ち回りで得たものであり，手続的に違法ではない。

なお，C社の件については，医療法人の非営利性の原則からすれば，株式会社，有限会社などの営利法人は医療法人の社員とはなり得ない。したがって，合名会社はYの社員とはなり得ず，C社は本件定款変更についての議決権を有しないから合名会社の賛成の意思表示がC社の目的外行為であるとの主張は失当である。

判決の要旨

判決では，旧定款9条の意義につき積極的に判示することなく，新定款の効力を判断した。すなわち，Xが主張するところの持ち回り方式による社員総会決議については，本来本件は平成8年5月20日の定時総会が前提であるとした上で，次のように判示した。

> 本件定款変更は総社員の意思に基づくものであるだけでなく，Yの中心的社員であった亡Bの発意によるものであり，その目的も病院の存続を図るという正当な目的であるから，手続違反の一事をもってこれを無効とすべきではなく，本件定款変更は有効である

したがって，以下のように結論を下した。

> 本件定款は有効であるから旧定款9条につき論ずるまでもなく，原告が払戻請求できる金額は新定款9条により出資額の限度である1,087万1,469円にとどまるというべきである。

TAX CASE ⑮ 医療法人出資持分払戻請求事件

　なお，C合名会社の医療法人における地位については，医療法は医療法人の営利性を否定しているのであるから，営利法人が医療法人の意思決定に関与することは，医療法人の非営利性と矛盾するものであって許されないと解すべきであり，本件においてC社がYに出資したことが認められるものの，C社はYの社員総会における議決権を有しないと解され，Xの主張は失当であるとした。
　第2審の東京高裁も原審を認め控訴棄却とした。

解　説

(1)　本件八王子事件は租税に関する事件ではないが，当然に課税が絡んでくる問題で，しかもその取扱いがきわめてグレー・ゾーンにある問題であり，注意を要する。
　　従来，医療法人の出資払戻しに関する民事訴訟では，時価による払戻しが容認されており（例えば，最高裁・平成10年11月14日判決），本来医療法では剰余金の配当を禁止しているのに（医療法54[2])），これに反して一部を清算する実質的判断がなされていた。
　　ところが，本判決は医療法人制度の趣旨である医療法人の継続性に着目し，巨額な払戻しによる医療法人の崩壊を防ぐため，定款変更の妥当性，変更後定款の有効性を是認し，払戻額は当初出資額によるべきであるとした画期的な判決である。
　　しかし，本判決により「出資額限度方式」への定款変更が是認され，社員資格喪失（除名，死亡，退社）があった場合に当初出資額のみが払戻しされたときに，当該医療法人のその時における出資の価額（純資産価額）と払戻額との関係について，必ずしも税法上明らかでない。
(2)　現在，税法では，社員資格喪失の場合として最も通常起こり得るケースが社員の「死亡」であり，その相続の場合の医療法人の出資について財産

---

2)　医療法第54条「医療法人は，剰余金の配当をしてはならない。」

評価規定をおいている。すなわち，医療法人の形態は①持分の定めのある社団，②持分の定めのない社団，③財団の3つに別れるが，②の持分の定めのない社団については出資者の持分がないところから，その出資につき財産的価値を測定し相続税の課税対象とすることはない。また，③の財団についても出資持分の概念はない。したがって，①の持分の定めのある社団（実際には医療法人のほとんどがこの①の類型に入る。）につき相続税の財産評価問題が生ずるのであり，現行の取扱いでは財基通194－2に「取引相場のない株式」の評価に準じた評価を行うべきことが示されている。すなわち，持分の定めのある医療法人の出資については，純資産価額方式や類似業種比準方式による評価，要するに当該相続時点の時価評価という規定になっているのである。

(3) ところで，今回の八王子事件では，定款変更により出資額限度方式になった医療法人の社員の出資については，当初出資額のみしか払戻しが行われない。従来は最高裁・平成10年11月14日の判決で，時価による払戻しが容認されており，税法もその出資は上記財基通194－2で時価評価となっていたことから，民事の払戻請求額と実際の税の取扱いは平仄が合っていた。

また，租税裁判においても，最高裁・昭和55年3月7日判決は，被相続人の死亡による相続に係る医療法人に対する出資持分の価額を，譲渡が現実に困難との理由から払込済出資金額により評価すべきであるとの納税者の主張に対し，社団たる医療法人は一般の私企業とその性格を異にするとは考えられず，譲渡の困難性は一般の中小法人の株式，出資でもいえることであり，財産評価基本通達に定める純資産価額方式による価額が合理的であると判示している。

しかし，今回の東京高裁判決は出資持分払込請求訴訟を起こしても，あくまで出資者には当初出資額しか払戻しが行われないので，これを現行のとおり時価評価で相続税を課すことは財産の過大評価となり明らかに納税者に不利益を与えることになる。八王子事件ではY医療法人のBの出資持

分は時価で約37億5,000万円であるのに，実際の払戻額は約1,000万円である。すなわち，そこに37億4,000万円の出資の過大評価が行われ，Bの相続人は永久に当該差額を得るチャンスはないのに，巨額の相続税だけが課税されるという矛盾が起きている。なお，八王子事件では原告Xは出資払戻請求権を時価で要求しておきながら，相続税の申告にあたっては当初出資額で評価し，申告・納付するといった矛盾ある行動をとっている。

八王子事件の及ぼす影響は重大であるが，これはいまだ確定しておらず，現在，最高裁で争われている。したがって，課税上の問題も保留のままとなっているが，最高裁の判決を待つかどうかは別として，私見としては，金額も大きいだけに早急に出資額限度方式を定める医療法人の相続における評価額は，当該払込済出資額によるという内容に税法は改正すべきであると考える。この点については，すでに社団法人日本医療法人協会から税制要望書のかたちで具体化され，筆者もこれを支持するものである[3]。

ただし，定款変更は社員総会の決議を経て都道府県知事（厚生労働大臣）の許可を受ければ任意に変更することができるので，もっぱら相続税対策としての定款変更を認めず，ひとたび出資額限度方式に変更した場合は二度と元には戻れないようなルールをはじめに厚生労働省において設定すべきである。

3） 相続税における社団医療法人出資の評価方法の見直しに関する要望では，次のとおり述べている（「社団医療法人における出資額限度法人について」（平成13年9月1日，社団法人日本医療法人協会）。
　社団医療法人出資の評価方法を適正化し，事業承継の円滑化と，医療の維持・存続がはかられるよう要望する。
　このため，国税庁の財産評価基本通達による「医療法人の出資の評価」を見直し，現行規程（財産評価基本通達194－2）のほか
① 医療法人の剰余金は，配当禁止（医療法第54条）に基づく法的留保部分であって，事業が継続する限り固定留保されることを原則としていることから，解散時までの出資評価においては，剰余金を除くこととされたい。
② 出資者に帰属すべき持分の規程を，定款で定めた法人の出資評価は，定款の定めに準拠することとされたい。

(4) 次に八王子事件の出資額限度方式の定款変更に伴う課税問題については，相続時点における当該出資の評価の他に，定款変更時における課税の問題も実はグレー・ゾーンの中に取り残されている。

　すなわち，本件のように医療法人の純資産価額が全体で約200億円あり当初出資額が全体で約6,000万円のときに，出資者は医療法人に対する出資持分払戻権を出資額限度方式に変更することにより当初の払込済出資額しか受け取る権利がないことになる。これは出資者と法人の関係からみると，出資者の持分に係る経済的利益が時価から当初出資額に減少し，当該差額の経済的利益分が払戻債務の免除となり医療法人サイドに移転したとみることができる。すると，定款変更時点において，税の本則からすると，出資者から移転した経済的利益は医療法人の受贈益として計上されることになる。

　一方，出資者に対する課税は，出資者が個人の場合には出資払戻請求権の一部を放棄したものと考えれば，課税関係は生じないものとして非課税となるという説と，当該経済的利益を法人に贈与したものと考えると所法59条のみなし譲渡があったものとして課税できるという説がある。しかし，税務の実際上，税務当局は定款変更の事実について必ずしも100％把握できるものではなく，定款変更時点に課税関係を生ぜしめることは適当でないとの立場から"出口課税"とすべきであるとし，出資者が個人の場合は資格喪失の時点まで課税を待つこととしたのである。

(5) 次に，本件八王子事件の場合にも出資者のなかに合名会社があるが，医療法人については，営利法人は医療法人の社員にはなれないが出資者になることはできる（この点については，『平成3年1月17日指第1号東京弁護士会会長宛厚生省健康政策局指導課長回答』がある。）。出資者が法人である場合には，当該出資持分に係る経済的利益を医療法人に供与した場合には，原則どおり法法37条の規定により寄附金課税の対象となる。ただしこれも"出口課税"となる。

(6) 租税法律主義に基づき，租税法の執行に関しては合法性の原則がはたら

き，法定の課税要件を充足する限り課税を行うのが原則である。しかし，本来の医療法人のあるべき姿に近づけるため，医療法人の継続性を願い従来の時価による出資持分対応払戻方式から出資額限度方式に対応するため定款の変更を行った場合，結果として出資者と当該医療法人に巨額の課税関係が生じれば，税制が医療法人の改革，健全化を阻害することになり，税制の中立性を保てなくなる。

(7)　医療法人については上記の八王子事件の他に，次のような問題がある。

　持分の定めのある社団医療法人が，特定医療法人の承認を受けるため（措法40条（国等に対して財産を寄附した場合の譲渡所得等の非課税）の要件も同時に満たす。），持分の定めのない社団医療法人へ定款変更をするにあたり，出資者の中に他の医療法人又は株式会社があった場合に，昭和39年の大蔵省・国税庁・厚生省のいわゆる「覚書」が適用され，出資者たる株式会社に寄附金課税は生じないものと考えることができるかどうかという問題である。

　この場合の「覚書」とは，次のとおりである。

【覚　書】

租税特別措置法第67条の2の適用を受けるための社団たる医療法人の組織変更について

標記の件に関し下記のとおり了解し覚書を交換するものとする。

昭和39年12月28日
大蔵省主税局税制第一課長　　山下元利
大蔵省主税局税制第三課長　　久光重平
国税庁直税部審理課長　　　　小宮　保
厚生省医務局総務課長　　　　渥美節夫

記

租税特別措置法第67条の2の適用を受けるためには，既設の出資持分の定めのある社団たる医療法人は，その組織を変更しなければならないが，その組織の変更については，次によることとする。

1. 組織の変更については，既往の出資持分の定めのある社団たる医療法人について清算の手続きをなすべきものであるが，その変更後の医療法人が租税特別措置法第40条及び第67条の2の承認を受ける各要件に該当しているものに限り，定款の変更の方法によることを認める。

2. 1により昭和41年3月末日までに定款を変更し，租税特別措置法第67条の2により大蔵大臣の承認を受けた場合には，その変更につき法人税，所得税及び贈与税の課税はしない。医療法人が特別の事由があるため，同日以後において1の手続きにより組織の変更を行おうとする場合において大蔵省及び厚生省の協議により承認されたときについてもまた同様とする。

TAX CASE ⑮　医療法人出資持分払戻請求事件

　この昭和39年の「覚書」の「2」の意味するところは，法人税の非課税とは，社員の出資持分が医療法人に帰属したことに伴う雑益又は受贈益の非課税であり，社員でない株式会社がその出資持分を放棄（又は贈与と考えても同じ。）した場合の取扱いには触れておらず，税の本則どおりに考えると，法法22条，37条の適用により，出資者側に寄附金課税の問題が発生することになる。なお，個人の場合は非課税である。

　この「覚書」は現在でも生きており，その趣旨解釈上，特定医療法人を設立する際にはどこにも課税関係を生ぜしめないというのがこの「覚書」の存在意義と考えられるから，私見としては，上記の問題もこれを類推適用して，贈与者側の株式会社に寄附金課税は起こらないと考えるべきであり，そのような法整備を行うことが必要であると考える。

　したがって，先の出資額限度方式への変更の際も本判決により出資額を超える経済的利益は永久に出資者に戻ることはないのであり，その点を理論的根拠として寄附金課税が行われないと主張できるが，より実際的な対応としては，本八王子事件を重視し医療法の趣旨に鑑み，出資者，医療法人の双方に課税関係が起こらないことを明確にすべきであり，租税法律主義の観点から，上記のような「覚書」によるよりは租税特別措置法，あるいは最低限通達レベルで規定の整備を図るべきであると考える。

म # 索　引

※ あ 行 ※

アメリカにおける
　ストックオプション ……………*113*
慰謝料 ………………………………*253*
慰謝料の課税関係 …………………*255*
委任状説明書 ………………………*231*
違法行為 ………………………………*41*
医療法人の出資払戻し ……………*271*
益税 …………………………………*219*
大型保険金 …………………………*159*

※ か 行 ※

改築 ……………………………………*96*
過少申告加算税 ……………………*9, 19*
簡易課税制度 ………………………*218*
擬似ＤＥＳ …………………………*146*
机上調査 ………………………………*11*
客観的交換価値説 …………………*203*
キャピタル・ゲイン ………………*124*
給与所得 ……………………………*106*
協議離婚 ……………………………*254*
競走馬の譲渡により生じた損失 …*59*
共同財産清算説 ……………………*256*
共有財産分割非課税説 ……………*262*
居住用財産 ……………………………*79*
金銭債権の現物出資 ………………*146*
契約締結上の過失 …………………*240*
現実贈与 ……………………………*172*
券面額説 ……………………………*146*
交換の意義 ……………………………*35*
公序良俗 ……………………………*234*
更正の予知 ……………………………*13*
香典 …………………………………*153*
高度障害保険金 ……………………*153*
ゴールデン・パラシュート ………*164*

国通法65条5項 …………………………*9*
雇傭 …………………………………*125*
雇傭に関する権利義務の一身専属性 …*125*

※ さ 行 ※

債権の現物出資 ……………………*150*
財産分与 ……………………………*255*
財産分与譲渡所得課税説 …………*261*
財産分与の課税関係 ………………*260*
債務の株式化 ………………………*145*
サブリース ……………………………*61*
サラリーマン・マイカー税金訴訟 …*59*
時価 …………………………………*203*
実質課税の原則 ………………………*40*
実質所得者課税の原則 ……………*162*
射こう的行為の手段となる動産 ……*59*
収益還元価額説 ……………………*204*
収益還元法 …………………………*209*
住宅取得等特別控除制度 ……………*98*
住宅ローン控除 ………………………*86*
住宅ローン控除制度の概要 …………*88*
趣旨解釈 ………………………………*18*
出資額限度方式 ……………………*272*
準備調査 ………………………………*11*
傷害保険金 …………………………*153*
消費税簡易課税制度選択届出書 …*218*
消費税簡易課税制度
　選択不適用届出書 ………………*219*
消費税の総額表示方式 ……………*242*
商法269条 ……………………………*229*
条理 ……………………………………*40*
奨励型ストックオプション ………*115*
所規第106条（申告書の公示の方法）……*6*
所法第69条（損益通算）……………*48*
所得税の公示制度 ……………………*22*
処分証書の法理 ………………………*38*

279

書面によらざる贈与 …………… 180
新株予約権を行使した際の所得区分 … 119
信義則違反の5要件 ……………… 107
信義則 …………………………… 241
新築 ……………………………… 96
審判離婚 ………………………… 254
ストックオプション …………… 113
ストックオプション制度 ……… 118
Smith事件 ……………………… 114
生活に通常必要でない資産 … 48, 59
制限付ストックオプション …… 115
制限納税義務者 ………………… 178
葬祭料 …………………………… 153
増資払込み後における株式の評価損 … 143
相続税の納税義務者の特例規定 … 179
贈与 ……………………………… 180
租税回避行為 …………………… 41
租税法律主義 …………………… 39
損税 ……………………………… 219

◈ た 行 ◈

第三者通報制度 ………………… 21
退職慰労金 ……………………… 229
調査 ……………………………… 10
長者番付 ………………………… 20
調停離婚 ………………………… 254
直接還元法 ……………………… 211
賃金 ……………………………… 123
賃金支払いの5原則 …………… 124
賃貸用マンション ……………… 62
ＤＥＳ …………………………… 145
ＤＣＦ法 ………………………… 211
定期保険に係る保険料 ………… 161
適格現物出資 …………………… 148
適格ストックオプション ……… 115
デッド・エクイティ・スワップ … 129, 146
特有財産 ………………………… 256

取締役報酬有償委任説 ………… 233
取引事例比較法 ………………… 207

◈ な 行 ◈

内偵調査 ………………………… 11

◈ は 行 ◈

売買の成立条件 ………………… 240
判決離婚 ………………………… 254
反面調査 ………………………… 11
非適格現物出資 ………………… 148
非適格ストックオプション …… 115
評価額説 ………………………… 146
夫婦財産契約 …………………… 256
夫婦別産制 ……………………… 256
不確定概念 ……………………… 221
不法行為 ………………………… 253
扶養的財産分与説 ……………… 256
法律用語の借用概念 …………… 100
補足金付交換 …………………… 36
補足物付売買 …………………… 36
本則課税 ………………………… 218

◈ ま 行 ◈

民法555条 ……………………… 240
民法586条 ……………………… 35
民法770条【離婚原因】 ……… 248
無制限納税義務者 ……………… 177

◈ や 行 ◈

やむを得ない事情 …………… 221〜222

◈ ら 行 ◈

離婚原因 ………………………… 254
路線価 …………………………… 205
路線価と時価の逆転現象 ……… 206
LoBue 事件 …………………… 121

<著者紹介>

渡辺　充（わたなべ・みつる）

東北文化学園大学　総合政策学部　教授
税　理　士
〔略　歴〕
　1957年　小樽市に生まれる
　1981年　中央大学卒業
　1986年　成蹊大学大学院　博士後期課程修了
　1986年　税理士登録，(財)日本税務研究センター研究員
　1990年　小樽女子短期大学，その後同教授
　1999年　東北文化学園大学　総合政策学部　教授　（現在に至る）
〔主要著書〕
『国税専門官会計学』（単著・税務経理協会，2002年）
『新版　租税法』（共著・青林書院，新版2000年）
『税務会計論』（共著・中央経済社，第2版2001年）
『個人課税の再検討』（共著・税務研究会出版局，1999年）
『会社合併実務必携』（共著・東林出版社，新版1998年）
『簿記〔初級編〕』（単著・東林出版社，1996年）
『判例戦略実務必携（消費税編)』（共著・東林出版社，1999年）
『判例戦略実務必携（所得税編)』（共著・東林出版社，1997年）
『判例戦略実務必携（法人税編)』（共著・東林出版社，1995年）

著者との契約により検印省略

平成15年7月15日　初版第1刷発行	判例に学ぶ租税法

著　者	渡　辺　　　　充	
発行者	大　坪　嘉　春	
印刷所	税経印刷株式会社	
製本所	株式会社三森製本所	

発行所　東京都新宿区下落合2丁目5番13号　株式会社　税務経理協会
郵便番号 161-0033　振替 00190-2-187408　電話(03)3953-3301(大代表)
FAX(03)3565-3391　(03)3953-3325(営業代表)
URL http://www.zeikei.co.jp/
乱丁・落丁の場合はお取替えいたします。

Ⓒ 渡辺 充 2003　　　　　　　Printed in Japan

本書の内容の一部又は全部を無断で複写複製（コピー）することは，法律で認められた場合を除き，著者及び出版社の権利侵害となりますので，コピーの必要がある場合は，予め当社あて許諾を求めて下さい。

ISBN4-419-04228-1　C2032